ÜZÜNTÜYÜ BIRAK YAŞAMAYA BAK

Üzüntüyü Bırak Yaşamaya Bak
Orijinal Adı: *How to Stop Worrying and Start Living*
Dale Carnegie
Çeviri: Meltem Erkmen

Genel Yayın Yönetmeni: Aslı Tunç
Kapak Uygulama: Berna Özbek Keleş

22. Baskı: Şubat 2026
ISBN: 978-975-331-765-8

Baskı ve Cilt:
My Matbaacılık San. ve Tic. Ltd. Şti.
Maltepe Mah. Yılanlı Ayazma Sk. No: 8/F
Zeytinburnu / İstanbul
Tel: 0212 674 85 28
mymatbaa34@gmail.com
Sertifika No: 47939

Yayımlayan:
Epsilon Yayınevi Ticaret ve Sanayi A.Ş.
Osmanlı Sok., No: 18/4-5 Taksim/İstanbul
Tel: (212) 252 38 21 Faks: (212) 252 63 98
İnternet Adresi: www.epsilonyayinevi.com
E-posta: epsilon@epsilonyayinevi.com
Sertifika No: 49067

ÜZÜNTÜYÜ BIRAK YAŞAMAYA BAK

Dale Carnegie

Çeviri
Meltem Erkmen

epsilon®

İÇİNDEKİLER

ÖNSÖZ

BU KİTABI NASIL VE NEDEN YAZDIM

1909 yılında, New York'un en mutsuz gençlerinden biriydim. Hayatımı kamyon satarak kazanıyordum, ama bir kamyonun nasıl çalıştığını bile bilmiyordum. Zaten bilmek de istemiyordum, çünkü işimi hiç sevmiyordum. Elli Altıncı Batı Caddesi'nde bulunan, hamamböcekleriyle dolu, ucuz möbleli odamı sevmiyordum. Bugün bile kravatlarımı duvara astığımı ve sabahları temiz bir kravat almak için uzandığımda hamamböceklerinin sağa sola kaçıştığını anımsıyorum. Yine hamamböcekleriyle dolu, ucuz, pis lokantalarda yemek yemek zorunda kalmaktan da nefret ediyordum.

Her akşam sessiz ve karanlık odama dayanılmaz bir baş ağrısıyla dönüyordum; yaşadığım düş kırıklıkları, üzüntüler, acılar ve isyanın neden olduğu bir baş ağrısıyla. İsyan ediyordum, çünkü kolej günlerinde gördüğüm düşler artık birer kâbusa dönüşmüştü. Hayat bu muydu? Yıllarca dört gözle beklediğim serüven bu muydu? Hayatın bana verebileceği şeyler bu kadar mıydı? Sevmediğim bir iş, hamamböcekleriyle dolu bir oda, kötü yemekler ve geleceğe ilişkin büyük bir umutsuzluk? Kolej yıllarımda yazmayı düşlediğim kitapları yazmayı ve kitap okumak için zaman bulacağım günleri dört gözle bekliyordum.

Nefret ettiğim işimden ayrılmanın bana hiçbir şey kaybettirmeyeceğini, hatta çok şey kazandıracağını biliyordum. Amacım çok para kazanmak değildi, yalnızca iyi bir yaşam sürmek istiyordum. Böylece Rubicon'a geldim; o zamanlar yeni bir hayata başlamak isteyen bütün gençler aynı şeyi yapıyorlardı. Ben de kararımı vermiştim ve bu karar benim hayatımı değiştirdi. Hayatımın geri kalan bölümünü mutluluk içinde geçirmemi ve en ulaşılmaz görünen hayallerime ulaşmamı sağladı.

Kararım şuydu; işimden ayrılacaktım ve dört yıl boyunca Missouri'deki Warrensburg Öğretmen Koleji'nde okuduğumdan, hayatımı akşamları yetişkinlere ders vererek kazanacaktım. Böylece gündüzleri kitap okumak, derslerime hazırlanmak, roman ve kısa öyküler yazmak için zamanım olacaktı. "Yazmak için yaşamak ve yaşamak için yazmak" istiyordum.

Akşamları yetişkinlere hangi konularda ders verebilirdim? Geriye dönüp baktığımda ve kolejde aldığım eğitimi düşündüğümde, öğrendiğim şeyler içinde iş hayatında -hatta tüm hayatta- en çok toplum içinde konuşma derslerinin işime yaradığı kanısına vardım. Bu ders benim utangaçlığımı ve kendime olan güvensizliğimi alıp götürmüş, insanlarla konuşurken daha cesaretli olmamı sağlamıştı. Aynı zamanda bana liderliğin, ayağa kalkıp ne düşündüğünü söyleyebilen kişilerin ulaşabileceği bir şey olduğunu öğretmişti.

Gece okullarında toplum içinde konuşma dersleri vermek için Columbia ve New York üniversitelerine başvurdum. Ancak bu üniversiteler bu konuda bana pek de ihtiyaçlarının olmadığını söylediler.

O zaman düş kırıklığına uğramıştım, ama şimdi beni kabul etmemiş oldukları için Tanrı'ya şükrediyorum. Çünkü onların beni reddetmeleri üzerine YMCA Gece Okulu'nda çalışmaya başladım. Burada somut örnekler vermek ve çok hızlı davranmak zorundaydım. Bu çok zor bir işti. İnsanlar bu okula kolej diploması almak ya da prestij sahibi olmak için gelmiyorlardı. Gelmelerinin tek nedeni vardı; sorunlarını çözmek. Bir iş toplantısında ayağa kalkıp korkudan ölmeden birkaç şey söyleyebilmek istiyorlardı. Satıcılar, cesaretlerini toplamak için çevrede birkaç tur atmadan zorlu bir müşteriyle konuşmayı başarabilmeyi amaçlıyorlardı. Kendilerine olan güvenlerini artırmaya ihtiyaçları vardı. İş hayatlarında ilerlemek istiyorlardı. Ailelerine bakabilmek için daha fazla para kazanmaları gerekiyordu. Okula, memnun kalmamaları durumunda paralarının iade edilmesi koşuluyla geliyorlardı; eğer sonuç alamazlarsa ödeme yapmıyorlardı. Ben de okuldan maaş almayıp yüzde ile çalıştığıma göre karnımı doyurmak için akıllıca davranmak zorundaydım elbette.

O zamanlar oldukça güç koşullar altında ders verdiğimi düşünüyordum, ama şimdi görüyorum ki ben de çok ders almışım. Öğrencilerimi "motive etmek" zorundaydım. Onların sorunlarını çözmelerine yardım etmeliydim. Bir sonraki derse gelmelerini sağlamak için her dersin son derece ilgi çekici geçmesini sağlamalıydım.

Bu heyecanlı bir işti. İşimi seviyordum. Bu işadamlarının kendilerine olan güvenlerini ne denli çabuk kazandıklarına ve birçoğunun işlerinde ne kadar hızlı terfi ettiğine şaşıyordum. Dersler benim umduğumdan çok daha başarılı geçiyordu.

Üçüncü dönem sonunda, başlangıçta gecede beş dolar ödemeyi kabul etmeyen okul bana otuz dolar ödemeye başlamıştı. Önceleri yalnızca toplum içinde konuşma dersleri veriyordum, ama yıllar geçtikçe bu insanların dost kazanma ve insanları etkileme konusunda da yetersiz olduklarını fark ettim. İnsan ilişkileri konusunda herhangi bir yazılı kaynak bulamadığımdan kendim bir kitap yazdım. Bu, öylesine yazılmış bir kitap değildi. Kitabı yazarken, verdiğim dersler sırasında edindiğim deneyimlerden yararlanmıştım. Kitabıma Dost Kazanma ve İnsanları Etkileme Sanatı adını verdim.

Kitabı yalnızca kendi derslerimde kullanabileceğim bir kaynak kitap olması amacıyla yazdığımdan ve daha önce de kimsenin haberinin bile olmadığı dört kitap daha yazmış olduğumdan bunun çok satılacağını hayal bile etmemiştim. Herhalde buna en çok şaşıran kişi bendim.

Yıllar geçtikçe, insanların en büyük sorunlarından birinin "üzüntü" olduğunu fark ettim. Öğrencilerimin çoğunu çalışan insanlar oluşturuyordu; yöneticiler, satıcılar, muhasebeciler, ticaretle uğraşan kişiler vs. Hepsinin sorunları vardı! Derslerime katılan kadınların -hem çalışan kadınların hem de ev kadınlarının- da sorunları vardı! O halde üzüntüyle baş etme konusunda bir kaynak kitap bulmam gerekiyordu. New York Büyük Halk Kütüphanesi'ne gittim ve "üzüntü" başlığı altında yalnızca yirmi iki kitap bulunduğunu görerek büyük bir hayrete düştüm. Tuhaf değil mi? Üzüntü insanların en büyük sorunlarından biri olduğuna göre sizce de okullarda "Üzüntüden Kurtulmanın Yolları" konusunda bir ders verilmesi gerekmiyor mu? Ben bugüne dek böyle bir dersin verildiğini duymadım. David Seabury How To Worry Successfully (Başarıyla Üzülebilmek) adlı kitabında, "Hayat boyu yaşayacağımız sıkıntılara ancak bale yapmayı öğrenen bir kitap kurdu kadar hazırlanarak olgunlaşıyoruz," derken hiç de haksız değildi.

Sonuç? Hastanelerdeki yatakların çoğu sinirsel ve ruhsal sorunları olan insanlarla dolup taşıyor.

New York Halk Kütüphanesi'nin raflarındaki bu yirmi iki kitabı inceledim. Bunun dışında üzüntüyle ilgili bulabildiğim bütün kitapları satın aldım. Ancak derslerimde kaynak kitap olarak kullanabileceğim bir kitap bulamadım. Böylece bu konuda kendim bir kitap yazmaya karar verdim.

Bu kitabı yazmak için hazırlıklara yedi yıl önce başladım. Nasıl mı? Çağlar boyu filozofların üzüntü hakkında söylediği şeyleri okuyarak. Ayrıca Konfüçyüs'ten Churchill'e kadar pek çok kişinin biyografisini okudum. Jack Dempsey, General Omar Bradley, General Mark Clark, Henry Ford, Eleanor Roosevelt ve Dorothy Dix gibi birçok ünlüyle görüşmeler yaptım. Ancak bu yalnızca bir başlangıçtı.

Yaptığım bir şey daha vardı ki bu, görüşmelerimden de okumalarımdan da daha önemliydi. Yetişkinler sınıfımda geliştirdiğim laboratuvarda üzüntüyle baş etmek için tam beş yıl çalıştım. Bildiğim kadarıyla bu laboratuvar dünyada türünün tek örneğiydi. Öğrencilere üzüntüden kurtulmalarını sağlayacak bir dizi kural veriyor, bu kuralları kendi yaşamlarına uygulamalarını ve aldıkları sonuçları sınıfta anlatmalarını istiyordum. Bazıları geçmişte kullandıkları teknikleri de anlatıyorlardı.

Bu çalışmalarımın sonucunda, sanırım dünyada en çok "Üzüntüyü Nasıl Yendim" konulu konuşma dinleyen kişi ben oldum. Ayrıca aynı konuda yazılmış, tüm dünyaya yayılan kurslarımızda ödül kazanmış ve bana postayla gönderilmiş yüzlerce yazıyı okudum. Yani bu kitap rasgele yazılmadı. Ancak üzüntüyü yenme konusunda kesin öğütler veren akademik bir çalışma da değil. Ben binlerce yetişkinin üzüntüyle nasıl baş ettiğini anlatan, hızlı ilerleyen, olabildiğince kısa, yazılı bir doküman hazırlamaya çalıştım. Bu kitapla ilgili kesin olan şey, kitapta anlatılanların uygulanmasının son derece kolay olduğudur. Bu kitapta kendinizden çok şey bulacağınıza eminim.

Fransız düşünür Valery, "Bilim," diyor, "iyi sonuç veren reçetelerin derlemesidir." Aynı şey bu kitap için de geçerli; bu kitap da yaşamda üzüntülerden kurtulmamızı sağlayacak, hepsi denenmiş ve olumlu sonuçlar vermiş reçetelerden oluşuyor. Ancak sizi yine de uyarmalıyım; bu kitapta okuyacağınız şeyler size hiç de yeni gelmeyebilir. Fakat unutmayın ki bunların çoğu yaşama geçirilmiyor. Bu nedenle hiçbirimizin yeni şeyler duymaya ihtiyacı yok. Bizler zaten kusursuz bir hayat sürmek için nelerin gerekli olduğunu biliyoruz. Bizim sorunumuz bilmemek değil, harekete geçememek. Bu kitabın amacı çok eskiden beri bilinen bazı temel gerçekleri yeniden oluşturmak, canlandırmak, harekete geçirmek, övmek ve sizleri hafifçe dürterek bunları uygulamaya geçirmenizi sağlamak.

Elbette sizler bu kitabı nasıl yazıldığını öğrenmek için satın almadınız. Artık uygulamaya geçmek istiyorsunuz. O halde gelin başlayalım! Lütfen kitabın birinci ve ikinci bölümlerini okuyun. Eğer hâlâ üzüntülerinizden kurtulmak ve yaşamdan zevk almak için yepyeni bir güç ve istek kazanmadığınızı düşünüyorsanız bu kitabı bir köşeye fırlatın gitsin. Çünkü bundan sonra da işinize yaramayacaktır.

DALE CARNEGIE

BU KİTAPTAN EN İYİ BİÇİMDE YARARLANABİLMENİZ İÇİN DOKUZ ÖNERİ

1. Bu kitaptan gerçekten yararlanabilmeniz için vazgeçilmez bir kural, diğer bütün kural ve tekniklerden çok daha önemli bir özellik var. Eğer bu özelliğe sahip olmadığınıza inanıyorsanız, bu konuyla ilgili binlerce kuralı uygulamaya çalışmanız bile size pek yarar sağlamayacaktır. Bu özelliğe sahipseniz, bu kitaptan umduğunuzdan çok daha fazlasını elde edebilir, harikalar yaratabilirsiniz.

Bu sihirli özellik nedir? Çok basit; gerçek ve güçlü bir öğrenme arzusu ile üzüntülerinizi bırakıp yaşamaya bakacağınıza ilişkin tam bir kararlılık.

Bu özelliğe sahip olmak için ne yapacaksınız? Bunun için kendinize sürekli olarak bu ilkelerin ne denli önemli olduğunu hatırlatmanız gerekiyor. Bunların sizi daha mutlu ve zengin bir yaşama kavuşturacağını düşünün. Şu sözleri kendi kendinize defalarca tekrarlayın: "Zihinsel olarak rahat olmam, mutluluğum, sağlığım ve hatta gelirim uzun vadede, bu kitapta anlatılan eski, bildik, kesin ve ölümsüz gerçekleri uygulamama bağlı."

2. Önce bütün bölümlere şöyle bir göz atın ve kitabı hızla okuyun. Bir sonraki bölüme geçmek için sabırsızlanabilirsiniz, ama eğer kitabı eğlenmek için okumuyorsanız bunu yapmayın. Üzüntülerinizden kurtulup yaşamdan zevk almak için okuyorsanız başa dönün ve bütün bölümleri dikkatle bir kez daha okuyun. Bu, uzun vadede zamandan tasarruf etmenizi ve olumlu sonuçlar almanızı sağlayacaktır.

3. Kitabı okurken zaman zaman durun ve okuduğunuz şeyler üzerinde düşünün. Kendinize her öneriyi nasıl ve ne zaman uygulayabileceğinizi sorun. Bu tür bir okuma, arkadan atlı kovalıyormuş gibi okumaktan çok daha yararlı olacaktır.

4. Kitabı okurken elinize renkli bir kalem alın ve kendinize uygun bulduğunuz önerilerin altını çizin. Eğer bu dört dörtlük bir öneri ise hem altını çizin hem de yanına XXXXX işaretleri koyun. İşaretler koymak ya da cümlelerin altını çizmek okumayı daha zevkli hale getirir ve daha sonra kitabı gözden geçirmenizi ve aradığınızı bulmanızı kolaylaştırır.

5. Büyük bir sigorta şirketinde on beş yıl süreyle ofis yöneticisi olarak görev yapmış bir bayan tanıyorum. Bu bayan her ay, şirketinin yapmış olduğu sigorta sözleşmelerini okuyor. Evet, aynı sözleşmeleri aylar, hatta yıllardır okuyor. Neden mi? Çünkü deneyimleri sonucunda sözleşme maddelerini aklında tutabilmesinin en iyi yolunun bu olduğunu gördü.

Toplum içinde konuşma konusundaki kitabımı yazmak için tam iki yılımı harcadım, ama yine de neler yazdığımı anımsamak için sık sık dönüp kitabımı gözden geçirmek zorunda kalıyorum. Öğrendiğimiz şeyleri şaşırtıcı bir hızla unutuyoruz.

O halde, bu kitabın sizin için gerçekten yararlı olmasını istiyorsanız, kitabı şöyle bir gözden geçirmenin yeterli olacağı düşüncesine asla kapılmayın. Kitabı bir kez dikkatle okuduktan sonra, her ay birkaç saatinizi ayırarak yine bir göz gezdirin. Kitap sürekli masanızın üstünde, gözünüzün önünde bir yerde olsun. Fırsat buldukça buna göz atın ve her zaman size yararlı olabilecek bir şeyler bulabileceğinize kendinizi inandırın. Bu ilkelerin sürekli ve istekle tekrarlanmaları halinde alışkanlık haline gelip kolayca uygulanacaklarını unutmayın.

6. Bernard Shaw şöyle diyor: "Birisine bir şey öğretmeye

kalkarsanız bunu asla öğrenemeyecektir." Shaw haklı. Öğrenme aktif bir süreçtir. Bir şey ancak yaparak öğrenilir. Bu kitaptaki ilkeleri gerçekten öğrenmek istiyorsanız bunlarla ilgili bir şeyler yapın. Bunları her fırsatta uygulayın. Eğer bunu yapmazsanız, hepsini çabucak unutursunuz. Zihninizde sadece bilgi kalır.

Bu ilkeleri uygulamak her zaman çok kolay olmayabilir. Bunu biliyorum, çünkü bu kitabı ben yazdığım halde burada anlattığım bazı şeyleri uygulamakta güçlük çekiyorum. Bu nedenle bu kitabı okurken yalnızca bilgi edinmeye çalışmadığınızı unutmayın. Yeni alışkanlıklar oluşturmaya çalıştığınızı düşünün. Evet, siz artık yeni bir yaşam biçimi oluşturmaya çalışıyorsunuz. Bunun için de zamana, kararlılığa ve bol bol uygulamaya ihtiyacınız var.

Bu yüzden bu sayfalara sık sık başvurun. Bunun üzüntüyle baş etme konusunda yazılmış bir elkitabı olduğunu düşünün ve uygulamada bir sorunla karşılaştığınızda hemen pes etmeyin. Çoğu kişinin yaptığını yapar ve vazgeçerseniz hata yapmış olursunuz. Bunun yerine yeniden bu sayfalara dönün ve altını çizdiğiniz paragrafları yeniden okuyun. Sonra bu yeni yolları deneyin. Harikalar yarattıklarını göreceksiniz.

7. Aile üyelerinden biri sizin bu kurallardan birini yerine getirmediğinizi fark edip söylediğinde kendinizi cezalandırmak için ona bir miktar para verin. Bu, sizi iflas ettirecektir.

8. Bu kitapta Wall Street'te bankacı olan H. P. Howell ve yaşlı Ben Franklin'in hatalarını nasıl düzelttiklerini okuyacaksınız. Neden siz de bu kitaptaki ilkeleri uygularken yaptığınız hatalarda aynı tekniklere başvurmayasınız? Bunu yaparsanız iki sonuç elde edersiniz. Birincisi, kendinizi ilgi çekici ve ücretsiz bir eğitim sürecinin içinde bulursunuz. İkincisi, üzüntülerden kurtulup yaşamdan zevk alma konusundaki yeteneğinizin giderek geliştiğini fark edersiniz.

9. Bir günlük tutun ve ilkeleri uygularken elde ettiğiniz başarıları bu günlüğe kaydedin. Olabildiğince açık olmaya çalışın. İsim, tarih ve sonuç belirtin. Böyle bir günlük tutmanız daha fazla çaba sarf etmenizi sağlayacaktır. Yıllar sonra bu yazdıklarınızı okumak ne kadar hoşunuza gidecek bir düşünsenize!

ÖZET

BU KİTAPTAN EN İYİ BİÇİMDE YARARLANABİLMENİZ İÇİN DOKUZ ÖNERİ

1. Üzüntüyle baş etmenizi sağlayacak ilkeleri benimsemek için güçlü ve derin bir istek duyun.
2. Her bölümü, bir sonraki bölüme geçmeden önce iki kez okuyun.
3. Okurken sık sık durun ve okuduğunuz öneriyi nasıl uygulayabileceğinizi kendi kendinize sorun.
4. Size önemli gelen her düşüncenin altını çizin.
5. Bu kitaba her ay bir kez göz atın.
6. Bu ilkeleri her fırsatta uygulayın. Bunun günlük sorunlarınızı çözümlemenize yarayacak bir elkitabı olduğunu düşünün.
7. Bu ilkelerden birini uygulamadığınızı gören ve bunu size söyleyen bir arkadaşınıza, kendinizi cezalandırmak için bir miktar para ödeyerek hoş bir oyun yaratın.
8. Her hafta gösterdiğiniz ilerlemeyi kontrol edin. Kendinize ne gibi hatalar yaptığınızı, ne gibi gelişmeler gösterdiğinizi, gelecekle ilgili ne gibi dersler aldığınızı sorun.
9. Bu ilkeleri ne zaman ve nasıl uyguladığınızı gösteren bir günlük tutun.

BİRİNCİ BÖLÜM

ÜZÜNTÜ KONUSUNDA BİLMENİZ GEREKEN TEMEL GERÇEKLER

1

GÜNLERE KAPALI BÖLMELERDE YAŞAYIN

1871 yılı baharında genç bir adam, eline geçirdiği bir kitapta, tüm geleceğini etkileyecek on dört sözcük okudu. Bu genç, Montreal Hastanesi'nde tıp fakültesi öğrencisiydi ve final sınavlarını düşündükçe üzülüyordu; ne yapacağı, nereye gideceği, stajını nasıl yapacağı ve hayatını nasıl kazanacağı konusunda endişeleri vardı.

1871 yılında okuduğu on dört sözcük, genç tıp öğrencisini kuşağının en ünlü doktorlarından biri yaptı. Genç adam ünlü Johns Hopkins Tıp Fakültesi'ni kurdu. İngiliz Krallığı'nda bir tıp adamının alabileceği en yüksek şeref payesini aldı ve Oxford'da "Krallık Profesörü" unvanına sahip oldu. İngiltere Kralı tarafından kendisine şövalyelik nişanı verildi. Öldüğünde onun yaşamöyküsünü anlatabilmek için tam 1466 sayfalık ve iki ciltlik bir kitap yazıldı.

Bu gencin adı Sir William Osler idi. Osler, 1871 yılında, Thomas Carlyle'in yazmış olduğu şu sözleri okudu ve bu on dört sözcük onun üzüntülerinden kurtulmasını sağlayıp tüm yaşamını değiştirdi: "Temel görevimiz, uzakta ve sisler arasında duranları görmek değil, yanı başımızda açıkça görünenleri yapmaktır."

Bundan kırk yıl sonra, kampusta lalelerin açtığı ılık bir ilkbahar akşamı Sir William Osler, Yale Üniversitesi öğrencilerine bir konuşma yaptı. Onlara, dört üniversitede profesörlük yapan ve popüler bir kitap yazmış olan bir adamın "özel bir beyne" sahip olduğunun düşünüldüğünü, ancak bunun doğru olmadığını anlattı. Yakın arkadaşlarının onun "son derece sıradan bir zekâya" sahip olduğunu düşündüklerini söyledi.

O halde başarısının sırrı neydi? Kendisi bunu "günlere kapalı bölmeler"de yaşamasına bağlıyordu. Bu ne demekti? Yale'deki konuşmasından birkaç ay önce Sir William Osler büyük bir gemiyle Atlantik'i geçmişti. Bu gemide kaptan bir köprünün üzerinde durarak bir düğmeye basıyor, böylece gemideki makine ve bölmeler hemen kapanarak su geçirmez hale dönüşüyorlardı. "Sizler, bu gemiden çok daha gelişmiş bir yapıya sahipsiniz ve çok daha uzun bir yolculuğa çıkmak üzeresiniz," dedi Dr. Osler öğrencilere. "Bu yolculuğu güvenlik içinde sürdürebilmeniz için makinelerinizi çok iyi kontrol etmenizi ve günlere kapalı bölmelerde yaşamayı öğrenmenizi tavsiye ediyorum. Köprüye çıkın ve en azından büyük bölmelerin gerektiği gibi işlediğinden emin olun. Düğmeye basın ve geçmişin demir kapılarının kapandığını, dünlerin geride kaldığını duyun. Bir başka düğmeye basarak geleceğin, doğmamış yarınların önüne bir perde çekin. Böylece, bugün güvenlikte olursunuz. Geçmişin kapılarını kapatın. Onu gömün gitsin. Aptalları ölümün tozlu yollarına sürükleyen dünlerin kapılarını kapatın. Geleceğin yükünü dününküyle birleştirip bugün taşımaya kalkarsanız yıkılırsınız. Geleceğin kapılarını da tıpkı geçmişinkiler gibi sımsıkı kapatın. Gelecek bugündür. Yarın yoktur. İnsanın kurtuluş günü bugündür. Enerji kaybı, zihinsel huzursuzluk, gerginlik ve üzüntüler gelecek konusunda endişe duyan insanlarda görülür. O halde bölmelerinizi sıkıca kapatın ve 'günlere kapalı bölmeler'de yaşamayı alışkanlık haline getirin."

Dr. Osler yarınlara hazırlanmak için hiç çaba sarf etmememiz gerektiğini mi söylüyordu? Hayır. Pek öyle değil. Onun söylemek istediği şey, yarınlara karşı hazırlıklı olmanın en iyi yolunun tüm zekâ ve coşkumuzla bugünün işleri üzerinde yoğunlaşmamız olduğuydu. Kendimizi geleceğe ancak böyle hazırlayabilirdik.

Sir William Osler, Yale öğrencilerine güne Hıristiyanların şu duasıyla başlamalarını öğütledi: "Tanrım, bize yalnızca bugün yiyebileceğimiz kadar ekmek ver."

Bu duada yalnızca "bugün" yetecek kadar ekmek istendiğine dikkat edin. Burada dün yenen bayat ekmekten yakınılmıyor ve "Ah Tanrım, buğday tarlası çok susuz kaldı, bir kuraklık daha olabilir, o zaman nereden ekmek bulacağız? Veya diyelim ki işimi kaybettim, yiyecek ekmeği nereden bulacağım?" gibi şeyler söylenmiyor.

Evet, bu da bize bugün yiyecek kadar ekmek istememiz gerektiğini öğretiyor. Çünkü yiyebileceğimiz tek ekmek, bugün sahip olduğumuz ekmektir.

Yıllar önce beş parasız bir düşünür, insanların geçimlerini sağlamak için çok fazla çalışmak zorunda kaldığı fakir bir ülkede dolaşıyordu. Bir gün, bir tepede düşünürün çevresini bir kalabalık sardı ve düşünür onlara daha sonra kuşaktan kuşağa aktarılacak olan konuşmasını yaptı. Bu konuşma on beş sözcükten oluşuyordu. "Geleceği düşünmeyin! O, kendi başının çaresine bakacaktır. Bugün size hoş gelen şeyler yarın kötü olabilir."

Birçok insan İsa'nın "Geleceği düşünmeyin!" sözüne karşı çıkar. Bu sözlerde kusursuz bir öğüt ve mistisizm vardır. "Geleceği düşünmek zorundayım," diye düşünür insanlar. "Ailemi korumak ve güvence altına almak zorundayım. Yaşlılık günlerim için para biriktirmem gerek. Bunun için de bir yol çizmeli ve o yoldan gitmeliyim."

Çok doğru! Bunu hepimiz yapmak zorundayız. İsa üç yüz yıl önce Kral James zamanında bu sözleri söylerken durum bugünkünden çok farklıydı. Üç yüz yıl önce "düşünce" sözcüğü "endişe" anlamına geliyordu. Bu nedenle İncil'in çağdaş uyarlamalarında İsa'nın sözleri "Gelecek konusunda endişelenmeyin!" şeklinde yer almaktadır.

Evet; hepimiz geleceği düşünmeli, gelecek için plan ve hazırlıklar yapmalıyız. Yapmamamız gereken şey, gelecek konusunda endişelenmek!

İkinci Dünya Savaşı'nda, askeri liderlerimiz gelecek için planlar yapıyorlardı, ama gelecek konusunda asla endişeye kapılmamaları gerekiyordu. "En iyi adamlarımı elimizde bulunan en iyi silahlarla donattım ve onlara en iyi yapabilecekleri görevi verdim," diyordu Birleşik Devletler Donanması'nın başında bulunan Amiral Ernest J. King. "Benim yapabileceğim en iyi şey buydu."

Amiral King şöyle devam ediyordu: "Gemilerden biri batsa onu denizden çıkaramam. Ya da bir gemi batacaksa ben buna engel olamam. Dünün sorunlarıyla uğraşıp zaman kaybetmektense gelecekte görülebilecek sorunlara çözüm aramayı tercih ederim. Zaten bu sorunların beni rahatsız etmesine izin verirsem fazla dayanamam."

Savaşta ya da barışta iyi düşünmeyle kötü düşünme arasındaki temel fark şudur: İyi düşünmede neden ve sonuçları inceler ve mantıklı, akılcı planlar yaparsınız. Kötü düşünmede ise yalnızca sinirlenir, gerilir ve kendinizi yıpratırsınız.

Bir kez, dünyanın en ünlü gazetelerinden The New York Times'ın yayıncısı Arthur Hays Salzberger (1935-1961) ile görüşme şansına erişmiştim. Bay Salzberger bana İkinci Dünya Savaşı Avrupa'da patlak verdiğinde duyduğu endişe ve üzüntüden uykularının kaçtığını söylemişti. Geceleri yatağından kalkıyor, bir tual ve boya tüpleri alıp aynaya bakarak kendi portresini yapmaya çalışıyordu. Resimden anladığı filan yoktu, ancak resim yapmak düşüncelerinden kurtulmasına yardımcı oluyordu. Bir kilise ilahisinde duyduğu şu sözleri kendisine ilke edinene dek üzüntülerinden kurtulup rahata kavuşamamıştı:

Ey sevgili ışık, bana yol göster,
Ayaklarımı tut.
Uzaktaki manzarayı görmek istemem,
Bana bir adım yeter.

Aşağı yukarı aynı zamanlarda, Avrupa'da bir yerde üniformalı bir genç adam da aynı dersi alıyordu. Gencin adı Ted Bengermino'ydu; Maryland'den geliyordu ve tam bir savaş bunalımı yaşıyordu.

Ted Bengermino şunları yazmıştı: "1945 baharında, doktorların 'spazmodik çapraz kolon' dedikleri, şiddetli ağrılara neden olan bir hastalığa yakalanana dek üzüntüler içinde kıvrandım durdum. Eğer savaş bitmeseydi tam bir fiziksel çöküntü yaşayacaktım.

"Kendimi tükenmiş hissediyordum. 94. Piyade Tümeni'nde Mezar Kayıt Bölümü'nde görevli bir onbaşıydım. Görevim savaş sırasında ölmüş, kaybolmuş ya da hastaneye yatırılmış askerlerin kayıtlarını tutmaktı. Ayrıca kendi askerlerimizin ya da düşman askerlerinin savaşın karmaşası sırasında alelacele gömüldükleri yerlerden çıkarılmalarına yardımcı oluyordum. Bu askerlerin özel eşyalarını toplayıp ailelerine ya da yakın akrabalarına gönderiyordum. Bu işler sırasında ciddi ve utanç verici hatalar yapabileceğimiz düşüncesi beni çok endişelendiriyordu. Bütün bunların üstesinden gelemeyeceğimden endişeleniyordum. Henüz on altı aylık olan küçük oğlumu daha hiç görmemiştim. Otuz dört sterlinimi kaybettiğim için üzülüyordum. Neredeyse aklımı kaçıracaktım. İyice zayıflamıştım. Ellerim bir deri bir kemik kalmıştı. Eve böyle kötü bir halde dönmek istemiyordum. Bir çocuk gibi ağlıyordum. Ne zaman yalnız kalsam gözlerimden yaşlar boşanıyordu. Bulge Savaşı başladıktan bir süre sonra öyle sık ağlamaya başlamıştım ki bir daha asla normal bir insan olamayacağımı düşünüyordum artık.

"En sonunda Ordu Dispanseri'ne yattım. Burada bir doktor bana tüm yaşantımı değiştirecek öğütler verdi. Beni muayene ettikten sonra hastalığımın ruhsal nedenlerden kaynaklandığını söyledi. 'Ted,' dedi, 'hayatını bir kum saati olarak görmeni istiyorum. Biliyorsun, kum saatinin tepesinde binlerce kum taneciği vardır. Bunlar saatin ince boynundan yavaşça geçerler. Ne yaparsak yapalım, birden fazla kum taneciğinin saate zarar vermeden bu ince boyundan geçmesini sağlayamayız. Biz de bu kum saatine benziyoruz. Her sabah uyandığımızda o gün yapmamız gereken yüzlerce iş olduğunu biliriz. Bunları birer birer yapmazsak, tıpkı kum saatinin boynundan geçen kumlar gibi günün içinden yavaş yavaş geçmelerini sağlamazsak, fiziksel ve ruhsal dengemiz bozulur.'

"Doktorun bana bunları söylediği günden beri hep bu felsefeyi uyguladım. Belli bir zamanda tek bir kum taneciği. Belli bir zamanda tek bir iş. Bu öğüt bana Adcrafters Baskı ve Ofset Firması'nda reklam direktörü olarak çalıştığım zamanlarda da çok yardımcı oldu. Iş hayatımda da savaş döneminde karşılaştığım sorunlarla karşılaşıyordum. Bir anda yapmam gereken pek çok işim oluyordu ve yeterli zaman bulamıyordum. Stoklarımız azdı. Yeni formlar geliştirmek, stok ayarlamaları yapmak, adres değiştirmek ve bazı ofisleri açıp bazılarını kapatmak zorundaydık. Bütün bu işler arasında bunalıp gerilmek yerine doktorun bana söylediklerini anımsıyordum. 'Belli bir zamanda bir tek kum tanesi. Belli bir zamanda bir tek iş.' Kendi kendime sürekli bu sözcükleri tekrarlıyordum ve böylece işimde daha verimli oluyor, savaş sırasında beni mahveden garip duygulara yeniden kapılmıyordum."

Bugün yaşadığımız hayatın en acı gerçeklerinden biri, hastanelerdeki yatakların yarısının zihinsel ve ruhsal problemleri olan, geçmişteki sorunların yarattığı bunalım ve yarınlardan duyulan korkunun ağırlığı altında ezilen insanlarla dolu olması. Oysa bu insanların çoğu İsa'nın "Geleceği düşünmeyin!" ya da Sir William Osler'ın "Günlere kapalı bölmelerde yaşayın!" sözlerini benimseselerdi, zamanlarını hastanelerde geçirmek yerine mutlu ve başarılı bir hayat sürebilirlerdi.

Biz şu anda iki sonsuzluğun kesiştiği noktada duruyoruz; sonsuza dek devam eden uzun geçmiş ve yaşanan zamanın son saniyesinde başlayan gelecek. Bu iki sonsuzluğun her ikisini aynı anda yaşayamayız; bunu bir saniye için bile olsa yapamayız. Bunu yapmaya çalışmak bedenimize ve zihnimize zarar vermekten başka işe yaramaz. Bu nedenle yaşayabileceğimiz zamanı, yani şu anda başlayan ve yatacağımız zamana dek uzanan zamanı yaşamaya çalışmalıyız. "İnsan sırtındaki yükü akşama kadar taşıyabilir," diyor Robert Louis Stevenson. "İnsan en zor işe bile bir gün dayanabilir. Herkes akşam olana kadar hayatını zevk alarak, sabırla, sevgiyle, sevecenlikle yaşayabilir. Hayatın anlamı da budur zaten."

Evet, hayat bizden bunu istiyor. Ancak Michigan, Saginaw'dan Bayan E. K. Shields hayatı günlük yaşamayı öğrenmeden önce umutsuzluğa kapılmış, hatta intiharı düşünmüştü. "1937 yılında kocamı kaybettim," diyordu Bayan Shields bana öyküsünü anlatırken. "Kendimi çok kötü hissediyordum. Üstelik hemen hemen beş parasızdım. Kansas City'de Roach Fowler firmasındaki eski patronuma bir mektup yazdım ve işime geri döndüm. Eskiden hayatımı çevredeki okullara kitaplar satarak kazanıyordum. Arabamı iki yıl önce kocam hastalandığında satmıştım, ama biraz tutumlu davranarak ufak taksitlerle ikinci el bir araba almayı başardım ve yeniden kitap satmaya başladım.

"Yeniden çalışmaya başlamanın beni biraz olsun rahatlatacağını ummuştum; ama tek başıma araba kullanmaya, tek başıma yemek yemeye dayanamıyordum. İşler de zaman zaman pek iyi gitmiyordu ve arabamın taksitlerini ödemekte güçlük çekiyordum.

"1938 baharında Missouri Versailles'de çalışıyordum. Okullar fakirdi, yollar kötüydü. Kendimi çok yalnız hissediyordum, bütün umutlarım kırılmıştı; öyle ki intihar etmeyi bile düşündüm. Bundan sonra başarılı olmam imkânsız görünüyordu. Hayatta yaşamaya değer hiçbir şey kalmamış gibiydi. Sabahları kalkıp hayatla yüz yüze gelmekten korkuyordum. Aslında artık her şeyden korkuyordum; arabamın taksitlerini ödeyememekten, kiramı verememekten, yiyecek bulamamaktan... Sağlığımın bozulacağından ve doktor parası bulamayacağımdan endişeleniyordum. Beni intihar etmekten alıkoyan iki şeyden birincisi ölümümün kız kardeşimi çok üzeceğini bilmem, ikincisi cenaze masraflarımı karşılayacak paramın olmamasıydı.

"Sonra bir gün bir gazetede okuduğum makale karamsarlığımı alıp götürdü ve yaşama sevincimi yeniden kazanmamı sağladı. O makalede yer alan şu cümleye minnet borçluyum:

'Akıllı bir insan için her yeni gün yeni bir hayatın başlangıcıdır.' Bu cümleyi daktilo ettim ve arabamın ön camına yapıştırdım; böylece araba kullanırken hep gözümün önünde olacaktı. Günlük yaşamanın pek de zor olmadığını anlamıştım. Dünleri unutmayı ve yarınları düşünmemeyi öğrenmiştim. Her sabah kendi kendime, 'Bugün yeni bir hayat başlıyor!' diyordum.

"Yalnızlık korkumu ve beklentilerimle ilgili endişelerimi yenmeyi başardım. Şimdi mutlu ve başarılıyım. Hayatı seviyorum. Bundan sonra hayat bana ne getirirse getirsin, korkmayacağımı biliyorum. Artık gelecekten korkmayacağımdan eminim. Hayatımı günlük yaşayacağımı ve 'akıllı bir insan için her gün yeni bir hayatın başladığını' biliyorum."

Sizce şu dizeleri kim yazdı?

"Ne mutlu, ne kadar yalnız olsa da
Bugünü kendisinin kabul edene.
Ve güvenerek kendine,
'Yarın ne kadar kötü olursa olsun,
Bugünü yaşadım ya!' diyebilene."

Bu sözler size ne kadar çağdaş geliyor değil mi? Oysaki bu dizeler İsa'nın doğumundan otuz yıl önce Romalı şair Horace tarafından yazılmış.

İnsan doğasıyla ilgili bildiğim en trajik özellik, tüm insanların hayatı ertelemeye son derece yatkın olduğudur. Çoğumuz pencerenin önünde açan güllerin tadını çıkarmak yerine ufkun ötesindeki büyülü gül bahçesini hayal ediyoruz.

Neden bu kadar aptalız peki?

Stephen Leacock şunları yazmış: "Hayatımızın bu kadar hızlı adımlarla ilerlemesi ne kadar garip! Çocuklar, 'Ben büyüyünce' diyorlar. Bu ne demek? Büyüdüklerinde, 'Ben evlenince' diye söze başlıyorlar. Ardından düşünceler, 'Ben emekli olunca'ya dönüşüyor. Emekli olduktan sonra insan sislerle kaplı geçmişine bakıyor, o günleri özlüyor ve bunların geçip gittiğine yanıyor. Hayatın her günü ve her saati yaşamak olduğunu ne yazık ki çok geç öğreniyoruz."

Detroit'ten Edward S. Evans hayatın "her günü ve saati yaşamak" olduğunu öğrenmeden önce intihar etmek üzereydi. Yoksulluk içinde büyüyen Edward Evans önce gazete satarak para kazanmış, daha sonra bir bakkalda çıraklık yapmıştı. Ailesindeki yedi kişinin yükü onun omuzlarındaydı. Ardından bir kütüphaneye asistan olarak girmişti. Çok az maaş alıyordu, ama yine de işini kaybetmekten çok korkuyordu. Sekiz yıl sonra kendi işini kuracak cesareti topladı. Borç aldığı elli beş dolarla girdiği işi ona bir yılda yirmi bin dolar kazandırdı. Ancak sonra çok kötü bir şey oldu. Edward bir arkadaşına kefil oldu ve arkadaşı iflas etti. Felaketler üst üste gelmeye başlamıştı. Edward'ın tüm parasını yatırmış olduğu banka da battı. Edward bütün parasını kaybetmekle kalmamış, on altı bin dolar da borçlanmıştı. Sinirleri bunca şeye dayanamamıştı. "Yemek yiyemiyordum, uyuyamıyordum," demişti Edward bana. "Garip bir hastalığa yakalanmıştım. Bu hastalığımın tek nedeni üzüntüydü. Bir gün caddede yürürken bayılıp yere düştüm. Yürüyemez olmuştum. Yatağa bağlandım kaldım. Tüm vücudumda çıbanlar çıktı. Sürekli yatmak zorunda olmak çok kötüydü ve çıbanlar da acı veriyordu. Giderek güçsüzleşiyordum. Sonunda doktorum yalnızca iki haftalık ömrümün kaldığını söyledi. Şoke olmuştum. Vasiyetimi hazırladım ve yatağımda ölümü beklemeye başladım. Mücadele etmenin ya da üzülmenin yararı yoktu. Artık her şeye boş verip rahatlamıştım. Haftalardır doğru dürüst uyuyamayan ben, dünya problemlerini kafama takmaktan vazgeçtiğimden, bir bebek gibi uyumaya başlamıştım. Bitkinliğim yok olmuştu. İştahım açılmıştı. Kilo da almıştım.

"Birkaç hafta sonra koltuk değnekleri yardımıyla yürümeye başladım. Altı hafta sonra işe de gidebiliyordum artık. Bir kez yılda yirmi bin dolar kazanmayı başarmıştım, ama şimdi haftada otuz dolar kazandığım bir işim olduğu için mutluydum. Nakliye sırasında otomobil tekerleklerinin arkasına yerleştirilen takozlardan satıyordum. Dersimi almıştım. Artık hiçbir şey için üzülmeyecek, geçmişte yaptıklarımdan pişmanlık duymayacak, gelecek konusunda endişelenmeyecektim. Tüm zamanımı, enerjimi ve coşkumu sattığım takozlar için harcayacaktım."

Edward Evans hızla yükseldi. Birkaç yıl içinde Evans Ürünleri Şirketi'nin başına geçti. Şirket yıllarca New York Borsası'nda yer aldı. Bugün Greenland üzerinden uçarsanız, Edward Evans'ın adıyla anılan Evans Havaalanı'na inebilirsiniz. Edward S. Evans günlere kapalı bölmelerde yaşamayı öğrenmeseydi, bunların hiçbirini gerçekleştiremeyecekti kuşkusuz.

Ünlü Fransız düşünür Montaigne bile aynı hatayı yapmıştı. "Hayatım, asla gerçekleşmeyecek talihsizlikleri düşünerek geçti," diyordu Montaigne. Aynı şey hepimiz için geçerli.

"Unutmayın," diyor Dante, "bugün bir daha doğmayacak." Hayat büyük bir hızla akıp gidiyor. Uzayda saniyede on dokuz millik bir hızla hareket ediyoruz. Bugün bizim en değerli varlığımız. Çünkü emin olduğumuz tek varlığımız.

Lowell Thomas'ın felsefesi de bu. Onun çiftliğinde çalıştığım bir hafta içinde Thomas'ın, Psalm'ın bu sözlerini çerçeveletip yayın stüdyosunda hep gözünün önünde olacak bir yere astığını fark ettim:

Tanrı'nın yarattığı bugünün tadını çıkaralım ve mutlu olalım

Yazar John Ruskin, üzerine BUGÜN sözcüğünün kazınmış olduğu küçük taş parçasını masasının üzerinden hiç ayırmazdı. Benim böyle bir taşım yok; ancak ben de her sabah tıraş olurken baktığım aynama Hindistanlı ünlü oyun yazarı Kalidasa'nın yazdığı, Sir William Osler'ın da masasından hiç ayırmadığı şiiri yapıştırdım.

YENİ DOĞAN GÜNE SELAM

Bugüne bir bak!
Çünkü bu, gerçek hayat.
Bugünün kısalığında yatar,
Varlığımızın tüm doğruları ve tüm gerçekleri,
Büyümenin hazzı,
Hareketin zevki,
Ve parlaklığı güzelliğin.
Dün bir düşten ibaretti.
Yarınsa yalnızca bir hayal.
Bugünü iyi yaşamak dünü tatlı bir düş,
Yarını da umut dolu kılar.
İşte bu yüzden bak bugüne bir daha,
Ve yeni doğan günü selamla.

Bu yüzden şunu unutmayın: Eğer üzüntüyü hayatınızdan çıkarmak istiyorsanız, Sir William Osler'ın yaptığını yapmalısınız.

1. Geçmişin ve geleceğin demir kapılarını kapatın. Günlere kapalı bölmelerde yaşayın.

Neden kendinize şu soruları sorup verdiğiniz yanıtları bir yere yazmıyorsunuz?

1. Gelecek için endişelenip "ufkun ötesindeki büyülü gül bahçesini" görmeyi hayal ederek bugünü yaşamayı erteliyor muyum?
2. Geçmişte olup bitenlerden pişmanlık duyarak bugünü kendime zehir ediyor muyum?

3. Sabahları uyandığımda o günü yaşamak ve yirmi dört saatin tadını çıkarmak için kararlı oluyor muyum?
4. Günlere kapalı bölmelerde yaşayarak hayatı daha yaşanır kılıyor muyum?
5. Bunu yapmaya ne zaman başlayacağım? Gelecek hafta? Yarın? Bugün?

2

ÜZÜNTÜLERDEN KURTULMAK İÇİN SİHİRLİ BİR FORMÜL

Üzüntülerinizden çok kısa bir sürede ve kesin olarak kurtulmanızı sağlayacak, üstelik kitabın tamamını okumanıza gerek kalmadan hemen uygulamaya başlayabileceğiniz bir yöntem öğrenmek ister misiniz?

Yanıtınız evetse size air-conditioning endüstrisini kuran ve halen New York, Syracuse'daki Carrier Şirketi'nin başında bulunan başarılı mühendis Willis H. Carrier'ın uyguladığı yöntemi anlatayım. Üzüntülerden kurtulma konusunda şimdiye dek duyduğum en iyi tekniklerden biri olan bu yöntemin ayrıntılarını New York Mühendisler Kulübü'nde öğle yemeği yerken Bay Carrier'ın kendi ağzından dinlemiştim.

"Gençken Buffalo'daki Buffalo Forge Şirketi'nde çalışmıştım," diyordu Bay Carrier. "Missouri'de, Crystal City'deki Pittsburg Cam Firması'nın mekanizmalarından birinin içine yerleştirilecek olan gaz temizleyici aletin tesisatından sorumluydum. Milyonlarca dolar değerinde bir mekanizmaydı bu. Tesisatın amacı da, gazda bulunan yabancı maddeleri çıkararak yanma sırasında motorların zarar görmesine engel olmaktı. Gaz temizleme tekniği çok yeni bir uygulamaydı. Daha önce yalnızca bir kere ve farklı koşullarda denenmişti. Crystal City'deki görevim sırasında görülmemiş zorluklar yaşandı. Sonunda alet iyi kötü çalışmaya başladı, ancak verdiğimiz garantiyi tam anlamıyla yerine getirmiyordu.

"Başarısızlık beni çok üzmüştü. Sanki biri kafama balyoz indirmişti. Mideme kramplar giriyordu. Öyle üzgündüm ki geceleri doğru dürüst uyuyamıyordum bile.

"Sonunda üzüntünün beni bir yere götürmeyeceğini anladım ve sorunumu çözecek bir yol bulmaya karar verdim. Bulduğum yöntem işe yaradı. Otuz yıldır aynı yöntemi uyguluyorum. Son derece basit, herkesin kolaylıkla uygulayabileceği bir yöntem bu. Üç aşamadan oluşuyor:

"1. Aşama: Durumumu cesur ve dürüst bir biçimde analiz ettim ve bu başarısızlığın doğurabileceği en kötü sonucun ne olacağını düşündüm. Başarısızlığın sonunda ölüm yoktu. Ya işimi kaybedecektim ya da patronlarım tam yirmi bin dolar yatırdığımız makineyi kullanmaktan vazgeçeceklerdi.

"2. Aşama: Gerçekleşebilecek en kötü sonucu belirledikten sonra kendimi buna hazırlamaya başladım. Kendi kendime şöyle dedim: 'Bu başarısızlık sicilime işlenecek ve belki işimi kaybedeceğim. Ama bu işi kaybetsem bile yeni bir iş bulabilirim. Üstelik patronlarım yeni bir yöntem denediğimizi biliyorlar ve eğer bu deney onlara yirmi bin dolara patlıyorsa bunu kaldırabilirler. Başarısızlığın nedenini araştırabilirler; çünkü bu yalnızca bir deney.'

"Gerçekleşebilecek en kötü sonucu belirledikten ve kendimi buna hazırladıktan sonra çok önemli bir şey oldu; birden çok rahatladım ve kendimi son zamanlarda hiç hissetmediğim kadar huzurlu hissetmeye başladım.

"3. Aşama: O günden sonra tüm zamanımı ve enerjimi kabullenmiş olduğum en kötü sonuç konusunda kendimi hazırlamaya harcadım.

"Uğradığımız zararı en aza indirecek yollar aramaya başladım. Çeşitli testler yaptım ve sonuçta beş bin dolarlık bir alet takviyesiyle sorunumuzun çözüleceğini keşfettim. Alet takviyesini yaptık ve şirketim yirmi bin dolarlık zararını kapattıktan sonra on beş bin dolar da kâra geçti.

"Eğer üzülmeye devam etseydim belki de bunların hiçbirini yapamayacaktım, çünkü üzüntünün en kötü yönü insanın dikkatini verme özelliğini tamamen yok ediyor olmasıdır. Üzüldüğümüz zaman düşüncelerimiz dağılıyor ve karar verme gücümüzü yitiriyoruz. Ama kendimizi en kötü şeyle yüzleşmeye hazırlayıp zihinsel olarak bunu kabullenirsek, bütün bu yıpratıcı düşüncelerden kurtuluyor ve sorunumuza dikkatimizi verebiliyoruz.

"Sözünü ettiğim bu olay yıllar önce meydana geldi. Yöntem öyle işe yaradı ki o zamandan beri bunu uyguluyorum. Sonuçta artık yaşantımda üzüntüye yer yok."

Psikolojik açıdan baktığımızda, Willis H. Carrier'ın bu sihirli formülü neden bu kadar değerli ve pratik dersiniz? Çünkü üzüntünün gözlerimizi kör ettiği zamanlarda, bizi içinde kendimizi bilmez şekilde dolaşıp durduğumuz gri sis bulutundan çıkarıyor. Ayaklarımızı yere sağlam basmamızı sağlıyor. Böylece nerede durduğumuzu biliyoruz. Ayaklarımız yere basmazsa bazı şeyleri nasıl doğru dürüst düşünebiliriz ki?

Uygulamalı psikolojinin babası Profesör William James 1910 yılında öldü. Ancak yaşasaydı ve bu en kötü şeyle yüzleşme formülünü görseydi eminim onaylardı. Bundan nasıl mı bu kadar emin oluyorum? Çünkü Profesör James öğrencilerine şunları söylemişti: "Olanları kabul etmek, her türlü talihsizliğin sonuçlarıyla baş edebilmek demektir."

Aynı düşünceyi, Lin Yutang da büyük kitlelere ulaşan The Importance Of Living (Yaşamanın Önemi) adlı kitabında şöyle dile getiriyordu: "Zihin ancak en kötü şeyi kabullenmeye hazır olduğunda tam anlamıyla huzura kavuşur," diyordu Çinli düşünür. "Böylece psikolojik anlamda enerji sağlanmış olur."

Evet, çok doğru! Böylece enerji sağlanmış olur. En kötü şeyi kabullendiğimizde artık kaybedecek bir şeyimiz yok demektir. Bu da kazanacak çok şeyimiz olduğu anlamına gelir! Willis'in şu sözlerine dikkat edin: "Kendimi en kötü şeyle yüzleşmeye hazırladığımda birden çok rahatladım ve kendimi son zamanlarda hiç hissetmediğim kadar huzurlu hissetmeye başladım."

Kulağa mantıklı geliyor değil mi? Ancak milyonlarca insan en kötü şeyle yüzleşmeyi, bunu düzeltmeye çalışmayı ve zararlarını olabildiğince kâra dönüştürmeye çalışmayı reddederek hayatını mahvediyor. İnsanlar şanslarını bir kez daha denemek yerine "deneyimlerle amansız bir mücadeleye" giriyorlar ve melankoli adı verilen düşünceli ruh halinin kurbanı oluyorlar.

Bir başka kişinin Willis H. Carrier'ın sihirli formülünü kendi sorununa nasıl uyarladığını görmek ister misiniz? İşte size petrol satıcısı bir öğrencimden bir örnek:

"Bana şantaj yapılıyordu! Buna inanamıyordum. Böyle bir şeyin ancak filmlerde olacağını düşünürdüm, ama gerçekten bana şantaj yapılıyordu! Olaylar şöyle gelişti: Başında bulunduğum petrol firmasının dağıtım kamyonları ve şoförleri vardı. O dönemlerde savaş yasaları geçerliydi ve müşterilerimize sattığımız benzin miktarıyla orantılı olarak devlete para ödüyorduk. Sonradan şoförlerin müşterilerimize az petrol verip kalanı kendi müşterilerine dağıttıklarını öğrendim.

"Bu yasadışı işlerden, hükümet müfettişi olduğunu söyleyerek benden sus payı isteyen birinin gelmesi üzerine haberdar oldum. Adamın elinde şoförlerin yaptığı işleri kanıtlayan belgeler vardı. Beni bu belgeleri bölge savcısına göndermekle tehdit etti.

"Bunda benim açımdan endişelenecek bir şey olmadığını biliyordum. Ancak yasalara göre firmanın çalışanlarının hareketlerinden sorumlu olduğumu da biliyordum. Üstelik bu olay mahkemeye kadar giderse gazetelerde yayımlanırdı ve işim mahvolurdu. Oysa ben, yirmi dört yıl önce babamın kurmuş olduğu işimle gurur duyuyordum.

"Üzüntüden hasta oldum! Üç gün üç gece hiç uyumadım. Deliler gibi dolandım durdum. Parayı mı -adam beş bin dolar istiyordu- ödemeliydim yoksa adamı başımdan mı saymalıydım? Bunları düşündükçe geceleri kâbuslar görüyordum.

"Sonra, pazar gecesi, toplum içinde konuşma derslerinde verilen 'Üzüntüden Kurtulmanın Yolları' adlı kitabı aldım elime. Okumaya başladım ve Willis H. Carrier'ın şu sözlerini gördüm: 'En kötü şeyle yüzleşin.' Kendi kendime şu soruyu sordum: 'Parayı ödemezsem ve bu şantajcılar belgeleri bölge savcısına gönderirlerse doğabilecek en kötü sonuç ne olur?'

"Yanıt şuydu: En kötü olasılıkla işim mahvolurdu. Hapse girmeyecektim ya! Bir de toplum içinde rezil olabilirdim.

"'Pekâlâ,' dedim kendi kendime. 'İşimin mahvolması olasılığını kabul ediyorum. Sonra ne olacak?'

"İşimi kaybedersem kendime iş aramak zorunda kalacaktım. Bu o kadar da kötü değildi; petrol hakkında çok şey biliyordum. Firmaların benimle çalışmak isteyeceklerinden emindim. Kendimi daha iyi hissetmeye başladım. Üç gündür yaşadığım sıkıntı biraz olsun dağılmıştı. Sakinleşmiştim ve düşünebiliyordum artık!

"Artık üçüncü aşamaya, yani en kötüyü düzeltme aşamasına geçebilirdim. Çözüm üretmeye çalışırken aklıma bir şey geldi. Durumu avukatıma anlatırsam o bana yeni bir yol önerebilirdi. Bunu daha önce akıl edemememin aptallık olduğunu biliyorum, ama daha önce düşünemiyordum ki! Yalnızca üzülüp endişeleniyordum. Hemen kafamı toparlamaya çalıştım. Ertesi sabah ilk işim avukatımla görüşmek olacaktı. O gece hemen yattım ve horul horul uyudum.

"Sonra ne mi oldu? Avukatım bana bölge savcısına gidip her şeyi açık açık anlatmamı söyledi. Ben de öyle yaptım. Ben sözlerimi bitirdiğimde, savcının bu şantaj işinin aylardır devam ettiğini ve hükümet müfettişi olduğunu söyleyen kişinin polisin aradığı bir dolandırıcı olduğunu söylemesi üzerine nasıl şaşırdım anlatamam. Günlerce ne yapacağımı, parayı verip vermeyeceğimi düşünüp kendimi mahvettikten sonra bunları duymak beni ne kadar rahatlattı tahmin edersiniz.

"Bu olay bana ders oldu. Artık ne zaman beni üzen bir sorunla karşılaşsam 'eski Willis formülü' adını verdiğim formülü uyguluyorum."

Eğer Willis H. Carrier'ın gerçekten büyük sorunları olduğunu düşünüyorsanız durun; daha hiçbir şey duymadınız. Bir de Winchester, Massachusetts'den Earl P. Haney'in öyküsünü dinleyin. Haney bunları bana 17 Kasım 1948'de, Boston'daki Statlee Oteli'nde anlatmıştı.

"20'li yaşlardaydım. Üzüntüden midemde ülser başlamıştı. Bir gece korkunç bir kanama geçirdim. Chicago'daki Northwestern Üniversitesi Tıp Fakültesi Hastanesi'ne kaldırıldım. Kısa sürede doksan kilodan kırk sekiz kiloya düştüm. Durumum öyle ağırdı ki elimi bile kaldırmamam gerekiyordu. Aralarında ünlü bir ülser uzmanının da bulunduğu üç doktor durumumu 'ümitsiz' görüyorlardı. Saat başı alkalin tozu, bir çay kaşığı süt ve yarım çay kaşığı kaymak ile besleniyordum. Her sabah ve her akşam bir hemşire mideme lastik bir boru sokarak içimdekileri boşaltıyordu.

"Bu durum aylarca sürdü. Sonunda kendi kendime şöyle dedim: 'Bak Earl Haney, eğer sonun yaklaştıysa geri kalan zamanının tadını çıkarmalısın. Her zaman dünyayı dolaşmayı hayal etmiştin, hâlâ bunu istiyorsan hemen başlasan iyi olur.'

"Doktorlarıma, dünyayı dolaşacağımı ve günde iki kez midemdekileri dışarı pompalayacağıma söz verdiğimi söyleyince şoke oldular. Bu olanaksızdı! Hiç böyle bir şey duymamışlardı! Dünyayı dolaşmaya kalkarsam bir denizin ortasında gömülmek zorunda kalabileceğim konusunda beni uyardılar. 'Hayır,' diye karşılık verdim. 'Aileme Nebraska'da Broken Bow'daki aile mezarlığına gömüleceğime söz verdim. Bu yüzden tabutumu da yanımda götüreceğim.'

"Bir tabut ayarladım, gemiye yüklettim ve gemi şirketiyle ölümüm halinde cesedimi buzlukta tutup aileme teslim etmeleri konusunda anlaştım. Ömer Hayyam'ın duygularını paylaşarak yolculuğuma başladım:

'Ah, yaşadıklarımızdan zevk almaya bakalım,
Tozlu toprağa girmeden önce.
Şarapsız, şarkısız, şarkıcısız ve sonsuz,
Tozlu toprağın altında yatmadan önce.'

"S. S. President Adams'a binip Doğu'ya doğru yol almaya başladığımızda ben de kendimi daha iyi hissetmeye başlamıştım bile. Yavaş yavaş alkalin tozunu ve midemdekileri boşaltmayı da bıraktım ve beni öldüreceği kesin olan baharatlarla hazırlanmış ilginç yemekler de dahil olmak üzere her şeyi yemeye başladım. Bir süre sonra kendimi sigara ve viski içerken buldum. Uzun yıllardır eğlenmediğim kadar çok eğleniyordum. Beni çoktan tabuta sokması gereken musonlar ve tayfunlarla karşılaşıyorduk ama ben bu yolculuktan müthiş zevk alıyordum.

"Gemide oyunlar oynuyordum, şarkılar söylüyordum, yeni

arkadaşlar ediniyordum ve gece yarılarına kadar uyumuyordum. Çin'e ve Hindistan'a vardığımızda ülkemde yaşanan iş sorunlarının Doğu'daki yoksulluk ve açlık sorunlarının yanında ne kadar önemsiz kaldığını fark ettim. Gereksiz üzüntülerimi bir tarafa bıraktım ve kendimi iyi hissetmeye başladım. Amerika'ya döndüğümde tam kırk beş kilo almış, ülserimi neredeyse unutmuştum. Hayatım boyunca kendimi hiç bu kadar iyi hissetmemiştim. Yeniden işimin başına döndüm ve o günden beri bir kez olsun hastalanmadım."

Earl P. Haney bana, kendisinin de farkında olmadan William H. Carrier'ın üzüntüyle baş etme konusunda uyguladığı ilkeleri uyguladığını fark ettiğini söyledi. Haney şöyle devam etti:

"Önce kendi kendime sordum: 'En kötü olasılık ne olabilir?' Yanıt belliydi: Ölüm.

"Sonra ölüme hazırlanmaya başladım. Bunu yapmak zorundaydım. Başka şansım yoktu. Doktorlar durumumun ümitsiz olduğunu söylemişlerdi.

"Üçüncü olarak kalan zamanımı en iyi biçimde değerlendirerek durumu biraz olsun düzeltmeye karar verdim. Ülkemden ayrıldım. Eğer gemide de kendimi üzmeyi sürdürseydim, hiç kuşkusuz evime bir tabutun içinde dönecektim. Ama ben bunu yapmadım, sorunlarımı unuttum ve rahatlamaya çalıştım. Zihnimin kavuştuğu huzur bana yeni bir enerji verdi ve bu enerji benim hayatımı kurtardı."

O halde ikinci kural şu:

Eğer herhangi bir üzüntünüz varsa Willis H. Carrier'ın sihirli formülünü uygulayın ve şunları yapın:

1. Kendi kendinize sorun: En kötü olasılık ne olabilir?
2. Kendinizi bu olasılığa hazırlamaya başlayın.
3. Sonra bu durumu düzeltmeye çalışın.

3

ÜZÜNTÜ SİZE NELER YAPABİLİR

"Üzüntüyle mücadele etmeyi bilmeyenler erken ölürler."

Dr. ALEXIS CARREL

Yıllar önce, komşularımdan biri bir akşam kapımı çaldı ve ailemdeki herkesin çiçek aşısı yaptırmasını öğütledi. Kendisi, New York'ta bunun için evlerin kapısını çalan bin gönüllüden biriydi. Çiçek hastalığına yakalanmaktan korkan insanlar aşı olmak için uzun kuyruklar oluşturmaya başlamışlardı. Yalnızca hastanelerde değil, itfaiye binalarında, karakollarda ve büyük sanayi kuruluşlarında da aşı merkezleri kurulmuştu. İki binin üzerinde doktor ve hemşire gece gündüz demeden hummalı bir biçimde çalışıyorlardı. Bütün bu telaşın nedeni neydi? New York'ta sekiz kişi çiçek hastalığına yakalanmıştı ve hastalardan ikisi ölmüştü. Düşünün, sekiz milyonluk bir nüfusta iki kişi!

Çok uzun yıllardır New York'ta yaşıyorum, ancak henüz kimse beni çiçek hastalığından bin kat daha fazla zarara yol açan ve üzüntü adı verilen duygusal hastalık konusunda uyarmak için kapımı çalmadı.

Hiç kimse kapımı çalıp Amerika Birleşik Devletleri'nde her on kişiden birinin yaşadığı üzüntüler ve duygusal çöküntüler nedeniyle sinirsel hastalıklara yakalandığını söylemedi. Ben de bu yüzden, bu bölümü kapınızı çalmak ve sizi uyarmak için yazıyorum.

Tıp alanında Nobel Ödülü kazanmış olan Dr. Alexis Carrel şöyle diyor: "Üzüntüyle mücadele etmesini bilmeyen işadamları erken ölürler." Aynı şey ev hanımları, veterinerler ya da inşaat işçileri için de geçerli kuşkusuz.

Birkaç yıl önce tatilimi, Santa Fe Demiryolları'nın tıbbi yöneticilerinden biri olan, tıp alanında Nobel Ödülü kazanmış Dr. O. F. Gober ile Teksas ve New Mexico'yu dolaşarak geçirmiştim. Gober aslında Gulf, Colorado ve Santa Fe Hastaneler Birliği'nin başhekimiydi. Kendisiyle üzüntünün etkileri üzerine konuşurken bana şöyle demişti: "Doktorlara başvuran hastaların yüzde yetmişi aslında korkularından ve üzüntülerinden kurtularak kendi kendilerini tedavi edebilirler. Bu kişilerin hastalık hastası olduğunu söylediğimi düşünmeyin. Hastalıkları korkunç bir diş ağrısı kadar gerçek, hatta bundan daha ciddi. Sinir bozukluğu, mide ülseri, kalp rahatsızlıkları, bazı baş ağrıları ve kimi felç türlerinden söz ediyorum.

"Bunlar gerçek hastalıklar. Ben de on iki yıl önce ülser geçirdiğim için onları daha iyi anlayabiliyorum.

"Korkular, üzüntü ve endişelere neden olur. Üzüntü, insanı gergin ve sinirli yapar, mide sinirlerini etkiler, mide salgılarını değiştirir ve ülsere neden olur."

Nervous Stomach Trouble (Sinirsel Mide Sorunları) kitabının yazarı Dr. Joseph F. Montague da hemen hemen aynı şeyi söylüyor: "Ülsere sizin yedikleriniz değil, sizi yiyenler neden olur."

Mayo Clinic'ten Doktor W. C. Alvarez ise şöyle diyor: "Ülser rahatsızlıkları, duygusal gerilimin şiddetine göre artar ya da azalır."

Bu sonuca, mide rahatsızlıklarının tedavisi için Mayo Clinic'e başvuran 15.000 hasta üzerinde yapılan araştırma ile varıldı. Buraya başvuran her beş kişiden dördünün mide rahatsızlığı, hiçbir fiziksel temele dayanmıyordu. Mide hastalıkları ve ülsere neden olan şeyler korku, üzüntü, öfke, aşırı bencillik ve dünyanın gerçeklerine uyum sağlayamama durumuydu. Unutmayın, ülser sizi öldürebilir. Hatta Life Dergisi'ne göre ölümcül hastalıklar listesinde onuncu sırada yer almaktadır.

Geçenlerde, Mayo Clinic'ten Dr. Harold C. Habein ile yazışmalar yaptım. Dr. Habein Amerika Endüstri Hekimleri ve Operatörleri Birliği'nin yıllık toplantısında yaptığı konuşmada, ortalama yaşları 44.3 olan 176 yönetici üzerinde bir araştırma yaptığını ve bu yöneticilerin üçte birinden fazlasında gerilimli yaşamın neden olduğu üç grup hastalığa, kalp hastalıklarına, sindirim sistemi ülserine ve yüksek tansiyona rastladığını söyledi. Düşünün, bu işadamları daha kırk beş yaşına varmadan sağlıklarını kalp hastalığı, ülser ya da yüksek tansiyonla mahvediyorlar. Başarılarına karşılık ne büyük bir ödül değil mi? Üstelik buna başarı bile denemez. İşteki ilerlemesinin karşılığını ülser ya da kalp sorunlarıyla ödeyen birine başarılı denebilir mi sizce? İnsan sağlığını kaybettikten sonra tüm dünyayı ele geçirse ne fark eder? İsterseniz tüm dünyaya sahip olun, sonuçta yine bir yatakta uyumayacak, günde üç öğün yemek yemeyecek misiniz? Aynı şeyi işe yeni başlayan biri de yapabilir, üstelik bu kişi sizden daha iyi uyur ve yediği yemekten daha fazla zevk alır. Dürüst olmam gerekirse, ben de bir demiryolu işletmesini ya da sigara firmasını yöneterek kırk beş yaşına gelmeden sağlığımı mahvetmektense, pek fazla sorumluluk taşımayan biri olmayı tercih ederim.

Dünyanın en ünlü sigarasının üreticisi Kanada ormanlarında biraz avlanıp eğlenmeye çalışırken kalp krizi geçirerek öldü. Milyonlarca dolarlık servete sahip olan bu kişi öldüğünde altmış bir yaşındaydı ve hayatının büyük bir bölümünü kuşkusuz "işinde başarıya ulaşmaya çalışarak" geçirmişti.

Ancak bana göre bu sigara üreticisi sahip olduğu milyarlara karşın, benim Missouri'de çiftçi olan ve seksen dokuz yaşında beş parasız ölen babamın yarısı kadar bile başarılı değildi.

Mayo doktorları, hastanelerin yarısının sinirsel sorunları olan insanlarla dolu olduğunu söylemişlerdi. Ancak bu kişilerin sinirleri gelişmiş mikroskoplar altında incelendiğinde, bu sinirlerin en az Jack Dempsey'ninkiler kadar sağlıklı olduğu görülüyor. "Sinirsel sorunlar" sinirlerdeki fiziksel bozukluklardan değil, işe yaramama duygusu, korku, endişe, üzüntü, başarısızlık ve umutsuzluk gibi duygulardan kaynaklanıyor. Plato'ya göre, "Doktorların en büyük hatası, ruh ve beden ayrılmaz bir bütün olduğu halde onların yalnızca bedeni tedavi etmeye çalışıp ruhu ihmal etmeleridir."

Tıp dünyasının bu gerçeği fark etmesi için iki bin üç yüz yılın geçmesi gerekti. Psikosomatik tıp denen ve hem bedeni hem de ruhu tedavi etmeyi amaçlayan tıp dalı yeni yeni gelişiyor. Bunun zamanı çoktan gelmişti zaten; çünkü tıp dünyası, insanlığı ölümle tehdit eden çiçek, kolera, sarıhumma gibi fiziksel kökenli hastalıkların üstesinden geldi. Ancak üzüntü, korku, kin, öfke ve umutsuzluk gibi duyguların yol açtığı zihinsel ve fiziksel bozukluklarla baş edemedi. Tam aksine, bu hastalıklar ürkütücü bir hızla yayılmaya devam ediyor. İkinci Dünya Savaşı'na çağrılan her altı genç erkekten birinin psikiyatrik sorunları nedeniyle geri gönderildiğini biliyor muydunuz?

Akıl hastalığının nedeni nedir? Bu sorunun yanıtını hiç kimse tam olarak bilmiyor. Ancak üzüntü ve korkunun önemli faktörler olduğu bir gerçek. Dış dünyanın gerçeklerine bir türlü uyum sağlayamayan, gerilim ve baskı altında yaşayan kişiler, bu dünyayla ilişkilerini kesip kendi iç dünyalarına çekilerek sorunlarını çözmeye çalışıyorlar.

Masamın üzerinde Dr. Edward Podolsky'nin yazdığı Stop Worrying and Get Well (Üzüntülerden Kurtulun Sağlığınıza Kavuşun) adlı kitap var. İşte size bu kitaptan birkaç başlık:

ÜZÜNTÜ KALBE NELER YAPAR
ÜZÜNTÜ YÜKSEK TANSİYONA NEDEN OLUR
ÜZÜNTÜ ROMATİZMAYA NEDEN OLUR
MİDENİZİN İYİLİĞİNİ İSTİYORSANIZ ÜZÜLMEYİ BIRAKIN
ÜZÜNTÜ NASIL SOĞUK ALGINLIĞINA NEDEN OLUR
ÜZÜNTÜ VE GUATR
ÜZÜNTÜ VE ŞEKER HASTALIĞI

Üzüntü konusunda yazılan kitaplardan biri de Mayo psikiyatri doktorlarından Dr. Kari Meninger'ın Man Against Himself (Kendisine Karşı İnsan) adlı kitabıdır. Dr. Menin- ger'in bu kitabı, üzüntüden nasıl kurtulacağınız konusunda kurallar belirlemiyor; ancak anksiyete, korku, kin, pişmanlık, isyan ve öfke gibi duyguların bedenimizi ve ruhumuzu nasıl yıprattığını anlatıyor.

Üzüntü ve endişe en dayanıklı insanı bile hasta edebilir. General Grant bunu içsavaşın son günlerinde fark etmişti. Richmond dokuz aydır kuşatma altında tutuluyordu. General Lee'nin aç ve bitkin askerleri yenilmişlerdi. Bütün bir taburun geri çekildiği oluyordu. Geride kalanlar ise çadırlarında oturup topluca dua ediyorlar, bağrışıp ağlaşıyorlardı. Son yaklaşmıştı. Lee'nin son kalan adamları bir gece pamuk tarlalarını ve tütün depolarını ateşe verdiler, cephaneliği yaktılar ve gecenin karanlığında yükselen alevlerin arasında kaçmaya başladılar. Grant da peşlerine düştü. Grant Güneylilere arkadan ve yanlardan vururken, Sheridan'ın süvarileri de önden harekete geçmiş, demiryollarını yıkıp yardım trenlerini tutmaya başlamışlardı.

Tam o sırada birden başına korkunç bir ağrı saplanan ve gözleri kararan Grant, askerlerinin gerisinde kaldı ve bir çiftlik evine sığındı. Grant daha sonra yazdığı Memoirs (Anılarım) adlı kitabında olanları şöyle anlatıyor: "Geceyi orada geçirdim. Bütün gece ayaklarımı su ve hardalın içinde tuttum. Bileklerime ve boynumun arka tarafına da hardala batırılmış havlu sardım. Ertesi sabaha kadar iyileşmeyi umuyordum."

Grant ertesi sabah gerçekten de iyileşmişti. Ancak onu iyileştiren şey boynuna sardığı hardallı havlular değil, bir atlının getirdiği, Lee'nin teslim olmak istediğini söylediği mektubuydu.

"Görevli bana mektubu getirdiğinde başım hâlâ dayanılmaz biçimde ağrıyordu. Ancak mektupta yazılanları okur okumaz iyileştim," diyor Grant.

Grant'ın hastalığına neden olan şey yaşadığı üzüntü, gerilim ve duygulardı. Güven, başarı ve zafer duyguları onun bunlardan kurtulmasını ve iyileşmesini sağlamıştı.

Bundan yetmiş yıl kadar sonra, Franklin D. Roosevelt kabinesinde hazine müsteşarı olan Henry Morgenthau, üzüntünün kendisini berbat hissetmesine neden olacak kadar hastalanmasına yol açtığını keşfetti. Günlüğündeki notlara göre Morgenthau, Başkan buğday fiyatlarını yükseltmek için bir günde 4.400.000 kilo buğday alınca çok üzülmüştü. Morgenthau günlüğüne şunları yazmıştı: "Olanlar yüzünden kendimi çok kötü hissediyordum. O gün hemen eve gittim ve yemekten sonra iki saat yattım."

Üzüntünün insana neler yapabileceğini öğrenmek için doktora gitmeye ya da kitaplara başvurmaya gerek yok. Bu kitabı yazarken bile pencereden baktığımda, üzüntünün ruhsal bunalıma neden olduğu bir ev ve bir adamın şeker hastalığına yakalanmasına neden olduğu bir başka ev görebiliyorum. Borsada değerler düştüğünde bu adamın kan ve idrarındaki şeker oranı yükseliyordu.

Ünlü Fransız düşünür Montaigne, Bordeaux belediye başkanı seçildiğinde kasabalılara şöyle seslenmişti: "Sorunlarınızı ciğerlerimle değil, ellerimle çözeceğim."

Benim borsacı olan bir komşum da sorunlarını kan dolaşımıyla çözmeye kalkıştı ve bu yüzden neredeyse ölüyordu.

Üzüntünün insana neler yapabileceğini anımsamam için komşularımın evlerine bakmama bile gerek yok. Şu anda bunları yazmakta olduğum odaya bakarak, bu evin kendisini zamansız mezara sokan eski sahibini düşünmek bunu hatırlamama yetiyor.

Üzüntü, romatizma ve eklem rahatsızlıklarına neden olarak sizi bir tekerlekli sandalyeye bile mahkûm edebilir. Eklem hastalıkları konusunda dünya çapında bir otorite olan Dr. Russell L. Cecil, eklem hastalıklarının en sık görülen nedenlerini şöyle sıralamıştır:

1. Evliliğin yıkılması.
2. Parasal güçlükler ve sıkıntı.
3. Yalnızlık ve üzüntü.
4. Uzun süren kızgınlıklar.

Elbette bu duygusal durumların hiçbiri eklem hastalıklarının tek nedeni değildir. Farklı nedenlerden kaynaklanan pek çok eklem hastalığı var. Ancak yukarıda saydığımız durumlar, az önce de söylediğimiz gibi bu hastalıkların en sık görülen nedenleri. Örneğin, ekonomik sıkıntıların yaşandığı bir dönemde, bir arkadaşım öyle ağır darbeler aldı ki önce evinin havagazı kesildi, sonra da ipotekli olan evi satışa çıkarıldı. Bunun üzerine eşi oldukça ağır bir eklem hastalığına yakalandı. İlaçlar ve perhizler fayda etmedi ve hastalık finansal sorunlar tamamen ortadan kalkıncaya dek sürdü.

Üzüntü, diş çürümesine bile neden olabilir. Doktor William I. L. McGonigle Amerikan Dişçiler Birliği toplantısında, "Üzüntü, korku ve tatminsizlik gibi hoş olmayan duyguların vücuttaki kalsiyum dengesini bozduğunu ve diş çürümelerine neden olduğunu" söylemişti. Dr. McGonigle, karısının ani hastalığını öğrenip üzülmeye başlayana dek kusursuz dişlere sahip olan bir hastasını buna örnek olarak vermişti. Karısının hastanede kaldığı üç hafta içinde bu hastanın, üzüntü ve endişe nedeniyle tam dokuz dişi çürümüştü.

Siz hiç ilerlemiş guatrı olan bir hasta gördünüz mü? Ben gördüm ve size bu kişilerin sürekli titrediklerini, sallandıklarını ve korkudan neredeyse ölmek üzere olduklarını söyleyebilirim. Bu hastalık, vücudu kontrol eden tiroid bezinin kontrolden çıkmasına neden olur. Bu da kalbi hızlandırır ve vücut bir fırın gibi ateş içinde kalır. Eğer tedavi ya da ameliyatla hastalığın önüne geçilmezse hasta ölebilir.

Bir süre önce, bu hastalığa yakalanmış olan bir arkadaşımla birlikte Philadelphia'ya gittim. Orada tam otuz sekiz yıldır guatr hastalığını tedavi etmekte olan ünlü uzman Dr. Israel Bram ile görüştük. Doktorun bekleme odasının duvarında, tahta bir tabela üzerinde çok güzel bir öğüt vardı. Beklerken ben de bunu bir zarfın üzerine yazdım:

RAHATLAMA VE EĞLENME

Kişiyi en çok rahatlatan ve en çok eğlendiren

şeyler; güçlü bir Tanrı inancı, uyku, müzik ve kahkahadır. Tanrı'ya inanın, iyi uyuyun, güzel müzikler dinleyin, hayatın eğlenceli yanlarını görün. Hayatınız boyunca sağlıklı ve mutlu olursunuz.

Doktorun arkadaşıma sorduğu ilk soru şu oldu: "Bu hastalığa yakalanmanıza neden olan duygusal sorununuz nedir?" Arkadaşımı, üzülmekten vazgeçmemesi halinde kalp sorunları, mide ülseri ya da şeker gibi başka hastalıklara yakalanabileceği konusunda uyardı. "Bütün bu hastalıklar birbirine yakın akrabadır," dedi sonra.

Film yıldızı Merle Oberon, kendisiyle yaptığım söyleşi sırasında bana hiçbir zaman üzülmemeye çalıştığını, çünkü üzüntünün ekrandaki güzel görüntüsünü bozduğunu bildiğini söylemişti.

"Sinemaya ilk başladığımda endişeliydim ve korkuyordum," diyordu ünlü yıldız. "Hindistan'dan yeni gelmiştim ve Londra'da hiç kimseyi tanımıyordum. Birkaç yapımcıyla görüştüm, ama hiçbiri bana iş vermedi. Param bitmek üzereydi. İki hafta yalnızca kraker yiyip su içtim. Artık yalnızca endişelenip üzülmüyordum, karnım da açtı. Kendi kendime, 'Belki de sen aptalsın!' diyordum. 'Asla sinemaya giremeyeceksin. Hiç deneyimin yok, şimdiye dek doğru dürüst rol de yapmadın. Güzel bir yüzden başka neyin var ki?'

"Aynanın karşısına geçtim. Kendime şöyle bir baktığımda üzüntünün görüntüme ne kadar zarar verdiğini gördüm! Yüzümde çizgiler oluşmuştu ve gergin bir ifade vardı. Kendi kendime 'Bundan hemen vazgeçmelisin!' dedim. 'Üzüntüyü kaldıramazsın. Sahip olduğun tek şey görüntün ve üzülerek bunu da mahvedeceksin!'"

Kadınları üzüntü kadar çabuk yaşlandıran ve görünüşlerini

bu kadar hızlı bozan pek az şey vardır. Üzüntü yüz ifadesini donuklaştırır, kaşların çatılmasına ve kırışıklıklara yol açar. Saçların beyazlamasına, hatta bazı durumlarda dökülmesine neden olur. Cilde zarar verebilir, üzüntü sonucunda vücutta sivilceler, kızartılar, döküntüler görülebilir.

Bugün Amerika'da en sık görülen ölüm nedeni kalp hastalıklarıdır. İkinci Dünya Savaşı sırasında cephelerde üç yüz bin kişi ölürken, iki milyon sivil de kalp hastalıkları sonucu ölmüştü ve bunların bir milyonunun ölüm nedeni üzüntü ve gergin yaşamın neden olduğu hastalıklardı. Evet, en sık görülen ölüm nedenlerinin başında kalp hastalıkları geliyor ve Dr. Alexis bu nedenle şunları söylüyor: "Üzüntü ve endişeyle mücadele etmeyi bilmeyen işadamları erken ölürler."

"Tanrı günahlarınızı affedebilir," diyor William James de, "ama sinir sistemi affetmez."

İşte size çarpıcı, inanılmaz görünen bir gerçek; Amerika'da her yıl intihar edenlerin sayısı en ölümcül beş bulaşıcı hastalıktan ölenlerin sayısından daha fazla.

Neden mi? Yanıt basit; üzüntü!

Tutsaklarına işkence etmek isteyen Çinli hükümdarlar, onların ellerini ve ayaklarını bağlarlar ve hepsini bir su torbasının altına oturturlarmış. Torbadan tutsağın kafasına durmadan su damlarmış. Damlalar, bir süre sonra çekiç etkisi yapmaya başlarmış ve tutsak çıldırırmış. Aynı işkence yöntemi, İspanya'da Engizisyon Mahkemeleri'nde ve Almanya'da Hitler dönemindeki esir kamplarında da uygulanmıştır.

Üzüntü de sürekli damlayan suya benzer; bu damlalar bir süre sonra kişiyi çıldırtır ya da intihara sürükler.

Missouri'de yaşarken, öbür dünyadaki cehennemin ateşinden söz eden Billy Sunday'i dinledikçe korkudan ölecek gibi olurdum. Ancak o, bu dünyada üzülenlerin bugün çektiği fiziksel acının cehennem ateşinden hiç söz etmezdi. Örneğin eğer sürekli üzüntü çeken biriyseniz insanın katlanmak zorunda olduğu en kötü rahatsızlıklardan birine, angina pectoris'e (göğüste şiddetli ağrı ve nefes alamama durumu) yakalanabilirsiniz.

Hayatı seviyor musunuz? Uzun yıllar yaşamak ve sağlıklı olmak istiyor musunuz? Size bunu nasıl başaracağınızı söyleyeyim. Burada yine Dr. Alexis Carrel'ın sözlerine yer vermek istiyorum: "Modern kentin kargaşası içinde kendi iç huzurunu sağlayabilen kişi, sinir hastalıklarına karşı bağışıklık kazanmıştır."

Modern kentin kargaşası içinde iç huzurunuzu koruyabiliyor musunuz? Eğer normal bir insansanız bu soruya yanıtınız olumlu olmalı. "Kesinlikle evet!" diyebilmelisiniz. Birçoğumuz tahmin ettiğimizden çok daha güçlüyüz. Hiç fark etmediğimiz iç güçlere sahibiz. Thoreau, ölümsüz eseri 'Mealden'de şöyle demektedir: "İnsanın bilinçli bir çabayla yaşamını güzelleştirme konusunda sahip olduğu sınırsız yetenekten daha cesaret verici bir güç tanımıyorum. Eğer bir insan düşlerine doğru güvenle ilerler ve hayatını hayal ettiği gibi yaşamak için çaba harcarsa hiç beklemediği bir zamanda başarıya ulaşır."

Eminim bu kitabın okuyucuları da en az Tdaho'dan Olga K. Jarvey kadar güvene ve iç güce sahiptirler. Olga K. Jarvey en trajik durumlarda bile üzüntüyle baş edebileceğini keşfetmişti. Bizlerin de burada anlatılacak olan bazı eski gerçekleri başarıyla uygulayacağımızdan hiç kuşkum yok. İşte kendisinin bana yazdığı şekliyle Olga Jarvey'in öyküsü: "Sekiz buçuk yıl önce ölüme mahkûm olduğumu öğrendim; yavaş ve acı dolu bir ölüm olacaktı bu, çünkü kansere yakalanmıştım. Ülkenin en ünlü doktorları olan Mayo Kardeşler de hastalığımı doğrulamışlardı. Çıkmaz bir sokaktaydım artık, yolun sonunda beni bekleyen bir boşluk vardı. Henüz çok gençtim. Ölmek istemiyordum. Umutsuzluk içinde doktorumu aradım ve ona içimdeki umutsuzluğu haykırmaya başladım. Ama doktorum sabırsızlıkla sözümü kesti: 'Sana neler oluyor Olga?' dedi bana. 'İçinde hiç mücadele gücü yok mu? Böyle bağırmaya devam edersen ölümü kabullenmiş olursun. Evet, başına gelen çok kötü bir şey, ama gerçeği kabul et. Üzülmeyi bırak! Bununla ilgili bir şeyler yapmaya çalış.' Hemen o anda kendi kendime bir söz verdim. Bu arada kendimden o kadar geçmişim ki tırnaklarımı avcuma batırdığımı yeni fark ettim ve bir ürperme hissettim. 'Üzülmeyeceğim! Ağlamayacağım! Elimden gelen her şeyi yapacağım ve kazanacağım! Yaşayacağım ben!' diye bağırdım.

"Bende olduğu gibi, hastalığın ilerlemiş olduğu durumlarda uygulanan X ışını düzeyi 30 günde 10.5 dakikadır. Bana 49 günde 14.5 dakika X ışını uyguladılar. Bu arada, kemiklerimin sıskalaşmış vücudumdan çıplak bir tepedeki kayalar gibi fırlamasına ve ayaklarımı kurşun gibi ağır hissetmeme karşın üzülüp endişelenmedim. Bir kere bile ağlamadım; hep gülümsedim. Evet, kendimi hep gülümsemeye zorladım.

"Gülümsemenin kansere iyi geleceğini düşünecek kadar aptal değilim. Ancak neşeli bir ruh halinin, vücudun hastalıkla savaşmasına yardımcı olduğuna inanıyorum. Bir mucize oldu ve ben kanseri yendim. Son yıllarda, eskiden hiç olmadığım kadar sağlıklıyım. Şimdi bana söylenen o sözlere şükrediyorum: 'Gerçekleri kabul et. Üzülmeyi bırak. Bununla ilgili bir şeyler yapmaya çalış."

Bu bölümü, başlangıçta yer verdiğim cümleyle, Dr. Alexis Carrel'ın şu sözleriyle bitirmek istiyorum: "Üzüntü ve endişeyle baş etmeyi bilmeyenler erken ölürler."

Hazreti Muhammed'e inanan bazı kişiler göğüslerinde, Kuran'da yer alan ayetleri taşırlar. Ben de bu kitabı okuyan kişilerin bu sözü göğüslerinde taşımalarını isterdim: "Üzüntü ve endişeyle mücadele etmeyi bilmeyenler erken ölürler."

Yoksa Dr. Carrel sizden mi söz ediyordu?

Neden olmasın?

BİRİNCİ BÖLÜMÜN ÖZETİ

ÜZÜNTÜ KONUSUNDA BİLMENİZ GEREKEN TEMEL GERÇEKLER

Birinci Kural: Üzüntülerinizden kurtulmak istiyorsanız, Sir William Osler'ın yaptığını yapın: Günlere kapalı bölmelerde yaşayın. Gelecek için endişelenmeyin. Gece yatağınıza yatana kadar bugünü yaşamaya çalışın.

İkinci Kural: Bir daha bir Sorun- Sorun'un başharfinin büyük olduğuna dikkat edin- sizi köşeye sıkıştır dığında Willis H. Carrier'ın sihirli formülünü uygulayın:
a. Kendinize şunu sorun: Eğer sorunumu çözemezsem karşılaşabileceğim en kötü olasılık ne olabilir?
b. Eğer gerekiyorsa, kendinizi en kötü şeyle yüzleşmeye hazırlayın.
c. Sonra, zihinsel olarak zaten kabullenmiş olduğunuz bu en kötü şeyi düzeltmeye çalışın.

Üçüncü Kural: Üzüntünün bedelini sağlığınızla ödeyeceğinizi unutmayın. "Üzüntüyle baş etmeyi bilmeyenler erken ölürler."

İKİNCİ BÖLÜM

ÜZÜNTÜYÜ ÇÖZÜMLEMENİN TEMEL TEKNİKLERİ

4

ÜZÜNTÜYLE İLGİLİ SORUNLARI ÇÖZÜMLEMENİN YOLLARI

Altı dürüst adamım var
Bildiğim her şeyi bana onlar öğretti
Adları Ne, Neden, Ne zaman, Nasıl, Nerede ve Kim

RUDYARD KIPLING

Birinci Bölüm'de anlattığımız Willis H. Carrier'ın sihirli formülü üzüntüyle ilgili bütün sorunları çözebilir mi? Elbette hayır!

O halde çözüm ne? Çözüm şu; üzüntüyle ilgili değişik sorunlarla baş edebilmek için, sorunların analizi konusunda aşağıda anlatılan üç temel aşamayı öğrenmemiz gerekiyor:

1. *Gerçekleri fark edin.*
2. *Gerçekleri analiz edin.*
3. *Bir karara varın ve bu kararı uygulayın.*

Oldukça açık değil mi? Aristo bunları düşünmüş ve uygulamıştı. Eğer bizler de bizi yiyip bitiren ve günlerimizi cehenneme çeviren sorunlardan kurtulmak istiyorsak, bunları kullanmak zorundayız.

Önce birinci kurala bakalım: Gerçekleri fark edin. Gerçekleri fark etmek neden bu kadar önemli? Çünkü bu gerçekleri tam olarak göremezsek, sorunlarımızı da akıllıca çözemeyiz. Yalnızca kafamız karışır. Bu benim düşüncem mi? Hayır. Bu düşünce, yirmi iki yıl Columbia Üniversitesi'nin dekanlığını yapan merhum Herbert E. Hawkes'a ait. Hawkes, iki yüz bin öğrencisinin sorunlarını çözmelerine yardımcı olmuş ve üzüntünün temel nedeninin kafa karışıklığı olduğunu söylemişti. Hawkes şöyle demişti: "Üzüntülerin çoğu, ne hakkında karar vereceklerini tam olarak bilemeyen, ancak yine de karar vermeye çalışan insanlar tarafından yaşanıyor. Eğer benim gelecek salı saat üçte çözmem gereken bir sorunum varsa, salı günü gelene dek bu konuda bir karar vermekten kaçınırım. Bu süre içinde, bu konuyla ilgili bütün gerçekleri belirlemeye çalışırım. Asla üzülmem ve endişeye kapılmam. Sorunumu kafaya takmam. Uykularımı kaçırmam. Salı günü geldiğinde önceden belirlemiş olduğum gerçekler sorunu kendiliğinden çözerler zaten."

Dekan Hawkes'a, bu yolla üzüntülerinden tamamen kurtulup kurtulmadığını sordum. "Evet, kurtuldum," diye yanıt verdi. "Artık hayatımda üzüntü ve endişeye yer olmadığını rahatlıkla söyleyebilirim. İnsanın gerçekleri objektif bir biçimde ortaya koyması halinde, sorunların bilginin ışığında buharlaşıp uçtuğunu fark ettim ben."

Bu sözü tekrarlamak istiyorum: 'İnsan gerçekleri objektif bir biçimde ortaya koyarsa, sorunlar bilginin ışığında buharlaşıp kaybolur."

Peki ama birçoğumuz ne yapıyoruz? Gerçeklerle biraz olsun ilgilenmeye başlasak bile, o ana dek düşündüğümüz şeyleri destekleyen gerçekleri dikkate alıyor, diğerlerini göz ardı ediyoruz. Thomas Edison'ın dediği gibi, "İnsanın düşünmekten kaçmak için yapamayacağı şey yoktur." Yalnızca hareketlerimizi onaylayan, düşüncelerimizi haklı çıkaran ve önyargılarımızı doğrulayan gerçekleri görmeyi tercih ediyoruz.

Andre Maurois bunu şöyle dile getiriyor: "Kişisel isteklerimizle uyum gösteren her şey bize doğru görünür. Uymayanlar ise bizi öfkelendirir."

Bu durumda sorunlarımızı çözmekte bu kadar zorlanmamız hiç de şaşırtıcı değil. İki kere ikinin beş ettiği önyargısıyla yola çıksaydık, basit bir ikinci dereceden denklemi de çözmekte zorlanmaz mıydık? Ne yazık ki pek çok insan inatla iki kere ikinin beş, hatta beş yüz ettiğini savunarak dünyayı hem kendisine hem de çevresindekilere cehennem etmeye devam ediyor.

Peki ne yapabiliriz? Sanırım bunun için duygularımızla düşüncelerimizi birbirinden ayırmayı ve Dekan Hawkes'un söylediği gibi gerçeklere 'objektif' bir şekilde yaklaşmayı öğrenmemiz gerekiyor.

Üzüntülü olduğumuz zamanlarda bunu yapabilmemiz pek de kolay değil. Çünkü böyle durumlarda duygularımız yoğunlaşıyor. Ancak benim kendi sorunlarımdan kurtulmak için gerçeklere objektif bir gözle bakmaya çalışırken kullandığım ve yararlı olduğuna inandığım iki düşünce var:

1. Gerçekleri fark etmeye çalışırken bu bilgileri kendim için değil de bir başkası için topladığımı düşünüyorum. Bu benim daha serinkanlı ve daha tarafsız bir bakış açısına sahip olmamı sağlıyor. Böylece duygularımdan arınabiliyorum.

2. Üzülmeme neden olan sorunum hakkındaki gerçekleri belirlemeye çalışırken, kendimi karşı tarafın davaya hazırlanan avukatı olarak düşünüyorum. Başka bir deyişle kendime karşı olan, beklentilerime zarar veren gerçekleri bir araya getiriyorum.

Sonra, konunun hem benim açımdan olumlu hem de olumsuz olan yönlerini yazıyorum. Doğrular mutlaka bu iki uç noktanın arasında bir yerlerde gizlenmiş oluyor.

Şunu anlatmaya çalışıyorum: Ne siz ne ben ne Einstein ne de Birleşik Devletler Yüksek Mahkemesi gerçekleri tam olarak ortaya koymadan karar verebilecek zekâ ve yeteneğe sahibiz. Thomas Edison da bunu biliyordu. Edison öldüğü zaman, geride içi hayatı boyunca karşılaştığı sorunlarla ilgili gerçeklerle dolu tam iki bin beş yüz defter bıraktı.

O halde sorunları çözmenin birinci kuralı gerçekleri fark etmektir. Biz de Dekan Hawkes'un yaptığını yapalım; sorunumuzla ilgili bütün gerçekleri tarafsız bir biçimde ortaya koymadan bu sorunu çözmeye çalışmayalım.

Ancak şunu da unutmamamız gerekiyor; dünyadaki bütün gerçekler bir araya gelse bile çözümlenip yorumlanmadıkları sürece bir işe yaramazlar.

Deneyimlerim sonucu, gerçekleri bir yere yazdıktan sonra çözümlemeye çalışmanın çok daha kolay olduğunu gördüm. Gerçekleri bir kâğıda yazmak ve açık bir biçimde ortaya koymak, yerinde bir karara varmayı kolaylaştırır. Charles Kettering'in dediği gibi, "Sorunu açıkça ortaya koymak, yarı yarıya çözmek demektir."

Size bunların nasıl uygulamaya geçirildiğini anlatayım. Ya da başka bir deyişle, Çinlilerin söylediği gibi bir resim on bin sözcüğe bedelse, size bir insanın bu anlattıklarımızı nasıl eyleme geçirdiğini gösteren bir resim çizeyim.

Galen Litchfield'ı ele alalım. Onu yıllardır tanırım; kendisi Uzakdoğu'daki en başarılı Amerikalı işadamlarından biridir. Bay Litchfield 1942 yılında, Japonlar Şanghay'ı işgal ettiklerinde Çin'de bulunuyordu. Evime konuk olduğu bir akşam bana şunları anlatmıştı:

"Japonlar Pearl Limanı'nı bombaladıktan sonra Şanghay'a girdiler. Ben o sıralar Şanghay'daki Asya Hayat Sigortası Firması'nda yöneticiydim. Bize bir ordu tasfiyecisi gönderdiler.

Bu adam bir amiraldi. Bana da tasfiye işlemleri sırasında ona yardımcı olmamı emrettiler. Başka şansım yoktu, söylediklerini yapmak zorundaydım. Yoksa ölürdüm.

"Başka seçeneğim olmadığı için bana söylenenleri yapmaya başladım. Ancak 750.000 dolar tutarındaki bir grup poliçeyi amirale verdiğim listenin dışında bıraktım. Çünkü bu grup bizim Hong Kong şubemize aitti ve bunların Şanghay'la bir ilgisi yoktu. Bu arada Japonların bu yaptığımı öğrendiklerinde beni öldüreceklerini düşünerek korkudan ölüyordum. Çok geçmeden de öğrendiler.

"Onlar bunu öğrendiğinde ben ofiste değildim; muhasebe müdürüm oradaydı. Bana Japon amiralin bunu öğrendiği zaman küplere bindiğini, bağırıp küfrettiğini ve benim bir hırsız ve hain olduğumu söylediğini anlattı. Japon ordusuna karşı gelmiştim! Bunun ne demek olduğunu biliyordum. Bridgehouse'a atılacaktım.

"Bridgehouse! Japon gestaposunun işkence merkezi! O hapishaneye atılmamak için kendilerini öldüren arkadaşlarım olmuştu. Orada on gün kalıp sorgulandıktan ve işkence gördükten sonra ölen arkadaşlarım da vardı. Şimdi ben de Bridgehouse'a götürülecektim!

"Ben ne yaptım? Olanları pazar günü öğleyin öğrenmiştim. Korkudan elimin ayağıma dolaşması gerekirdi. Eğer sorunlarımı nasıl çözeceğim konusunda uyguladığım bir teknik olmasaydı korkudan ölebilirdim. Yıllardır ne zaman üzülsem veya endişelensem daktilomun başına gidip şu iki soruyu ve yanıtlarını yazardım:

"1. Neden üzülüyorum veya endişeleniyorum?

"2. Bu konuda ne yapabilirim?

"Önceleri bu sorulan yazmadan yanıtlarını bulmaya çalışırdım, ama daha sonra bundan vazgeçtim. Hem soruları hem de yanıtlarını yazmanın daha net düşünmemi sağladığını fark etmiştim. O pazar günü de odama gittim ve daktilomu çıkardım. Şunları yazdım:

"1. Neden endişeleniyorum?

"Yarın sabah Bridgehouse'a gönderileceğimden korkuyorum.

"2. Bu konuda ne yapabilirim?

"Saatlerce düşündüm ve yapabileceğim dört hareketi ve bu hareketlerin olası sonuçlarını yazdım:

"1. Yaptığım şeyi Japon amirale açıklayabilirim. Ancak o İngilizce bilmiyor. Bir çevirmen aracılığı ile açıklamaya kalkarsam onu yine kızdırabilirim. Amiral de son derece zalim biri olduğundan beni dinlemez ve Bridgehouse'a göndermekle kalmayıp ölüm fermanımı imzalayabilir.

"2. Kaçmayı deneyebilirim. Bu olanaksız. Gözleri sürekli üzerimde. Odama giriş çıkışlarımı bile haber vermem gerekiyor. Kaçmaya kalkarsam beni hemen yakalar ve vururlar.

"3. Odamdan dışarı çıkmam ve bir daha ofise gitmem. Böyle yaparsam Japon Amiral kuşkulanır, odama askerlerini gönderir ve bana konuşma hakkı tanımadan hemen Bridgehouse'a atılmamı sağlar.

"4. Pazartesi günü her zamanki gibi ofise gidebilirim. Japon amiral çok meşgul olduğundan yapmış olduğum şeyi unutabilir. Bunu düşünse bile sakinleşmiş olabilir ve beni sıkıştırmaz. Ona her şeyi açıklayabilirim. Buna hazırım. O halde pazartesi günü ofise gitmek ve hiçbir şey olmamış gibi davranmak bana Bridgehouse'dan kurtulmam için iki şans tanıyor.

"Bütün bunları düşündükten sonra dördüncü planı uygulamaya karar verdim; pazartesi günü ofise gidip hiçbir şey olmamış gibi davranacaktım. Rahatlamıştım.

"Ertesi sabah ofise girdiğimde Japon amirali ağzında bir sigarayla oturuyor buldum. Bana her zamanki gibi baktı ve hiçbir şey söylemedi. Altı hafta sonra Tokyo'ya döndü ve benim endişelerim de sona erdi.

"Az önce de söylediğim gibi o pazar günü oturup yapabileceğim her hareketi ve bunların olası sonuçlarını yazarak sakin ve akıllıca bir karara varmam benim hayatımı kurtardı. Bunu yapmasaydım tereddüt edebilir ve o anki telaşımla yanlış bir şey yapabilirdim. Eğer sorunum konusunda düşünüp bir karara varmasaydım, bütün pazar gününü endişe ve üzüntü içinde geçirebilirdim. O gece uyuyamazdım. Pazartesi sabahı ofise yüzümde korkulu ve endişeli bir ifadeyle giderdim; bu da Japon amiralin daha fazla kuşkulanmasına ve harekete geçmesine neden olurdu.

"Deneyimlerim bana bir karara varmanın ne kadar önemli bir şey olduğunu gösterdi. Bir amaç belirleyememek ve bir kısırdöngü içinde dönüp durmak, insanlarda sinir bozukluklarına neden olur ve yaşamı zindana çevirir. Ben sorunlarımın yüzde ellisinin bir karara vardığımda, yüzde kırkının ise bu kararlarımı uygulamaya geçirdiğimde yok olduğunu biliyorum.

"Yani şu dört aşamayı uyguladığımda, sorunlarımın yüzde doksanından kurtuluyorum:

1. Üzülüp endişelenmeme neden olan şeyleri yazıyorum.
2. Bu konuda neler yapabileceğimi yazıyorum.
3. Ne yapacağıma karar veriyorum.
4. Hemen kararımı uygulamaya başlıyorum.

Galen Litchfield Starr, Park ve Freeman'ın Uzakdoğu sorumlusu oldu ve sigorta ve mali işlerini yürütmeye başladı. Bu onu Asya'daki Amerikalı işadamlarının en önemlilerinden biri yaptı. Litchfield bana, başarısının büyük bir bölümünü üzüntü ve endişeleri çözümleme ve ortadan kaldırma konusunda uyguladığı yönteme borçlu olduğunu söyledi.

Onun bu yöntemi neden bu kadar işe yarıyor? Çünkü bu etkili, somut ve sorunun tam kalbine inen bir yöntem. Bu yöntem çok önemli bir kuralı kapsıyor ve "Bunun için bir şeyler yapın," diyor. Kararlarımızı eyleme geçirmediğimiz sürece yaptığımız belirleme ve çözümlemeler zaman ve enerji kaybı olmaktan öteye gitmez.

William James şöyle söylemişti: "Bir karar verdiğinizde bu kararın sonucuyla ilgilenmekten ve bu konuda kafa yormaktan vazgeçin." (James buradaki "ilgilenmek" sözcüğünü "endişelenmek" sözcüğü ile eşanlamlı kullanmıştır.) Bunu söylerken anlatmak istediği şey, tüm gerçekler göz önüne alınarak akıllıca bir karar verildiğinde bunun hemen eyleme geçirilmesi gerektiğidir. Burada tereddüt etmemeli, endişelenmemeli ve geri adım atmamalısınız. Kendinizden asla kuşku duymamalısınız; eğer kendinizden kuşku duyarsanız bu kuşku diğerlerini beraberinde getirir. Asla omzunuzun üzerinden geriye bakmamanız gerektiğini unutmamalısınız.

Bir kez, Oklahoma'nın ünlü petrolcülerinden Waite Phillips'e kararlarını nasıl uyguladığını sormuştum. Yanıtı şu oldu: "Bir noktadan sonra sorunlar konusunda kafa yormanın, insanın aklının karışmasına, üzülmesine ve endişelenmesine neden olduğunu düşünüyorum. Bir yerden sonra kafa yormak ve düşünmek sakıncalı olabilir. Böyle zamanlarda bir karar vermeniz ve asla dönüp geriye bakmamanız gerekir."

Neden siz de Galen Litchfield'ın tekniğini kendi üzüntüleriniz üzerinde denemeye başlamıyorsunuz?

Soru 1: Ne için üzülüyorum ya da endişeleniyorum? (Lütfen yanıtınızı kurşunkalemle aşağıdaki boşluğa yazınız.

Soru 2: Bunun için ne yapabilirim? (Yanıtınızı aşağıdaki boşluğa yazınız.)

Soru 3: Yapacağım şey şu:

Soru 4: Bunu yapmaya ne zaman başlayacağım?

5

İŞLE İLGİLİ ÜZÜNTÜLERİN YÜZDE ELLİSİNDEN KURTULMANIN YOLLARI

Eğer siz de iş dünyasının içindeyseniz, bu başlığı okuyunca şöyle düşünmüşsünüzdür: "Ne saçma bir başlık! Ben de tam on dokuz yıldır iş hayatının içindeyim ve doğru yanıtları bilmesi gereken biri varsa o da benim. Birinin bana işimle ilgili üzüntülerimin yüzde ellisinden nasıl kurtulabileceğimi söylemesi doğrusu çok komik!"

Aslında haklısınız; birkaç yıl önce böyle bir başlık görsem ben de aynı şeyleri söylerdim. Çünkü bu başlık, insana çok şey vaat ediyor ve vaatler genellikle pek önemli değildirler.

Dürüst olmakta yarar var; belki de üzüntülerinizin yüzde ellisinden kurtulmanız konusunda size pek de yardımcı olamayacağım. Sonuçta bunu sizden başka kimse de yapamaz zaten. Ben size başka insanların bunu nasıl yaptığını göstereceğim ve gerisini size bırakacağım.

Ünlü doktor Alexis Carrel'ın bu kitapta daha önce yer verdiğim sözlerini anımsayın: "Üzüntü ve endişeleriyle baş etmeyi bilmeyenler erken ölürler."

Üzüntünün ne kadar önemli bir sorun olduğunu düşünürsek, benim üzüntülerinizin yüzde onundan bile kurtulmanıza yardımcı olmam hoşunuza gitmez miydi? Gider değil mi? Güzel! O halde size konferanslarda iş sorunlarını çözmek için harcadığı zamanın tam yüzde yetmiş beşinden kurtulan bir işadamının öyküsünü anlatayım.

Bu arada şunu da söylemeliyim; size "Bay Jones", "Bay X" ya da "Ohio'da tanıdığım biri" gibi, gerçekten yaşayıp yaşamadıklarını bile bilemeyeceğiniz birilerinin öyküsünü anlatmayacağım. Bu, Amerika Birleşik Devletleri'nin en ünlü yayınevlerinden biri olan Simon and Schuster'ın eski ortağı ve genel müdürü olan Lean Shimkins'in gerçek öyküsü.

Gelin, Shimkins'in öyküsünü kendi ağzından dinleyelim: "On beş yıl boyunca hemen her işgününün yarısını iş sorunlarının tartışıldığı toplantılarda geçirdim. Onu mu yapmalıyız, böyle mi davranmalıyız, hiçbir şey yapmadan beklemeli miyiz? Sürekli gerginlik içinde olurduk, odada bir ileri bir geri yürür, sandalyelerimizde dönüp durur, tartışırdık. Akşamları kendimi müthiş yorgun hissederdim. Hayatımın geri kalan kısmını da böyle geçireceğimi düşünüyordum. On beş yıldır aynı şeyleri yapıyordum ve bunun başka bir yolunun olabileceğini bile düşünmemiştim. Biri bana zamanımın dörtte üçünü sıkıntılı toplantılarda geçirmekten ve yaşadığım sinirsel baskının dörtte üçünden kurtulabileceğimi söylese onun pembe gözlükler takmış, aşırı iyimser bir kaçık olduğunu düşünürdüm sanırım. Ama ben kendim bunu gerçekleştiren bir plan geliştirdim. Sekiz yıldır bu planı uyguluyorum ve bunun benim verimliliğim, sağlığım ve mutluluğum üzerinde harikalar yarattığını söyleyebilirim.

"Bu insana bir sihir gibi geliyor, ama bütün sihirli hileler gibi bunun da nasıl yapıldığını bir kez öğrendikten sonra ne denli basit olduğunu göreceksiniz.

"İşin sırrı şu: Önce yıllardır uyguladığım prosedürü değiştirdim. Yani artık sorunu olan yardımcılarım bana yanlış giden bir şeyin tüm ayrıntılarını anlatıp sonra da 'Şimdi ne yapacağız?' diye sormayacaklardı. İkinci olarak yeni bir kural uygulamaya başladım. Bundan sonra bir sorundan söz etmek isteyen kişi, önce aşağıdaki dört soruya yanıt verecek bir rapor hazırlayacaktı:

"Soru 1: Sorun nedir?

(Eski günlerde, hiç kimse sorunun ne olduğunu tam olarak bilmediği halde saatler süren sıkıcı toplantılar yapardık. Sorunumuzun ne olduğunu yazmaya bile zahmet etmeden saatlerce tartışır dururduk.)

"Soru 2: Sorunun nedeni nedir?

(Geriye dönüp baktığımda, sorunun temelinde yatan nedenleri ortaya çıkarmayı akıl edemeden geçirdiğim saatlere acıyorum.)

"Soru 3: Sorunun olası çözümleri nelerdir?

(Eski günlerde, toplantıda bulunanlardan biri bir çözüm önerirdi. Bir diğeri onunla tartışırdı. Sinirler gerilirdi. Zaman zaman konudan tamamen uzaklaşırdık ve toplantının sonunda, hiç kimse sorunun çözülmesi için gerekli olan önemli şeyleri bile yazmamış olurdu.)

"Soru 4: Siz nasıl bir çözüm öneriyorsunuz?

(Önceleri, toplantıya saatlerce bir soruna takılıp kalan kişilerle girerdim ve bu kişiler çözüm yolları düşünüp bunları not etmezler, 'Ben bu çözüm yolunu öneriyorum' demezlerdi.)

"Artık yardımcılarım sorunları bana daha az yansıtıyorlar. Neden? Çünkü bu dört sorunun yanıtını verebilmek için sorunları tüm yönleriyle düşünmeleri gerektiğini keşfettiler. Bunu yaptıktan sonra, çoğu zaman bana danışmalarına gerek kalmıyor. Çünkü böylece çözüm tıpkı tost makinesinden fırlayan ekmek gibi kendiliğinden ortaya çıkıyor. Bana danışmalarının gerekli olduğu durumlarda da tartışmalar çok daha az zamanımızı alıyor. Çünkü sonuca ulaşmak için izlediğimiz bir yol var.

'Artık Simon and Schuster yayınevinde sorunlar konusunda endişelenip üzülmek için çok daha az zaman harcanıyor. Zamanın çoğu, bu sorunları düzeltmeye çalışmakla geçiyor."

Amerika'nın en iyi sigortacılarından biri olan dostum Frank Bettger de buna benzer bir yöntemle üzüntülerinin çoğundan kurtulduğunu, üstelik daha fazla kazanmaya başladığını söylüyor:

"Yıllar önce sigortacılığa başladığımda çok hırslıydım ve işimi çok seviyordum. Sonra bir şey oldu. Cesaretim kırıldı, işimden soğudum ve işi bırakmayı düşünmeye başladım. Eğer bir cumartesi sabahı aklıma o fikir gelmeseydi sanırım işi bırakırdım. Ama o sabah oturdum ve üzüntülerimin kökenine inmeye çalıştım.

"1. Kendi kendime sordum: 'Sorun nedir?' Sorun şuydu; çabalarımın karşılığını alamıyordum. Önceleri her şey iyi gidiyordu, ama sıra poliçeyi doldurmaya gelince iş değişiyordu. Müşteri, 'Peki, bunu düşüneceğim Bay Bettger. Daha sonra tekrar uğrayın lütfen,' diyordu. Zamanımın boşa gittiğini görmek beni sıkıntıya sokuyordu.

"2. Kendi kendime sordum: 'Sorunun çözümü ne olabilir?' Ancak bu sorunun yanıtını verebilmem için gerçekleri bütün ayrıntılarıyla ortaya koymam gerekiyordu. Son on iki aya ait kayıt defterimi çıkardım ve inceledim.

"Çok ilginç bir şey keşfettim! Anlaşmalarımın yüzde yetmişini ilk görüşmemde yapmıştım! Yüzde yirmi üçünü ikinci görüşmemde yapmıştım ve üçüncü, dördüncü, beşinci vs. görüşmelerde yaptığım anlaşmaların oranı sadece yüzde yediydi. Başka bir deyişle, günümün yarısını anlaşmalarımın yalnızca yüzde yedisi için harcıyordum.

"3. Çözüm neydi? Çok basit! İkinci görüşmeden sonraki görüşmeleri kestim ve kalan zamanımı yeni müşteriler bulmak için harcamaya başladım. Sonuç inanılmazdı. Kısa bir süre içinde görüşmelerden kazandığım para iki katına çıkmıştı."

Daha önce de söylediğim gibi Frank Bettger ülkenin en ünlü sigortacılarından biri oldu. Oysa bir ara neredeyse işini bırakmak üzereydi. Başarıya ulaşmasını sağlayacak yolları tıkayan sorunu analiz etmeseydi, başarısızlığı kabullenmek zorunda kalacaktı.

Siz de bu soruları kendi iş sorunlarınıza uygulayabilir misiniz? İddiamı tekrarlıyorum. Bunlar üzüntülerinizin yüzde ellisinden kurtulmanızı sağlayacaktır. Gelin soruları bir kez daha anımsayalım:

1. Sorun nedir?
2. Sorunun nedeni nedir?
3. Sorunun olası çözümleri nelerdir?
4. Siz nasıl bir çözüm önerirsiniz?

İKİNCİ BÖLÜMÜN ÖZETİ

ÜZÜNTÜYÜ ÇÖZÜMLEME TEKNİKLERİ

Birinci Kural: Gerçekleri fark edin. Columbia Üniversitesi Dekanı Dean Hawkes'un sözünü anımsayın: "Dünyadaki çoğu insanın üzüntüsü hangi konuda karar vereceklerini tam olarak bilemeden karar vermeye çalışmalarından kaynaklanıyor."

İkinci Kural: Bütün gerçekleri iyice tarttıktan sonra bir karar verin.

Üçüncü Kural: Akıllıca bir karara vardıktan sonra harekete geçin! Kararınızı uygulayın ve kararınızın sonucu üzerinde kafa yorup endişelenmeyin!

Dördüncü Kural: Siz ya da çevrenizdekilerden biri herhangi bir sorun konusunda endişelenip üzüldüğünüzde, aşağıdaki soruları yazın ve yanıtlayın:

1. *Sorun nedir?*
2. *Sorunun nedeni nedir?*
3. *Sorunun olası çözümleri nelerdir?*
4. *En iyi çözüm hangisidir?*

ÜÇÜNCÜ BÖLÜM

ÜZÜNTÜ SİZİ YENMEDEN SİZ ÜZÜNTÜYÜ YENİN

6

ÜZÜNTÜYÜ ZİHNİNİZDEN UZAKLAŞTIRMANIN YOLLARI

Marion J. Douglas'ın derslerime katıldığı günlerde yaşadığım bir geceyi asla unutmayacağım. (Burada öğrencimin gerçek adını kullanmıyorum. Kendisi, bazı özel nedenlerden dolayı kimliğini açıklamamamı rica etti. Ama bu öykü, onun sınıfta anlattığı gerçek öyküsü.) Marion bize, ailesinin üst üste yaşadığı iki trajediyi anlatmıştı. Önce canından çok sevdiği beş yaşındaki kızını kaybetmişti. O ve karısı bu acıya dayanamayacaklarını düşünürken, Tanrı onlara on ay sonra bir küçük kız daha vermişti; ama o da beş gün sonra ölmüştü.

Bu kadarına dayanmaları gerçekten çok güçtü. "Dayanamıyordum," diyordu Marion. "Uyuyamıyordum, yemek yiyemiyordum, dinlenip rahatlayamıyordum. Sinirlerim altüst olmuştu ve her şeye karşı inancımı yitirmiştim." Sonunda doktorlara gitmişti. Bir doktor uyku hapları almasını söylerken diğeri yolculuğa çıkmasını önermişti. Marion her ikisini de denemişti ama ikisi de sonuç vermemişti. "Sanki vücudum bir mengeneye sıkışmıştı ve mengenenin dişleri giderek daralıyordu. Üzüntünün yarattığı gerilimdi bu; eğer daha önce duyduğunuz üzüntüden dolayı elinizin ayağınızın tutulduğunu hissettiyseniz bunu anlayabilirsiniz.

"Neyse ki bir çocuğum daha vardı. Bana sorunun çözümünü dört yaşındaki oğlum gösterdi. Bir öğleden sonra oturmuş kara

kara düşünüp halime üzülürken oğlum geldi ve 'Baba, bana bir kayık yapar mısın?' dedi. O anda kayık yapacak durumda değildim; aslında hiçbir şey yapacak durumda değildim. Ama oğlum inatçı keçinin tekidir! İstediğini yapmak zorunda kaldım.

"Kayığı yapmak üç saatimi aldı. İşim bittiğinde, bu üç saat içinde aylardır ilk kez biraz olsun rahatladığımı, kendimi huzurlu hissettiğimi fark ettim.

"Bu keşfim, beni uyuşukluğumdan kurtardı ve düşünmemi sağladı. Aylardır ilk kez düşünüyordum. Sonunda şunu anlamıştım; plan yapmanız ve düşünmeniz gereken bir işle meşgul olduğunuz zaman üzülmeye vakit bulamazsınız. Benim durumumu örnek verirsek; kayığı yapmak, üzüntüyü bir yumrukta devirmişti. Bundan sonra sürekli kendimi meşgul edecek bir şeyler bulmaya karar verdim.

"Ertesi gece, evin bütün odalarını dolaştım ve yapabileceğim şeylerin bir listesini çıkardım. Evet, onarılması gereken bir sürü şey vardı; kitaplıklar, merdiven basamakları, pencere kanatları, panjurlar, kapı kolları, kilitler, sızıntı yapan lavabolar... İki hafta içinde onarılması gereken tam iki yüz kırk iki eşya bulmuştum.

"Son iki yılda bunların çoğunu hallettim. Bunun yanında hayatımda yeni aktivitelere de yer vermeye başladım. Haftada iki akşam New York'ta yetişkinler için düzenlenen eğitim kurslarına gidiyorum. Kendi kasabamızdaki bazı sosyal faaliyetlere de katılıyorum. Okul aile birliği başkanı seçildim. Bazı toplantılara katılıyorum. Kızılhaç ve diğer aktiviteler için para topluyorum. Artık öyle meşgulüm ki üzülecek zaman bulamıyorum."

Üzülecek zaman bulamamak! Savaşın en ateşli zamanında, günde on sekiz saat çalışan Winston Churchill de aynı şeyi söylemişti. Kendisine taşıdığı büyük sorumluluk konusunda endişe duyup duymadığı sorulduğunda, "Şu sıralar öyle meşgulüm ki hiçbir şey için üzülüp endişelenecek zamanım yok," demişti.

Otomobillerde marşı geliştirdiği sıralarda Charles Kettering de aynı durumdaydı. Bay Kettering, emekli olana dek General Motors'da genel müdür yardımcılığı görevini sürdürdü. General Motors Araştırma Bölümü'nden sorumluydu. O günlerde öyle parasızdı ki laboratuvar olarak bir samanlığı kullanmak zorundaydı. Alışveriş yapabilmek için eşinin piyano dersleri vererek kazandığı yüz elli doları harcıyorlardı. Hayat sigortasından da beş yüz dolar çekmek zorunda kalmışlardı. Bay Kettering'in eşine bütün bunlar için üzülüp üzülmediğini sorduğumda "Evet, üzülüyordum," diye yanıt verdi. "Öyle üzülüyordum ki geceleri uyuyamıyordum. Ama kocam üzülmüyordu. Kendini işine öylesine vermişti ki üzülecek zaman bulamıyordu."

Ünlü bilim adamı Pasteur, "insanların kütüphanelerde ve laboratuvarlarda bulduğu büyük huzur"dan söz eder. İnsanlar kütüphanelerde ve laboratuvarlarda huzur bulurlar, çünkü buralarda kendilerini tamamen işlerine verirler ve kendileri için üzülmekten kurtulurlar. Bilim adamlarının sinir hastalıklarına pek fazla yakalanmadıkları bilinmektedir, çünkü onların böyle bir lüksü yoktur.

Neden kendimizi meşgul etmek gibi basit bir şey bizi yaşadığımız anksiyeteden kurtarıyor? Bunun nedenini psikolojinin temel yasalarından biri oluşturuyor. Bu yasa şu; insan beyni, ne kadar kusursuz çalışırsa çalışsın, aynı anda birden fazla şey düşünemez. Buna inanmıyor musunuz? O halde gelin basit bir deney yapalım:

Arkanıza yaslanın, gözlerinizi kapatın ve aynı anda hem Özgürlük Anıtı'nı hem de yarın neler yapmanız gerektiğini düşünün. Haydi, hemen şimdi deneyin bunu.

Bu iki şeyi sırayla düşündüğünüzü ama aynı anda düşünmeyi başaramadığınızı gördünüz değil mi? Aynı şey duygular için de geçerlidir. Heyecan verici bir şey yaptığımız için sevinç ve coşku duyarken aynı anda bir başka şey için üzülemeyiz. Her duygu diğerini kovar. İkinci Dünya Savaşı'nda ordu psikiyatrlarının mucizeler yaratmalarının nedeni de bu gerçeği keşfetmeleridir.

Savaştan çıkan ve yaşadıkları deneyimlerden dolayı allak bullak olan kişilere "psikonevrotik" deniyordu. Ordu doktorları tedavi yöntemi olarak bu adamları "sürekli meşgul etme yöntemini" benimsemişlerdi.

Sinirsel açıdan çok yıpranmış olan adamların uyanık geçirdikleri her dakika çeşitli aktivitelerle doldurulmuştu. Bunlar çoğunlukla balık tutma, top oynama, golf, fotoğraf çekme, bahçe düzenleme gibi açık hava aktiviteleriydi. Böylece adamların deneyimlerini hatırlamalarına fırsat kalmıyordu.

Çalışmanın bir tür ilaç olarak görüldüğü bu psikiyatri yöntemine "uğraş yoluyla terapi" adı veriliyor. Bu yeni bir yöntem değil. Eski Yunanlı doktorlar İsa'nın doğumundan beş yüz yıl önce de bu terapiyi uyguluyorlardı.

Ben Franklin zamanında Philadelphia'daki Kuveykırlar da aynı yöntemi kullanmışlardı. 1774 yılında Kuveykır Sanatoryumu'nu gezen bir adam, zihinsel açıdan hasta insanların kilim örmekte olduğunu görünce çok şaşırmıştı. Kuveykırlar ona hastaların çalıştıkları zaman daha hızlı bir gelişme gösterdiğini keşfettiklerini açıklayana kadar da zavallı hastaların sömürüldüğünü düşünmüştü. Kuveykırlar, çalışmanın sinirleri gevşettiğini keşfetmişlerdi.

Danışacağınız herhangi bir psikiyatr size, "meşgul etme"nin hasta sinirler için uygulanabilecek en iyi tedavi olduğunu söyleyecektir. Henry W. Longfellow, bunun kendisi için de doğru olduğunu henüz çok genç olan karısı öldüğünde keşfetmişti.

Genç kadın bir gün mühür yapmak için mum eritirken giysileri alev almıştı. Longfellow, karısının sesini duyarak hemen yanına koşmuştu, ama genç kadın aldığı yanıklardan dolayı ölmüştü. Longfellow yaşadığı bu korkunç olay yüzünden çıldıracak hale gelmişti, ama neyse ki kendisinden ilgi bekleyen üç çocuğu bunun olmasını engellemişti. Acılarını unutması ve çocuklarına hem bir baba hem de bir anne olması gerekiyordu. Çocuklarını yürüyüşe çıkarıyor, onlara masallar anlatıyor, onlarla oyun oynuyordu. Çocuklarıyla yaşadığı anılarını "The Children's Hour" (Çocukların Saati) adlı şiiriyle ölümsüzleştirdi. Bu arada Dante'den çeviriler yapıyordu. Bütün bu işler onu öyle meşgul ediyordu ki kendisini unutmuş ve yeniden huzura kavuşmuştu. Tennyson, en yakın arkadaşı Arthur Hallam'ı kaybettiğinde, "Acılar beni yutmadan hareketlerin içinde kaybolmalıyım," demişti.

Günlük işlerimizle uğraşırken çoğumuz hareketlerin içinde kaybolmakta pek zorluk çekmeyiz. Ancak işten sonraki saatler tehlikelidir. Tam dinlenip mutlu olacağımız sırada, üzüntünün gri bulutları toplanır başımıza. İşte o zaman yaşamda nereye gittiğimizi, doğru yerde olup olmadığımızı, patronun ne demek istediğini ya da cinsel cazibemizi kaybetmeye mi başladığımızı sorgulamaya başlarız.

Boş kaldığımız zamanlarda zihnimiz bir vakuma dönüşür. Fizik okuyan herkes "doğanın vakumu sevmediğini" bilir. Vakuma verebileceğimiz en güzel örnek vazgeçilmez olan elektrik ampulünün içidir. Ampulü kırdığınız an, doğa içeri hava iter ve teorik olarak boş olan yeri doldurur.

Doğa içi boş olan zihinleri de doldurur. Ne ile mi? Elbette duygularla. Neden? Çünkü üzüntü, korku, kıskançlık, hırs gibi duygular ilkel bir çaba ve dinamik bir enerji ile ortaya çıkarlar.

Bu duygular öyle saldırgandırlar ki zihnimizdeki bütün huzurlu ve mutlu duygu ve düşüncelerin yerini almak isterler.

Columbia Öğretmen Koleji'nde eğitim profesörü olan James L. Mursell bunu çok güzel dile getiriyordu: "Üzüntü sizi meşgulken rahatsız etmez, günlük işlerinizin bitmesini bekler. İşleriniz bittiğinde hayal gücünüz çalışmaya başlar ve siz en saçma olasılıkları düşünür, en küçük şeyleri büyütürsünüz. Bu durumda zihniniz bozuk bir motora benzer. Hızla çalışır, parçalarını yakar; hatta kendisini parçalar. Üzüntüyle baş etmenin en iyi yolu, kendinizi yapıcı bir işe vermenizdir."

Bu gerçeği fark etmeniz ve uygulamaya geçirmeniz için bir üniversite profesörü olmanız gerekmiyor. İkinci Dünya Savaşı yıllarında "Üzüntünün en iyi tedavisinin, insanın kendisini yapıcı bir işe vermesi olduğunu" keşfettiğini söyleyen bir ev hanımıyla karşılaşmıştım. Bu bayan ve kocasıyla, trenle New York'tan Missouri'deki çiftliğime giderken, yemekli vagonda tanışmıştım.

Bu çift bana oğullarının orduya katıldığını söylemişti. Kadın bir tanecik oğlu için öylesine endişelenmişti ki kendi sağlığı bozulmuştu. Oğlu şimdi neredeydi? Güvencede miydi? Savaşıyor muydu? Yaralanmış mıydı? Ölmüş müydü?

Ona bu üzüntüyle nasıl baş ettiğini sorduğumda, bana şu yanıtı verdi: "Kendimi sürekli meşgul ettim." Önce hizmetçisini işten çıkarmış ve bütün ev işlerini kendisi yapmaya başlamıştı. Ama bunun pek yararı olmamıştı. "Çünkü ev işlerini mekanik bir biçimde, aklımı kullanmama gerek kalmadan yapıyordum. Böylece yatakları yaparken ya da bulaşık yıkarken, bir yandan da üzülmeye devam ediyordum. Beni günün her saati hem zihinsel hem de fiziksel olarak meşgul edecek yeni işlere ihtiyacım vardı. Bunun üzerine büyük bir mağazada tezgâhtar olarak işe başladım," dedi kadın.

Bu kadın, John Cowyer Powys'in The Art of Forgetting the Unpleasant (Hoş Olmayan Şeyleri Unutma Sanatı) adlı kitabındaki şu sözlerinin kendisi için de doğru olduğunu fark etmişti: "İnsan denen hayvanın sinirleri rahatlatıcı bir güvenlik, derin bir iç huzur, tatlı bir rahatlık olduğunda yumuşar."

Gerçekten de öyle! Dünyanın en ünlü kadın araştırmacılarından biri olan Osa Johnson, bana endişe ve üzüntülerinden nasıl kurtulduğunu anlatmıştı. Onun I Married Adventure (Serüvenle Evlendim) adlı yaşamöyküsünü okumuşsunuzdur. Eğer serüvenle evlenen bir kadın varsa o Osa'dır. Osa on altı yaşındayken Martin Johnson ile evlendi ve Martin onu Kansas Chanute'den alıp Borneo'nun balta girmemiş ormanlarına götürdü. Kansaslı bu çift, çeyrek asır boyunca dünyayı dolaştı ve Asya ve Afrika'da kaybolmakta olan vahşi yaşamı filme aldı. Birkaç yıl sonra, çektikleri bu filmi gösterip konuşmalar yapmak üzere dolaşmaya başladılar. Coast'a gitmek üzere Denver'dan uçakla yola çıktılar. Uçak dağa çakıldı. Martin olay yerinde öldü. Doktorlar Osa'nın yatalak kalacağını söylediler. Ancak Osa Johnson'ı tanımıyorlardı. Osa üç ay sonra tekerlekli sandalye ile büyük kalabalıklar önünde konuşmalar yapmayı sürdürdü. O yıl tekerlekli sandalyesi üzerinden yüz binden fazla kişiye seslendi. Ona bunu neden yaptığını sorduğumda şu yanıtı aldım: "Yaptım, çünkü böylece üzülüp acı çekecek zaman bulamıyordum."

Osa Johnson da bir asır önce Tennyson'ın dile getirdiği gerçeği keşfetmişti: "Acılar beni yutmadan önce hareketlerin içinde kaybolmalıyım."

Amiral Byrd de Güney Kutbu'nda buzulların içine gömülmüş bir kulübede, tam beş ay yalnız başına yaşamak zorunda kaldığında bu gerçeği gördü. Bu, doğanın en eski sırlarını içinde barındıran, Amerika Birleşik Devletleri ve Avrupa'nın toplamından daha büyük bir alanı kaplayan, bilinmeyen bir kıtayı örten bir buzuldu. Amiral Byrd, burada tam beş ay geçirdi. Çevrede kendisinden başka tek bir canlı yoktu. Hava öyle soğuktu ki rüzgâr kulaklarının yanından geçtiğinde soluğunun donup kristalleştiğini duyabiliyordu. Alone (Tek Başına) adlı kitabında Amiral Byrd yaşadığı bu şaşırtıcı ve ürkütücü, karanlık beş ayı anlatır. Orada gündüzler de gece gibi karanlıktı. Amiral aklını kaybetmemek için, sürekli kendini meşgul edecek bir şeyler bulmaya çalışmıştı.

"Her gece," diyor Amiral Byrd, "yatmadan önce ertesi gün neler yapabileceğimi düşünüyordum. Bir saatimi kaçış tüneli kazmaya, bir saatimi çevredeki karları temizlemeye, bir saatimi yakıt fıçılarını onarmaya, bir saatimi duvarda kitap rafları yapmaya ve iki saatimi de yıkılan köprüyü onarmaya ayırıyordum.

"Zamanı böyle geçirmek harikaydı. Kendi kendime hükmedebileceğimi hissediyordum. Böyle yapmasaydım, günlerim amaçsız geçecekti ve amaçsız geçen günler hiçbir işe yaramadan biterler."

Son cümleye dikkat edin: "Amaçsız geçen günler hiçbir işe yaramadan biterler."

Biz üzüldüğümüzde, eski moda çalışmayı bir tür ilaç olarak kullanabileceğimizi unutmayalım. Aynı şeyi Harvard'da tıp profesörü olan Dr. Richard C. Cabot da söylüyor. Dr. Cabot What Men Live By (İnsanlar Nasıl Yaşar) adlı kitabında şöyle diyor: "Bir doktor olarak, çalışmanın aşırıya kaçan kuşkular, tereddütler, kararsızlıklar ve korkulardan kaynaklanan ruhsal rahatsızlıkları iyileştirdiğini görme mutluluğuna eriştim. Çalışmanın verdiği güç bize Emerson'ın söz ettiği kendine güveni kazandırır."

Eğer kendimizi meşgul edecek bir şeyler bulmaz ve zamanımızı hindi gibi oturup kara kara düşünerek geçirirsek, Charles Darwin'in dediği gibi cinleri başımıza toplamaktan başka bir şey yapamayız. Bu cinler, bizim hareket etme gücümüzü ve isteklerimizi alıp götürürler.

New York'ta, üzülüp sızlanmaya zaman bulamayacak kadar çok çalışan ve böylece cinleri başından kovan bir işadamıyla tanışmıştım. Adı Tremper Longman idi. Üzüntüyle baş etme konusunda yaptığı konuşma öyle ilginç ve etkileyiciydi ki ondan dersten sonra benimle bir yemek yemesini istedim. Gece yarısından sonra, bir lokantada oturup yaşadığı deneyimleri tartıştık. İşte bana anlattığı öykü:

"On sekiz yıl önce öyle çok üzülüyor ve endişeleniyordum ki uykusuzluk hastalığına yakalanmıştım. Gergindim, huzursuzdum ve asabiydim. Çok geçmeden bir sinir hastası olacağımı düşünüyordum.

"Üzülmek için nedenlerim vardı. Crown Meyve ve Meyve Suyu Firması'nın mali sorumlusuydum. Bir galonluk kutular halindeki çileklere yarım milyon dolar yatırmıştık. Yirmi yıldır böyle kutulardaki çilekleri dondurma üreticilerine satıyorduk. Satışlarımız birden durdu, çünkü National Dairy ve Borden's gibi büyük dondurma üreticileri üretimlerini hızla arttırmışlar ve zamandan ve paradan tasarruf etmek için çilekleri fıçılarla almaya başlamışlardı.

"Elimizde yarım milyon dolarlık çilek kaldığı yetmiyormuş gibi bir de gelecek on iki ay içinde bir milyon dolarlık çilek daha alacağımızı taahhüt eden bir anlaşma yapmıştık. Bankalardan 350.000 dolar borç almıştık. Bunu geri ödememiz ya da yeniden borç almamız mümkün değildi. Ben de doğal olarak üzülüyordum elbette!

"Hemen fabrikamızın bulunduğu Watsonville'ye gittim ve

başkanımıza koşulların değiştiğini, mahvolmak üzere olduğumuzu anlatmaya çalıştım. Buna inanmak istemedi. Olaydan New York büromuzu sorumlu tuttu ve her şeyi başarısız satışa bağladı.

"Günlerce yalvardıktan sonra, onu daha fazla çileğin paketlenmesini önlemeye ve elimizdekileri de San Francisco'daki taze çilek pazarına satmaya ikna ettim. Bu, sorunlarımızı büyük ölçüde çözüyordu. Artık üzülmekten vazgeçebilirdim, ama yapamadım. Çünkü üzüntü bir alışkanlıktı ve ben de bu alışkanlığı kazanmıştım.

"New York'a döndüğümde her şey için üzülüp endişelenmeye başladım; İtalya'dan aldığımız kirazlar, Hawaii'den aldığımız ananaslar gibi. Gergindim, asabiydim, uyuyamıyordum ve söylediğim gibi bir sinir hastası olmak üzereydim.

"Büyük bir umutsuzluk içinde yeni bir yaşam biçimi geliştirdim. Bu, uykusuzluk hastalığını yenmemi ve üzüntülerimden kurtulmamı sağladı. Kendimi sürekli meşgul ediyordum. Böylece üzülüp endişelenecek zaman bulamıyordum. Önceleri günde yedi saat çalışırken artık on beş ya da on altı saat çalışmaya başlamıştım. Sabahları saat sekizde ofise gidiyor ve vakit gece yarısını geçene dek orada kalıyordum. Yeni görevler ve sorumluluklar üstlenmiştim. Geceleri eve gittiğimde de öyle yorgun oluyordum ki hemen yatıp uyuyordum.

"Bu programı üç ay uyguladım. Üzüntü alışkanlığımdan kurtulduktan sonra normal düzenime döndüm ve yine yedi sekiz saat çalışmaya başladım. Bu olay on sekiz yıl önce oldu. O zamandan beri uykusuzluk sorunu çekmiyorum ve üzüntü ya da endişe duymuyorum."

George Bernard Shaw haklıydı. Shaw şu sözleriyle her şeyi özetlemişti: "Üzgün olabilmenin sırrı, mutlu olup olmadığını düşünecek kadar vakte sahip olmaktır." O halde bunu düşünmeyin! Hemen işe koyulun! Kanınız dolaşmaya, zihniniz çalışmaya başlayacaktır ve çok geçmeden bedeninizdeki bu olumlu hayat işareti, üzüntüyü zihninizden uzaklaştıracaktır. Meşgul olun! Meşgul kalın! Bu dünyanın en ucuz ve en etkili ilacıdır.

Üzüntü alışkanlığından kurtulmak için birinci kural:

Daima kendinizi meşgul edecek bir şeyler bulun.
Acılar sizi yutmadan, hareketler içinde kaybolun.

7

KÜÇÜK BÖCEKLERİN SİZİ YİYİP BİTİRMESİNE İZİN VERMEYİN

Şimdi size benim hayatım boyunca hatırlayacağım dramatik bir öyküyü anlatacağım. Ben bu öyküyü New Jersey, Maplewood'dan Robert Moore'dan dinlemiştim.

"Hayatımın en önemli dersini 1945 yılı Mart ayında aldım," diyordu Moore. "Bu dersi Hindiçin açıklarında, suyun 276 fit altında aldım. Baya S.S.318 denizaltısındaki seksen altı kişiden biriydim. Radarda bir Japon konvoyunun bize doğru geldiğini görmüştük. Sabaha doğru bir saldırı olasılığına karşı hazırlanmaya başladık. Periskopla baktığımda bir Japon destroyer eskortu, bir tanker ve bir mayın gemisinin geldiğini görüyordum. Destroyere üç kez torpil atmış, ama isabet ettirememiştik. Her torpilin mekanizmasında bir aksama olmuştu. Kendisine saldırıldığının farkında olmayan destroyer ilerlemeye devam ediyordu. En arkadaki mayın gemisine saldıracaktık, ancak gemi birden dönüp üstümüze gelmeye başladı. Bir Japon uçağı, suyun altmış fit altındaki yerimizi belirlemiş ve mayın gemisine bildirmişti. Yerimizi bulamasınlar diye 150 fit derinliğe indik. Bölmelere yedek sürgüler koyduk ve tam bir sessizlik sağlamak için havalandırmayı, soğutma sistemini ve elektrikli cihazları kapattık.

"Üç dakika sonra kıyamet koptu. Etrafımızda altı sualtı bombası patladı ve bizi okyanusun derinliklerine, 276 fit derinliğe itti. Korkmuştuk. Suda bin fitten az derinlikte saldırıya uğramak tehlikeli, beş yüz fitten az derinlikte saldırıya uğramak ise ölümcüldür. Biz ise beş yüz fitin yarısından biraz fazla, neredeyse bir diz boyu derinlikte saldırıya uğramıştık. Japon gemisi on beş saat boyunca bombalamayı sürdürdü. Eğer bir denizaltının on yedi fit yakınında bir bomba patlarsa denizaltıda delik açılır. Bombalar, bizim elli fit yakınımızda patlıyordu. Bize kendimizi korumamız, ranzalarımızda sessizce yatıp serinkanlı olmamız söylendi. Öyle korkmuştum ki güçlükle soluk alabiliyordum. 'Sonumuz yaklaştı!' diyordum kendi kendime. Havalandırma ve soğutma sistemi kapalı olduğundan, denizaltının içinde ısı yüz derecenin üstüne çıkmıştı. Ama ben, çok korktuğumdan olmalı, üşüyordum; bir kazak ve bir ceket giymeme karşın titriyordum. Dişlerim birbirine vuruyordu. Üzerimden soğuk ter boşanıyordu. Saldırı on beş saat sürdü. Sonra birden durdu. Japon mayın gemisi bombalamayı kesip, dönüp gitti. Cephanesiz kalmış olmalıydı. Saldırının sürdüğü on beş saat bize on beş milyon yıl gibi gelmişti. Bu süre içinde tüm hayatım bir film şeridi gibi gözlerimin önünden geçmişti. Yaptığım bütün kötü şeyleri, gariplikleri ve beni üzen olayları düşünmüştüm. Donanmaya katılmadan önce bir bankada memurdum. Çalışma saatlerinin uzunluğundan, ücretin azlığından, terfi şansımın yüksek olmamasından yakınıp duruyordum. Üzülüyordum çünkü kendime ait bir evim yoktu, yeni bir araba alamıyordum, karıma güzel giysiler armağan edemiyordum. Bizi sürekli azarlayıp aşağılayan eski patronumdan nasıl da nefret ediyordum! Akşamları eve nasıl sıkıntılı ve sinirli geldiğimi ve karımla yok yere kavga ettiğimi anımsıyorum. Üzüntü duyduğum bir başka şey de bir araba kazasından sonra yüzümde kalan çirkin yaraydı.

"Yıllar önce bu üzüntüler gözüme ne kadar da büyük görünüyordu! Ama bir denizaltıda bombalanıp ölümü burnumun dibinde hissederken bunların hepsi bana çok komik geldi. Kendi kendime, eğer güneşi ve yıldızları bir kez daha görürsem bir daha asla üzülmeyeceğime dair söz verdim. Asla üzülmeyecektim, asla asla asla! Denizaltıda geçirdiğim o on beş saat içinde, yaşama sanatı konusunda, Syracuse Üniversitesi'nde okuduğum kitaplardan öğrendiğimden çok daha fazlasını öğrenmiştim."

Genellikle hayatın büyük acılarını büyük bir cesaretle karşılarken küçük şeylerin bizi yenmesine izin veririz. Samuel Pepys Diary (Günlük) adlı eserinde Sir Harry Vane'in kafasının nasıl uçurulduğunu anlatır. Pepys'in söylediği Harry platforma çıkarken hayatını bağışlamaları için yalvarmak yerine, cellada ensesindeki çıbanı acıtmamasını söylemişti!

Amiral Byrd'in kutupta geçirdiği soğuk ve karanlık gecelerde fark ettiği bir şey vardı. Adamları önemli şeyler konusunda endişelenmek yerine küçük şeyleri kafaya takıyorlardı. Bütün tehlikelere, güçlüklere ve eksi seksen derecenin altındaki soğuğa hiç şikâyet etmeden katlanıyorlardı. "Ama," diyordu Amiral Byrd, "biri bir başka adam kendi eşyalarını ona ayrılan bölüme koydu diye ona küsüyordu. Bir başka adam da her lokmayı yirmi sekiz kez çiğnemeden yutmayan Fletcherist ile aynı masada oturmamak için tabağını alıp bir köşeye çekiliyordu."

"Bir kutup kampında, bu tür şeyler en disiplinli adamların bile aklını çeler," diye ekliyordu Amiral Byrd.

Amiral Byrd'in sözlerine şunları ekleyebiliriz: Evlilikte yaşanan önemsiz şeyler insanları çıldırmanın eşiğine getiriyor. Bunlar ayrıca kalp hastalıklarının nedenlerinin yüzde ellisini oluşturuyor. En azından otoriteler böyle söylüyor. Kırk binin üzerinde mutsuz evliliği bitiren Chicagolu yargıç Joseph Sabat bunu şöyle dile getiriyor: "Mutsuz evliliklerin temelinde önemsiz şeyler var."

New York'un eski başsavcısı Frank S. Hogan da şunları söylüyor: "Suç mahkemelerindeki davaların yarısından fazlasının nedeni, incir çekirdeğini bile doldurmayacak şeylerdir. Meyhanelerde yapılan kabadayılıklar, aile kavgaları, hakaretler, onur kırıcı sözler, kaba hareketler gibi. Bütün bunlar saldırılara ve cinayetlere neden olabiliyor. Birçoğumuz zalim insanlar değiliz. Kendimize duyduğumuz saygının sarsılmasından, hakaretlerden ve gururumuzun kırılmasından dolayı üzüntüler yaşıyoruz."

Eleanor Roosevelt ilk kez evlendiğinde günlerce üzülmüştü, çünkü aşçısı çok beceriksizdi. "Şimdi olsaydı omuzlarımı silker, boş verirdim," diyor Bayan Roosevelt. İşte olgun bir insanın sergilemesi gereken davranış budur. Tam bir despot olan Kraliçe Catherina bile aşçısının mahvettiği yemeklere gülüp geçiyordu.

Bir gün, Bayan Carnegie ve ben Chicago'da bir arkadaşın evine akşam yemeğine gitmiştik. Arkadaşım eti keserken bir yanlışlık yapmıştı. Ben bunu fark etmedim. Fark etsem de umursamazdım zaten. Ancak arkadaşımın karısı umursuyordu ve ayağa kalkıp öfkeyle "John!" diye haykırdı. "Dikkat etsene! Ne yaptığını görmüyor musun? Ne zaman doğru dürüst bir et servisi yapmayı öğreneceksin?"

Sonra bize döndü: "Hep böyle hatalar yapıyor ve hatalarını düzeltmeye çalışmıyor." Evet, arkadaşım belki de eti doğru dürüst kesmeye çalışmıyordu, ama ben onu yine de yirmi yıldır bu kadınla yaşamayı başardığı için çok takdir ediyorum. Dürüst olmam gerekirse, bu kadının azarlamalarını dinleyerek Pekin ördeği ve kurbağa bacağı yemektense, huzurlu bir atmosferde iki tane hardallı sosisli sandviç yemeği tercih ederim doğrusu.

Bu olaydan kısa bir süre sonra eşimle birkaç arkadaşımızı yemeğe davet ettik. Konukların gelmesine az bir zaman kala eşim üç peçetenin masa örtüsüne uymadığını fark etti.

"Hemen aşçının yanına gittim ve diğer üç peçetenin kirli sepetinde olduğunu öğrendim," dedi daha sonra bana. "Konuklar kapıdaydı. Artık bunları değiştirecek zaman yoktu. Ağlamak üzereydim! 'Neden böyle aptalca bir hata benim akşamımı mahvetsin ki?' diye düşünebiliyordum yalnızca. Sonunda bunu umursamamaya ve akşamın tadını çıkarmaya karar verdim. Konuklarımın benim ne kadar aksi ve sinirli bir kadın olduğumu düşünmelerindense, pasaklı bir ev kadını olduğumu söylemelerini tercih ederdim. Ama sanırım hiçbiri peçetelerin değişik olduğunu fark etmedi bile!"

Çok bilinen bir kural vardır: Yani, "Kanunlar ayrıntılarla ilgilenmez." İnsanlar da zihinsel açıdan huzura kavuşmak istiyorlarsa, ayrıntılarla uğraşmayı bırakmak zorundadırlar.

Ayrıntıların yarattığı kırgınlığı atlatabilmek için çoğunlukla yapmamız gereken şey bunun önemini bir başka alana kaydırmak, zihnimizde yeni ve hoşumuza giden bir düşünce oluşturmaktır. They Had To See Paris (Paris'i Görmeliydiler) adındaki kitabının dışında daha birçok kitap yazan arkadaşım Homer Croy, bunun nasıl yapılabileceğine ilişkin çok güzel bir örnek veriyor. New York'taki dairesinde yazmakta olduğu bir kitap üzerinde çalışırken radyatörlerin çıkardığı sesin kendisini çılgına çevirdiğini, buharın cızırtısını duydukça masasında öfkeden deliye döndüğünü anlatıyor.

"Sonra," diyor Homer Croy, "bir gün arkadaşlarla kamp yapmaya gittik. Yanan ateşin üzerindeki pirzolaların çıkardığı sesi duyunca bunun radyatörün cızırtısına ne kadar benzediğini fark ettim. Neden bunların birinden hoşlanıyorken diğerinden nefret ediyordum? Eve gittiğimde kendi kendime, 'Pirzolaların ateşin üzerinde çıkardığı cızırtı hoş bir sesti; radyatörün cızırtısı da buna çok benziyor. Şimdi uyuyacağım ve bu gürültüyü kafama takmayacağım,' dedim. Bunu gerçekten de yaptım. Birkaç gün boyunca radyatörün sesini duymaya devam ettim, ama bir süre sonra unuttum.

"Aynı şey üzüldüğümüz ya da kafaya taktığımız birçok şey için geçerlidir. Bazı şeylerden hoşlanmıyoruz ve bunları kafaya takıyoruz, çünkü bunların önemini abartıyoruz."

Disraeli, "Hayat küçük olamayacak kadar kısa," demişti. This Week adlı dergide de Andre Maurois şöyle diyor: "Bu sözcükler benim çektiğim acılardan kurtulmamı sağladı. Çoğumuz hiç önemsemememiz hatta unutmamız gereken küçük şeyler yüzünden kendimizi üzüyoruz. Bu dünyada kaç yıllık ömrümüz var belli değil ve biz bir yıla kalmadan unutulup gidecek basit şeyler üzerinde kara kara düşünerek dünyanın zamanını harcıyoruz. Oysaki yaşamımızı buna değecek hareket ve duygulara, büyük düşüncelere, gerçek sevgilere ve kalıcı şeylere adamalıyız. Çünkü hayat küçük olamayacak kadar kısa."

Rudyard Kipling gibi ünlü birinin bile "hayatın küçük olamayacak kadar kısa" olduğunu unuttuğu zamanlar olmuştu. Sonuç? O ve kayınbiraderi, Vermont tarihinin en ünlü mahkeme savaşında karşı karşıya geldiler. Bu savaş öyle ünlü oldu ki bununla ilgili "Rudyard Kipling'in Vermont Düellosu" adlı bir kitap bile yazıldı.

Öykü şöyle gelişmişti: Kipling, Vermontlu Caroline Balestier ile evlenmiş, Brattleboro'da güzel bir ev yaptırmış ve oraya yerleşip hayatının geri kalan bölümünü orada geçirmeye karar vermişti. Kayınbiraderi Beatty Balestier de Kipling'in en yakın arkadaşı olmuştu. İki adam birlikte çalışıp birlikte eğleniyorlardı artık.

Bir süre sonra Kipling, Balestier'den, ekinleri Balestier'in biçmesi şartıyla toprak satın almıştı. Bir gün Balestier Kipling'in burada bir çiçek bahçesi düzenlemekte olduğunu gördü. Kan beynine sıçradı. Kipling'e ağzına geleni söyledi. Kipling de karşılık verince Vermont'un Yeşil Dağlar üzerinde kara bulutlar dolaşmaya başladı.

Birkaç gün sonra Kipling bisikletiyle dolaşırken Balestier bir at arabasıyla üzerine doğru gelip onu düşürdü. "Herkes aklını kaçırıp üzerinize gelse bile siz serinkanlı olun!" diyen Kipling kendi serinkanlılığını koruyamayarak Balestier'i tutuklatacağına yemin etti! Büyük mahkeme başladı. Büyük şehirlerden pek çok gazeteci mahkemeye akın etti. Haberler dünyada bomba gibi patladı. Ancak davadan hiçbir sonuç çıkmadı. Kipling ve karısı Amerika'daki güzel evlerini, bir daha dönmemek üzere terk etmek zorunda kaldılar. Bütün bu üzüntüyle acının nedeni neydi? Bir kucak ot.

Tam yirmi dört yüzyıl önce Pericles şöyle demişti: "Kalkın artık baylar, küçük şeylerin üzerinde yeterince oturduk!" Gerçekten de yeterince oturmadık mı sizce?

İşte size Dr. Harry Emerson Fosdick'in anlattığı en ilginç öykülerden biri. Ormanda yaşayan bir devin kazandığı ve kaybettiği savaşların öyküsü bu:

Colorado'daki Long's Peak'in eteğinde dev bir ağaç gövdesi vardır. Doğa bilimcileri bunun dört yüz yıldır orada olduğunu söylerler. Kolomb San Salvador'a ayak bastığında henüz bir fidan olan bu ağaç, göçmenler Plymouth'a yerleştiğinde henüz büyümeye başlamıştı. Ağaç yaşadığı uzun yıllar boyunca on dört kez yıldırımdan zarar görmüş, sayısız kasırga ve fırtınaya tanık olmuştu. Bunların hepsinden kurtulmayı başarmıştı. Sonunda bir böcek ordusu ağaca saldırdı ve onu yere devirdi. Böcekler ağacın kabuğunu yediler ve ısırıklarıyla ağacın tüm direncini yıktılar. Yıldırımların, kasırgaların ve fırtınaların yıkamadığı bu dev, bir insanın iki parmağının arasında ezebileceği küçücük böceklerin önünde yıkıldı kaldı.

Biz de bu orman devine benziyoruz değil mi? Hayatta pek çok yıldırım ve fırtına atlatıyoruz, ama iki parmağımızın arasında ezebileceğimiz böceklere benzeyen üzüntülerin bizi yiyip bitirmesine izin veriyoruz.

Wyoming'deki Teton Ulusal Parkı'nı Wyoming Eyaleti Otoyol İşletmeleri Müdürü Charles Seifred ve arkadaşlarıyla birlikte dolaştım. Birlikte John D. Rockefeller'in parktaki köşkünü ziyaret edecektik. Ancak benim bindiğim araba yanlış yola sapıp kaybolduğundan köşke diğerlerinden bir saat geç vardık. Bahçe kapısını açan anahtar Bay Seifred'de olduğundan adamcağız sivrisineklerle dolu ormanda, sıcağın altında bizi beklemek zorunda kalmıştı. Sivrisinekler bir azizi bile çıldırtabilirlerdi, ama Charles Seifred'e bir şey yapamamışlardı. Bay Seifred bizi beklerken kavak ağacından bir dal kesip düdük yapmıştı. Oraya vardığımızda ne yapıyordu dersiniz? Sivrisineklere küfretmek yerine oturmuş düdüğünü çalıyordu. Bu düdüğü o zamandan beri, bir insanın küçük şeylere karşı ne yapması gerektiğini gösteren bir işaret olarak saklıyorum.

Üzüntü alışkanlığı sizi yenmeden sizin onu yenebilmeniz için işte ikinci kural:

"Önem vermememiz, hatta unutmamız gereken küçük şeyler için kendimizi üzmeyelim." Unutmayalım; "Hayat küçük olamayacak kadar kısa."

8

ÜZÜNTÜLERİNİZİN ÇOĞUNDAN KURTULMANIZI SAĞLAYACAK BİR KURAL

Çocukluğum Missouri çiftliğinde geçti. Bir gün annemin kiraz toplamasına yardım ederken ağlamaya başladım. Annem, "Dale, neden ağlıyorsun?" diye sordu. Hıçkırarak yanıt verdim: "Anne, ben diri diri gömüleceğimden korkuyorum."

O günlerde pek çok şeye üzülüyordum, pek çok şey için endişeleniyordum. Fırtına çıktığında bir yıldırımın düşüp beni öldüreceğinden korkuyordum. Parasal açıdan sıkıntı içinde bulunduğumuz günlerde, bir daha yiyecek bir şey bulamayacağımızdan korkuyordum. Öldüğümde cehenneme gideceğimden korkuyordum. Benden daha büyük olan Sam White'ın, savurduğu tehdidi yerine getirip kulaklarımı keseceğinden korkuyordum. Şapkamı çıkardığımda kızların bana güleceğinden korkuyordum. Hiçbir kızın benimle evlenmek istemeyeceğinden korkuyor, evlendikten hemen sonra eşime ne söyleyeceğimi düşünüp endişeleniyordum. Bir kilisede evlendiğimizi ve süslü püslü arabaya binip çiftliğe döndüğümüzü hayal ediyordum. Ama yolculuk boyunca karımla ne konuşacaktım? Ne? Ne? Sabanın arkasında yürürken kendi kendime bu ürkütücü soruyu sorar dururdum.

Yıllar geçtikçe, düşündükçe korkup endişelendiğim bu şeylerin yüzde doksanının gerçekleşmediğini gördüm.

Örneğin, az önce söylediğim gibi yıldırım çarpmasından ölmekten korkuyordum, ama artık Milli Güvenlik Komisyonu istatistiklerine göre yıldırımdan ölme olasılığımın yalnızca üç yüz elli binde bir olduğunu biliyordum.

Diri diri gömülme korkum çok daha anlamsızdı. İnsanların mumyalandığı zamanlardan önce bile insanların diri diri gömüldüğünü sanmıyorum. Bu, on milyonda bir olasılıktı ve ben bunun için oturup ağlamıştım.

Her sekiz kişiden biri kanserden ölüyor. Eğer bir şeylerden korkup endişelenmemem gerekiyorsa yıldırım çarpmasından ya da diri diri gömülmekten korkmak yerine kansere yakalanma endişesine kapılabilirdim.

Elbette bunlar çocukluk ve gençlik döneminde yaşadığım korku, endişe ve üzüntüler. Ancak olgunluk döneminde yaşananlar da en az bunlar kadar komik. Ortalamalar yasasına göre endişelerimizin yerinde olduğunu gösteren bir durum olup olmadığını anlayana kadar yakınmayı bırakırsak, bu endişelerin onda dokuzundan kurtuluruz.

Dünyanın en ünlü sigorta şirketi olan ve Londra'da bulunan Lloyd's, insanların gerçekleşme olasılığı çok düşük olan şeyler konusunda duydukları üzüntülerden dolayı milyonlarca dolar kazandı. Lloyd's Of London insanlarla, korktukları felaketlerin asla gerçekleşmeyeceğine dair bir tür bahse giriyor. Ancak buna "bahis" değil de "sigorta" deniyor. Aslında bu, ortalamalar yasasına dayanarak girilen bir bahisten başka bir şey değil gerçekten. Bu ünlü sigorta şirketi tam iki yüz yıldır gücünü koruyor ve insan doğası değişmediği sürece de bundan sonra elli yüzyıl daha, ortalamalar yasasına göre en azından insanların düşündüğü kadar sık ortaya çıkmayacak felaketler karşısında ayakkabıları, gemileri sigorta ederek bu gücünü sürdürecek.

Ortalamalar yasasını şöyle bir incelediğimizde göreceğimiz

gerçekler bizi şaşırtacaktır. Örneğin, ben bundan sonraki beş yıl içinde Gettysburg Savaşı gibi kanlı bir savaşa katılmak zorunda kalacağımı bilsem gerçekten çok korkardım, olabilecek bütün hayat sigortalarını da yaptırırdım. Vasiyetimi hazırlar, bütün dünyevi işlerimi bir düzene koyardım. "Bu savaştan sağ dönemeyebilirim, bu yüzden kalan ömrümü doya doya yaşamalıyım," diye düşünürdüm. Oysa ortalamalar yasasına göre barışın hâkim olduğu bir ortamda elli beş yaşına kadar yaşamak da Gettysburg Savaşı'na katılmak kadar tehlikeli, hatta ölümcüldür. Yani barışın olduğu bir ortamda elli beş yaşında ölen kişilerin oranı, savaşa katılan 163.000 askerden ölenlerin oranına neredeyse eşit.

Bu kitabın birçok bölümünü James Simpson'ın Kanada Kayalıkları'ndaki Bow Gölü kıyısında Num-Ti-Gah evinde yazdım. Orada kaldığım bir yaz, San Francisco'dan Bay ve Bayan Herbert H. Salinger ile tanıştım. Oldukça sakin bir insan olan Bayan Salinger hayatı boyunca hiçbir şeye üzülmediği izlenimini verdi bana. Bir akşam şöminenin önünde otururken, kendisine o zamana dek üzüntü ya da endişelerden sıkılıp sıkılmadığını sordum. "Sıkılmak mı?" dedi. "Bu sıkıntılar benim hayatımı mahvetti. Üzüntüyle baş etmeyi öğrenmeden önce tam bir cehennem hayatı yaşadım. O zamanlar son derece huzursuz ve sinirliydim. Müthiş bir gerilim altında yaşıyordum. Her hafta otobüsle San Mateo'daki evimden San Francisco'ya alışverişe gidiyordum. Alışveriş yaparken bile bir şeylerden endişe duyuyordum; ütü yaparken fişi prizde mi bıraktım, belki de evde yangın çıkmıştır, ya dadı çocukları evde yalnız bıraktıysa, ya çocuklar bisiklete binerken kaza geçirip öldülerse vs. Alışverişin tam ortasında duyduğum bu endişelerden dolayı soğuk soğuk terlemeye başlıyor, kendimi aceleyle dışarı atıp ilk otobüse binerek her şeyin yolunda olup olmadığını anlamak için eve koşuyordum. İlk evliliğimin neden bir felaket olduğunu anlamak o kadar da zor değil.

"İkinci kocam bir avukat. Oldukça sessiz ve düşünceli bir insan. Her şeyi kafasına takmaz. Sinirlenip gerginleştiğim zamanlar bana, 'Biraz rahatla. Bir çözüm yolu düşünelim. Ne için endişeleniyorsun? Ortalamalar yasasına bir bakalım ve bunun gerçekleşme olasılığının ne olduğunu görelim,' diyordu.

"Örneğin bir gün, New Mexico Albuquerque'den Carlsbard Caverns'e doğru bozuk bir yolda arabayla giderken şiddetli bir yağmura yakalandık.

"Araba kaymaya başlamıştı. Kontrol edemiyorduk. Yolun kenarındaki çukurlardan birine yuvarlanacağımızdan emindim, ama kocam aynı şeyi tekrarlayıp duruyordu: 'Arabayı çok yavaş kullanıyorum. Kötü bir şey olmayacak. Araba çukura yuvarlansa bile ortalamalar yasasına göre bize bir şey olmaz, yaralanmayız merak etme.' Onun sakinliği ve güveni beni de rahatlatıyordu.

"Bir yaz Kanada Kayalıklarındaki Touquin Vadisi'nde yapılan bir kampa katılmıştık. Deniz seviyesinden yedi bin fit yükseklikte kamp kurduğumuz bir gece fırtına çıktı ve çadırları yıkacak gibi sallamaya başladı. Çadırlar kalın halatlarla tahta bir platforma bağlanmıştı. En dıştaki bez gürültüyle sallanmaya başladı. Her an çadırımızın halatlardan kurtulup uçmasını bekliyordum. Deli gibi korkuyordum. Ama kocam, 'Bak hayatım,' diyordu, 'Brewsters rehberleriyle yolculuk ediyoruz ve onlar ne yaptıklarını çok iyi bilirler. Tam altmış yıldır bu dağlarda çadır kuruyorlar. Bu çadır da kaç sezondur burada. Bu gece uçup gitmesi olanaksız. Öyle olsa bile sığınacak başka çadır mutlaka buluruz. Rahatla artık. Bunun üzerine rahatladım ve uyudum.

"Birkaç yıl önce Kaliforniya'da bizim yaşadığımız bölgede çocuk felci salgını görüldü. Eskiden olsa korkudan deliye dönerdim. Ama kocam benim sakinleşmeme yardımcı oldu. Alabileceğimiz bütün önlemleri aldık; çocuklarımızı kalabalık yerlerden uzak tuttuk, okula ya da sinemaya göndermedik. Sağlık Bakanlığı'ndan o zamana dek Kaliforniya'da görülen en şiddetli çocuk felci salgınında bile yalnızca 1835 çocuğun öldüğünü öğrendik. Normalde bu rakam iki yüz ya da üç yüz civarında oluyordu. Bu sonuçlar elbette üzücüydü, ama aynı zamanda herhangi bir çocuğun bu hastalığa yakalanma olasılığının ortalamalar yasasına göre oldukça düşük olduğunu gösteriyordu.

"'Ortalamalar yasasına göre bu olmayacak.' İşte bu cümle üzüntülerimin ve endişelerimin yüzde doksanından kurtulmamı sağladı ve böylece hayatımın son yirmi yılı umduğumdan çok daha güzel ve huzurlu geçti."

Şimdiye dek, üzüntülerimizin ve mutsuzluklarımızın büyük bölümünün gerçeklerden değil bizim hayal gücümüzden kaynaklandığı söylendi. Geçen yıllara baktığımda ben de üzüntülerimin büyük bölümünün aynı nedenden kaynaklandığını görüyorum. Jim Grant, aynı şeyin kendisi için de geçerli olduğunu söylemişti. Kendisi New York'taki James A. Grant Dağıtım Şirketi'nin sahibiydi. Bir kez on, on beş vagon Florida portakalı ve greyfurt ısmarlamıştı. Bana söylediğine göre şu düşüncelerle kendisine işkence edip durmuştu: "Ya bir araba kazası olursa? Ya meyveler her yana saçılırsa? Ya arabalarım üzerinden geçerken köprü yıkılırsa?" Elbette meyveler sigortalıydı, ancak Jim bunları zamanında yerine ulaştıramamaktan ve sahip olduğu pazarı kaybetmekten korkuyordu. Öyle çok üzülüp endişeleniyordu ki sonunda ülsere yakalandı. Doktor ona sorunun sinirsel olduğunu söyledi. "Ondan sonra aklım başıma geldi," diyor Jim. "Kendime sorular sormaya başladım. Kendi kendime 'Dur bakalım, Jim Grant!' dedim, 'Şimdiye dek kaç meyve arabası getirdin?' Yanıt yirmi beş bin idi. 'Peki kaç araba kaza yaptı?' En fazla beş tane. 'Yirmi beş binde beş tane! Bu ne demek biliyor musun? Beş binde birlik bir oran! Başka bir deyişle ortalamalar yasasına göre, her beş bin arabadan birinin kaza yapma olasılığı var. O halde niye üzülüyorsun?'

"Sonra kendi kendime, 'Köprü yıkılabilir,' dedim. Ardından yine kendime sordum: 'Köprünün yıkılması sonucu kaç arabanı kaybettin?' Yanıt basitti: Hiç! Yıkılma olasılığı olmayan bir köprü ve gerçekleşme olasılığı beş binde bir olan bir tren kazası yüzünden endişelenip ülsere yakalanacak kadar aptal olamam diye düşündüm. Bu şekilde baktığımda kendimi gerçekten çok aptal hissettim. Ondan sonra endişelenme işini ortalamalar yasasına bıraktım. O günden beri ülser rahatsızlığı çekmiyorum!"

Al Smith New York valisi olduğunda, politik düşmanlarının saldırılarına aynı şeyi sürekli tekrarlayarak yanıt verirdi: "Kayıtları inceleyelim!" Sonra gerçekleri açıklamaya koyulurdu. Biz de bundan sonra neler olacağı konusunda üzülüp endişelenmeye başlarsak, Al Smith'in söylediğini yapalım ve endişelenmemize yol açan şeyin bir temeli var mı görelim. Kendisinin mezarında yattığını düşündüğünde müthiş korkan Frederic J. Mahlstedt de aynı şeyi yapıyordu. İşte onun New York'taki derslerimden birinde bana anlattığı öykü: "1944 yılıydı. Haziran ayı başlarında Oklahoma Sahili yakınındaki bir siperdeydim. 999. Sinyal Hizmetleri Birliği'ndeydim ve Normandiya Çıkarması'nı yeni gerçekleştirmiştik. Dikdörtgen şeklinde bir çukur olan sipere baktıkça kendi kendime, 'Burası bir mezara benziyor' diyordum. Uzanıp uyumaya çalıştığımda burası yine bana bir mezar gibi geliyordu ve 'Burası belki de benim mezarım olacak!' diye düşünüyordum. Saat on bir sularında Alman bombacılar gelmeye ve bombalar patlamaya başladığında korkudan kaskatı kesildim. İlk geceler hiç uyuyamadım. Dördüncü ya da beşinci gece sinirlerim harap olmuştu artık. Bir şeyler yapmazsam çıldıracaktım. Kendi kendime beş geceyi geride bıraktığımızı, hâlâ sağ olduğumu ve diğer adamlardan da hiçbirinin ölmediğini tekrarladım. İki kişi yaralanmıştı. Onlar da Alman bombalarından değil, kendi uçaksavarlarımızdan fırlayan mermilerden yaralanmışlardı. Endişelerimden kurtulmak için bir şeyler yapmaya karar verdim. Kendimi bu mermilerden korumak için siperimin üzerine tahtalardan, odunlardan bir çatı yaptım. Birimimin yayılmış olduğu geniş alanı düşündüm. Bu derin ve dar siperde vurulabilmem için bombaların sipere tam olarak isabet etmesi gerekiyordu, bu olasılık ise on binde bir bile değildi. Birkaç gece bu şekilde düşündükten sonra sakinleştim ve bombardıman sırasında bile uyumayı başardım!"

Birleşik Devletler Donanması, askerlerinin moralini yükseltmek için ortalamalar yasasından yararlanıyordu. Eski bir denizci de bana kendisinin ve arkadaşlarının patlayıcı tankerlerde görevlendirildiklerinde korkudan ölmek üzere olduklarını söylemişti. Tankerin bir torpilin çarpması halinde patlayacağına ve herkesin Tanrı'nın rahmetine kavuşacağına inanıyorlardı çünkü.

Ancak donanma böyle düşünmüyordu; onlar somut gerçekleri ortaya koyuyorlardı. O zamana dek bir torpilin çarptığı tankerlerden altmışı batmamış, batan kırk tankerden yalnızca beşinin batması on dakikadan az bir zaman almıştı. Yani gemiden uzaklaşma şansı vardı. Bu moralleri yükseltiyor muydu? "Bu bilgi benim korkularımdan kurtulmama yetti," diyor bu öyküyü anlatan Clyde W. Maas. "Bütün ekip kendini çok daha iyi hissetmeye başladı. Artık bir şansımızın olduğunu ve ortalamalar yasasına göre ölmeyeceğimizi biliyorduk."

Üzüntü alışkanlığı sizi yenmeden, sizin onu yenmeniz için üçüncü kural:

"Kayıtları inceleyelim." Kendi kendimize soralım: "Ortalamalar yasasına göre, üzerinde düşünüp endişelendiğim bu olayın gerçekleşme şansı nedir?"

9

KAÇINILMAZLA İŞBİRLİĞİ YAPIN

Küçük bir çocukken arkadaşlarımla, Kuzeybatı Missouri'de terk edilmiş, eski, tahtadan yapılmış bir evin tavan arasında oyun oynuyordum. Aşağı inmeye çalışırken ayağımı bir an için pencerenin kenarına dayadım ve atladım. Sol elimde bir yüzük vardı; ben aşağıya atlarken bu yüzük bir çiviye takıldı ve parmağımı kopardı.

Bir çığlık attım. Çok korkmuştum. Kesin olarak öleceğimi düşünüyordum. Ancak elim iyileştikten sonra bunu bir daha düşünmedim ve üzülmedim. Düşünsem ne olacaktı ki? Kaçınılmaz olanı kabullenmek zorundaydım.

Şimdi bir ay boyunca sol elimde yalnızca dört parmağımın olduğunu hiç hatırlamadığım zamanlar oluyor.

Birkaç yıl önce New York'taki işhanlarından birinde yük asansöründe görevli bir adamla tanıştım. Adamın sol eli bilekten kesilmişti. Ona, elini kaybetmiş olmanın kendisini rahatsız edip etmediğini sordum. "Hayır, etmiyor," diye yanıt verdi. "Bunu pek düşünmüyorum bile. Evli değilim, elimin yokluğunu ancak bir iğneden iplik geçirmeye çalışırken fark ediyorum."

Mecbur kaldığımızda koşulları bu denli kolay kabullenmemiz, kendimizi buna bu kadar çabuk alıştırmamız, hatta bunları kolaylıkla unutmamız çok şaşırtıcı.

Sık sık, Amsterdam'da on beşinci yüzyıldan kalma bir katedralin kalıntıları üzerinde bulunan yazıtı düşünürüm. Flamanca olan bu yazıt şöyle der: "Bu böyle. Başka türlü olamaz."

Hepimiz zaman içerisinde böyle hoş olmayan durumlarla karşılaşacağız. Bunlar başka türlü olamayacak. Böyle durumlarda iki seçeneğimiz var. Ya kaçınılmazı kabullenip kendimizi buna alıştıracağız ya da buna yok yere isyan edip hayatımızı mahvedecek ve sonunda belki de sinir hastası olacağız.

İşte size en sevdiğim filozoflardan biri olan William James'ten güzel bir öğüt: "Bunun böyle olmasını kabul edin. Olanları kabullenmek bu talihsizliğin sonuçlarına katlanmanın ilk adımıdır." Oregon, Portland'den Elizabeth Connley'in bunu keşfetmesi oldukça güç olmuştu. Kendisi bana yazdığı mektupta şunları söylüyordu: "Amerika'nın, Kuzey Afrika'daki silahlı kuvvetlerimizin kazandığı zaferi kutladığı gün savaş bölümünden bir telgraf aldım. Hayatta en çok sevdiğim kişi olan yeğenim harekât sırasında kaybolmuştu. Kısa bir süre sonra onun ölmüş olduğunu haber veren başka bir telgraf aldım.

"Üzüntüden kahrolmuştum. O zamana dek hayat bana çok iyi davranmıştı. Sevdiğim bir işim vardı. Yeğenimi de büyütmüştüm. O da bana karşı her zaman çok iyi olmuştu. Tuttuğum her şey altın oluyordu sanki! Sonra bu telgraf geldi. Dünyam altüst oldu. Artık benim için hayatta yaşamaya değer hiçbir şey yoktu. İşimi ve arkadaşlarımı umursamıyordum. Her şeyden elimi eteğimi çekmiştim. Acı ve öfke doluydum. Neden sevgili yeğenimi benden almışlardı? Önünde daha yaşayacağı uzun bir hayat olan o melek gibi çocuk ölmek zorunda mıydı? Bunu kabullenemiyordum. Öyle kötüydüm ki işimden ayrılmaya, uzaklara gidip acım ve gözyaşlarımla baş başa kalmaya karar verdim.

"Masamı toplayıp işten ayrılmaya hazırlanırken tamamen aklımdan çıkmış olan bir mektup çarptı gözüme. Bu, ölen yeğenimin birkaç yıl önce annem öldüğünde bana yazdığı mektuptu. 'Elbette onu hepimiz özleyeceğiz,' diyordu mektupta. 'En çok da sen özleyeceksin. Ama buna dayanabileceğini biliyorum. Hayat felsefen de bunu yapmana yardım edecektir. Bana öğrettiğin güzel doğruları asla unutmayacağım. Ben nerede olursam olayım, birbirimizden ne kadar uzak olursak olalım, senin bana gülümsemeyi ve her şeyi büyük bir adam olgunluğuyla karşılamayı öğrettiğini asla unutmayacağım.'

"Mektubu defalarca okudum. Sanki o hemen yanı başımdaydı, benimle konuşuyordu. Bana 'Neden bana öğrettiğin şeyi yapmıyorsun?' diyordu. 'Haydi devam et, olanlara aldırma. Üzüntünü bir gülümsemenin ardına sakla ve yaşamaya devam et.'

"İşime geri döndüm. Acı ve öfkemi bir yana bıraktım. Kendi kendime, 'Olan oldu,' diyordum. 'Bunu değiştiremezsin artık. Ama onun benden istediği gibi hayatıma devam edebilirim ve edeceğim de.' Bütün gücümle işe sarıldım. Askerlere, başka insanların çocuklarına mektuplar yazdım. Yetişkinler için gece eğitim kurslarına katılarak yeni ilgi alanları ve yeni arkadaşlar edinmeye çalıştım. Kendimdeki bu değişikliğe inanamıyordum. Geçmişi düşünüp üzülmüyordum artık. Her günü, tıpkı yeğenimin benden istediği gibi, neşe içinde yaşıyordum. Hayatımda yeniden huzura kavuşmuştum. Kaderimi kabul etmiştim. Şimdi eskisinden çok daha dolu dolu yaşıyorum."

Elizabeth Connley hepimizin er geç öğrenmek zorunda kalacağı bir şeyi öğrenmişti; kaçınılmaz olanı kabullenmemiz ve onunla işbirliği yapmamız gerektiğini. "Bu böyle. Başka türlü olamaz." Bu kolayca öğrenilebilecek bir şey değil. Tahtlarındaki krallar bile bunu kendilerine sık sık hatırlatmak zorundadırlar. Kral V. George, Buckingham Sarayı'ndaki odasının duvarına şu sözleri asmıştı: "Bana gökteki aya da dökülmüş süte de ağlamamayı öğretin." Schopenhauer da aynı düşünceyi farklı bir biçimde dile getirmişti: "Yaşam denen yolculuğu sürdürebilmek için kabullenmeyi öğrenmek gerekir."

Bizi mutlu ya da mutsuz eden şey yalnızca koşullar değildir. Duygularımızın oluşmasında, bizim bu koşullara gösterdiğimiz tepkiler de son derece önemlidir. İsa cennet krallığının bizim içimizde olduğunu söylemiştir. Cehennem krallığı da aynı şekilde bizim içimizdedir.

Eğer istersek felaketlere ve trajedilere katlanabilir, bunların üstesinden gelebiliriz. Bunu yapamayacağımızı düşünebiliriz, ama gerçekte iç güçlerimiz düşündüğümüzden çok daha fazla etkilidir ve bunu ancak onları kullanma ihtiyacı duyduğumuzda anlayabiliriz.

Booth Tarkington her zaman şunu tekrarlıyordu: "Hayatın bana getirdiği her şeye katlanabilirim. Bir tek şey dışında; körlük. Bir tek buna katlanamam."

Tarkington altmış yaşlarına geldiğinde bir gün yerdeki halıya baktı. Renkler bulanıklaşmıştı. Desenleri seçemiyordu. Bir doktora gitti ve acı gerçeği öğrendi; görme yeteneğini kaybediyordu. Bir gözü neredeyse kör olmuştu. Çok geçmeden ikinci gözü de onu izleyecekti. Tarkington'un korktuğu başına gelmişti.

Onun için bu, felaketlerin en kötüsü mü demekti? "Artık her şey bitti, hayatımın sonu geldi işte!" diye mi düşünmüştü? Hayır, aksine oldukça neşeliydi. Hatta bu durumla ilgili mizah bile yapabiliyordu. Yüzen benekler onu rahatsız ediyordu, bunlar gözünün önünde uçuşuyorlar ve görmesine engel oluyorlardı. Ama o bunlar gözünün önünde belirdiğinde, "Merhaba! İşte büyükbaba göründü. Bu sabah nereye gidiyorsunuz bakalım?" diyordu.

Kader böyle bir ruhu yenebilir mi? Elbette hayır. Her taraf karanlığa büründüğünde Tarkington, "İnsan her şeye katlanabilir, ben de buna katlanacağım. Beş duyumu da kaybetsem aklımla yaşayabileceğimi biliyorum. Çünkü farkında olsak da olmasak da hepimiz aklımızla görüyoruz, aklımızla yaşıyoruz," demişti.

Tarkington, görme yeteneğine yeniden kavuşmayı umarak bir yılda tam on iki operasyon geçirdi, hem de lokal anestezi ile. Bundan şikâyetçi oldu mu? Hayır. Bunların yapılması gerektiğini, kaçamayacağını biliyordu; o halde acısını azaltmak için cesur olmalıydı. Hastanede özel bir odada kalmayı reddetti, bir koğuşta kalıp aynı sorunu yaşayan başka insanlarla beraber olmak istiyordu. Onları neşelendirmeye çalışıyordu. Operasyonlar sırasında, bilinci tam olarak yerinde olduğundan, sürekli ne kadar şanslı bir insan olduğunu düşünüyordu. "Ne güzel!" diyordu. "Ne güzel, bilim göz gibi hassas bir organı ameliyat edecek kadar ilerledi!"

Bir başka insan bir yılda on iki ameliyat geçirip bunlara katlanmak zorunda kalsa, herhalde sinir hastası olurdu! Ancak Tarkington, bütün yaşadıklarını mutlu bir olaya değişemeyeceğini söylüyordu. Bu durum ona kabullenebilmeyi öğretmişti. Hayatın getireceği hiçbir şeyin kendisinin sahip olduğu güçten üstün olmadığını öğrenmişti. Tıpkı John Milton gibi o da "körlüğün üzücü bir şey olmadığını, asıl üzücü olanın körlüğe katlanamamak olduğunu" keşfetmişti.

New Englandlı ünlü feminist Margaret Fuller hayat felsefesini şöyle dile getirmişti: "Tüm evreni kabulleniyorum!"

Aksi bir ihtiyar olan Thomas Caryle de onun bu sözlerini duyduğunda "Çok iyi yapıyor!" diye bağırmıştı. "Hepimiz kaçınılmazı kabullensek çok iyi olur!"

Sızlanıp inat ederek kaçınılmaz olanı değiştiremeyiz; ancak kendimizi değiştirebiliriz. Bunu biliyorum, çünkü yaşadım.

Bir kez, hoşlanmadığım ama kaçınılmaz olan bir durumu kabullenmeyi reddettim. Bir aptal gibi davrandım; sızlandım ve isyan ettim. Uykusuz geceler geçirmeye başladım. Hiç istemediğim şeyler yaşadım. Sonunda, tam bir yıl kendime işkence ettikten sonra, ta başından beri değiştiremeyeceğimi bildiğim şeyi kabullenmek zorunda kaldım.

Aslında, ta o zamanlar Walt Whitman'ın sözlerine kulak vermeliydim:

Ah, geceye, fırtınaya, açlığa,
Alaya, kazaya, azara
Tıpkı ağaçlar ve hayvanlar gibi göğüs gerebilsek!

On iki yılım çiftlikte geçti, ama hiçbir Jersey ineğinin otlak kuraklıktan kavruluyor diye, sıcak ya da soğuk yüzünden veya erkek arkadaşı bir başka genç inekle ilgilendiği için ateşinin yükseldiğini görmedim. Hayvanlar geceye, fırtınaya ya da açlığa soğukkanlılıkla göğüs gerebiliyorlar; bu yüzden sinirleri bozulmuyor, ülsere yakalanmıyor ya da delirmiyorlar.

Karşımıza çıkan bütün aksiliklere boyun eğmemiz gerektiğini mi söylemeye çalışıyorum? Kesinlikle hayır! Bu kadercilikten başka bir şey olmazdı. Eğer sorunumuzdan kurtulmamız için en küçük bir şansımız varsa mücadele edelim! Ama başka türlü olması olanaksız bir şeyle karşı karşıyaysak, kendi iyiliğimiz için, çırpınıp durmaktan vazgeçelim.

Columbia Üniversitesi Dekanı Dean Hawkes, şu şiiri hayat felsefesi olarak benimsediğini söylemişti:

Güneşin altındaki her hastalığın,
Ya vardır bir çaresi ya yoktur.
Eğer varsa aramalı,
Eğer yoksa unutmalı.

Bu kitabı yazarken, Amerika'nın ünlü yöneticileriyle konuştum ve hemen hepsinin kaçınılmazla işbirliği yaptıklarını, hayatlarını üzüntüden uzak sürdürdüklerini öğrendim. Bunu yapmasalardı yaşadıkları baskının altında ezilirlerdi. İşte size ne demek istediğime ilişkin birkaç örnek:

Penney Marketler Zinciri'nin sahibi J. C. Penney, "Sahip olduğum her doları kaybetsem bile üzülmem, çünkü üzüntünün hiçbir şey getirmeyeceğini biliyorum. Ben yapabildiğim en iyi işi yapıyorum ve gerisini Tanrı'nın takdirine bırakıyorum," diyordu.

Henry Ford da buna benzer olarak şunları söylemişti: "Olayları idare edemediğimi gördüğüm zaman, onların kendi kendilerini idare etmesini bekliyorum."

Chrysler Şirketi'nin sahibi K. T. Keller'e kendisini üzüntüden uzak tutmak için ne yaptığını sorduğumda, aldığım yanıt şu olmuştu: "Zor bir durumla karşı karşıya kaldığımda eğer yapabileceğim bir şey varsa yapıyorum. Yapabileceğim bir şey yoksa bunu unutmaya çalışıyorum. Gelecek için endişelenmiyorum, çünkü hiç kimsenin gelecekte olacak şeyleri şekillendirebileceğini sanmıyorum. Geleceğimizi etkileyen o kadar çok güç var ki! Kimse bu güçleri harekete geçiren şeyin ne olduğunu söyleyemez ve bunları anlayamaz. O halde, neden bunlar için üzülüp endişelenelim?" Biri kendisine filozof olduğunu söylese Keller herhalde çok utanırdı. O iyi bir işadamıydı, ancak bunun yanı sıra yüzyıllarca önce Epictetus'un Roma'da yaydığı felsefeyi paylaşıyordu. "Mutluluğun bir tek yolu vardır," diyordu Epictetus Romalılara, "gücümüzü aşan şeyler konusunda üzülüp endişelenmekten vazgeçmek!"

Bernhardt da kaçınılmazla nasıl işbirliği yapabileceğini bilen bir kadındı. Sarah, yarım yüzyıl boyunca dört kıtada tiyatronun kraliçesi ve dünyanın en sevilen aktrisi olmuştu. Yetmiş bir yaşına geldiğinde ve beş kuruşsuz kaldığında, doktoru Profesör Puzzi ona bacağının kesilmesi gerektiğini söylemişti. Sarah, Atlantik'i geçerken bir fırtına sırasında güvertede düşmüş ve bacağını kötü bir biçimde yaralamıştı. Bu yara iltihap topladığından bacakta büzülme meydana gelmişti. Ağrılar öyle dayanılmaz hale gelmişti ki artık bacağın kesilmesi gerekiyordu. Doktor bunu Sarah'a söylemeye çekiniyordu. Sarah'ın bu haber karşısında bir sinir krizi geçireceğini düşünüyordu. Ama yanılmıştı. Sarah ona şöyle bir bakmış ve hafif bir sesle, "Öyle olması gerekiyorsa olsun!" demişti. Ona göre bu kaderdi.

Sarah sedyeyle ameliyat odasına götürülürken oğlu ağlamaya başlamıştı. Sarah ona neşeyle gülümsemiş ve "Sakın bir yere kaybolma! Hemen geliyorum!" demişti. Ameliyat odasına götürülürken, oynadığı oyunlardan birinden bir sahneyi tekrarlamıştı. Ona, bunu kendisini neşelendirmek için mi yaptığını sorduklarında, "Hayır, doktorları ve hemşireleri neşelendirmek için yapıyorum, çünkü ameliyat sırasında oldukça sıkıntı çekecekler," diye yanıt vermişti.

Ameliyattan sonra, Sarah Bernhardt yeni bir dünya turnesine çıkmıştı ve yedi yıl daha izleyenlerini büyülemeye devam etmişti.

"Kaçınılmaz olanla mücadele etmekten vazgeçersek, daha güzel bir hayat sürdürmek için daha fazla enerjiye sahip olabiliriz," diyor Elsie McCormick, Reader's Digest'teki bir makalesinde.

Hiç kimsenin, bir yandan kaçınılmaz olanla mücadele ederken bir yandan da yeni bir hayat yaratabilecek gücü ve gayreti yoktur. Bunlardan birini seçmek gerekir. Ya hayatın amansız fırtınalarını kabullenecek ya da bunlara karşı direnmeye çalışıp sonunda yıkılacaksınız!

Ben Missouri'deki çiftliğimde bunu yaşadım. Çiftliğime birçok ağaç dikmiştim. Bu ağaçlar başlangıçta büyük bir hızla büyüdüler. Sonra bir kar fırtınası oldu ve bütün dallar buzlarla örtüldü. Üzerlerindeki bu ağır yüke karşın ağaçlar gururla direndiler, ancak sonunda ezilip kırıldılar. Hepsini sökmek zorunda kaldık. Ne yazık ki bunlar, Kuzey Ormanları'ndaki ağaçlar gibi kurnaz değildiler. Kanada'nın yeşil ormanlarında yüzlerce millik bir gezi yapmıştım ve hiçbir dalın kar ve buz nedeniyle kırıldığını görmemiştim. Çünkü buradaki çam ağaçları fırtına karşısında eğilmeyi, dallarını eğmeyi, yani kaçınılmaz olanla işbirliği yapmayı biliyorlardı.

Japon güreş ustaları öğrencilerine, "söğüt gibi eğilmeyi, meşe gibi direnmemeyi" öğretirler.

Sizce neden otomobil tekerlekleri yolda giderken onca eziyet çekerler? Önceleri, tekerlek yapımcılarının amacı yoldaki sarsıntılara dayanıklı bir tekerlek yapabilmekti. Ancak bu tekerlek kısa sürede yırtıldı. Bunun üzerine tekerlek yapımcıları, yoldaki sarsıntılara uyum sağlayabilecek tekerlek yapmayı denediler ve bunda başarılı oldular. Biz de hayatın taşlı yollarına uyum sağlamayı öğrenebilirsek çok daha uzun ömürlü oluruz.

Hayatın zorluklarına uyum sağlamak yerine bunlara karşı vargücümüzle direnirsek ne olur? Ya söğüt gibi eğilmek yerine meşe gibi direnmeyi tercih edersek? Yanıt basit. Bir dizi iç çelişkiyle karşı karşıya kalırız. Üzülürüz, geriliriz, baskı altında kalırız ve sinirli oluruz.

Eğer daha da ileri gider, gerçekler dünyasını reddedip kendi yarattığımız hayal âleminde yaşamaya başlarsak herhalde sonunda çıldırırız.

Savaş sırasında korku içindeki milyonlarca asker ya kaçınılmazı kabul etmek ya da büyük bir baskı altında ezilmek zorundaydı. Örneğin, New York Glandale'den William H. Casselius'un durumunu ele alalım ve onun derslerimden birinde yaptığı ve ödül aldığı konuşmasını dinleyelim:

"Sahil Güvenlik'e katıldığımda, Atlantik'in bu yakasındaki en sıcak noktalardan birinde görevlendirildim. Patlayıcılardan sorumluydum. Düşünebiliyor musunuz? Bir bisküvi satıcısı patlayıcılardan sorumlu oluyor! Kendini bir anda binlerce ton TNT'nin üzerinde bulmak bir bisküvi satıcısının iliklerine kadar donmasını sağlamaya yeter de artar bile. Üstelik yalnızca iki günlük bir eğitim almıştım ve öğrendiklerim daha da fazla korkmama neden olmuştu. İlk nöbetimi asla unutmayacağım; karanlık, soğuk, sisli bir günde New Jersey Beyonne Caves Point rıhtımında ilk emirlerimi almıştım.

"Gemideki 5 no'lu sığınakta görevlendirilmiştim. Burada beş gemi işçisiyle birlikte çalışacaktım. Adamlar güçlü kuvvetliydiler, ama patlayıcılar hakkında pek bir şey bilmiyorlardı ve her biri gemiyi havaya uçurmaya yetecek kadar TNT dolu bombardıman uçaklarına bomba yüklüyorlardı. Bombaları iki boruyla aşağı indiriyorlardı. Kendi kendime, 'Ya bu borulardan biri kayar ya da koparsa!' diyordum. Çok korkuyordum! Korkudan tir tir titriyordum! Ağzım dilim kurumuştu. Dizlerim titriyor, kalbim çarpıyordu. Ancak kaçamazdım. Bu firar etmek olurdu. Böyle bir şey yaparsam rezil olurdum. Ailem de rezil olurdu. Belki de firar ettiğim için vurulurdum. Kaçamazdım. Orada kalmak zorundaydım. Gemicilerin bombaları yüklemesini izlemeye devam ettim. Gemi bir iki dakika içinde havaya uçabilirdi. Korku içinde geçirdiğim birkaç saatten sonra çok kullanılan bir yöntemi uygulamaya koyuldum. Kendimle konuşmaya başladım: 'Bak! Diyelim ki havaya uçtun. Ne olacak? Sen bir şeyin farkında olmayacaksın ki! Çok kolay bir biçimde öleceksin. Bu kanserden ölmekten çok daha iyi değil mi? Aptal olma! Sonsuza dek yaşamayı düşünmüyorsun herhalde! Bu işi yapmak zorundasın, yoksa vurulursun. Seçim senin.'

"Saatlerce kendi kendimle konuştum. Kendimi daha iyi hissediyordum artık. Sonunda kaçınılmazı kabullenmiş, korku ve endişelerimden kurtulmuştum.

"Aldığım bu dersi hiçbir zaman unutmayacağım. Şimdi ne zaman değiştiremeyeceğimi bildiğim bir şey için üzülüp endişelensem, omuzlarımı silkip 'Unut bunu!' diyorum. Bu bir bisküvi satıcısı için bile işe yarıyor."

Gelin, üç kez yaşa diye bağıralım! Bir kez de bisküvi satıcısı için bağırmaya ne dersiniz?

İsa'nın çarmıha gerilmesinden sonra tarihteki en ünlü ölüm Sokrat'ın ölümüdür. Bundan on bin yıl sonra bile insanlar bu ölümün Platon'un kaleminden çıkan ölümsüz tasvirini, edebiyat tarihinin en etkileyici ve en güzel bölümlerinden biri olarak okuyup takdir edecekler. Yaşlı, yalınayak Sokrat'ı çekemeyen ve ona düşman olan bazı Atinalılar onu haksız yere suçlamışlar ve ölüme mahkûm etmişlerdi. İyi bir insan olan gardiyan, Sokrat'a içi zehir dolu fincanı verirken, "Olması gerekene katlanmaya çalış!" demişti. Sokrat da öyle yaptı. Ölümü müthiş bir serinkanlılıkla ve uysallıkla karşıladı.

"Olması gerekene katlanmaya çalış!" Bu sözler İsa'nın doğumundan 399 yıl önce söylenmişti. Ancak sıkıntılarla dolu olan bu dünyada bugün bu sözlere her zamankinden daha fazla ihtiyaç var.

Üzüntülerden ve endişelerden kurtulma konusunda yazılan bütün kitap ve makaleleri okumaya çalışıyorum. Şimdiye dek bu konuyla ilgili duyduğum en güzel öğüt hangisiydi biliyor musunuz? Yalnızca on sekiz sözcükten oluşan bu öğüdü banyodaki aynamıza yapıştırırsak yüzümüzü her yıkayışımızda üzüntülerimizden de kurtulabiliriz demektir. Bu eşsiz duayı Dr. Reinhold Niebuhr yazmıştı:

Tanrım!
Bana değiştiremediğim şeyleri kabul etmek için
Sükûnet,
Değiştirebileceğim şeyler için
Cesaret,
Ve bunu ayırt edebilmem için
Akıl ver!

Üzüntü alışkanlığı sizi yenmeden sizin onu yenebilmeniz için dördüncü kural:

Kaçınılmazla işbirliği yapın!

10

ÜZÜNTÜLERİNİZE DUR DEYİN

Wall Street'te nasıl para kazanılabileceğini bilmek ister miydiniz? Bunu isteyen bir milyon insan daha var ve eğer ben yanıtı bilseydim, bu kitap çok daha fazla satardı. Ancak borsada işlem yapan bazı kişilerin uyguladığı güzel bir yöntem var. Bunu bana yatırım uzmanı Charles Roberts anlatmıştı:

"Ben Texas'tan New York'a cebimde arkadaşlarımın borsaya yatırım yapmam için bana vermiş oldukları yirmi bin dolarla geldim. Borsadan anladığımı sanıyordum, ama parayı son kuruşuna kadar kaybettim. Zaman zaman kâr ettiğim de olmuştu, ama sonuçta her şeyi kaybetmiştim.

"Kendi paramı kaybettiğime pek üzülmüyordum. Ancak, bunun onlara pek fazla dokunmayacağını bildiğim halde, arkadaşlarımın parasını kaybetmiş olduğum için kendimi çok kötü hissediyordum. Yaptığım girişim bu denli kötü bir biçimde sonuçlandıktan sonra onların yüzüne nasıl bakabileceğimi bilmiyordum. Ama onlar olanları umursamamakla kalmayıp müthiş birer iyimser olduklarını da gösterdiler.

"Ya hep ya hiç ilkesine dayanarak ve büyük ölçüde şansa ve diğer insanların düşüncelerine bağlı kalarak bir kumar oynadığımın farkındaydım. Borsada kulaktan dolma bilgilerle oynuyordum.

"Yaptığım hataları düşünmeye başladım ve borsada yeniden oynamaya başlamadan önce bunları bulup çıkaracağıma kendi kendime söz verdim. Yaşayan en başarılı borsacılardan biri olan Burton S. Castles ile iletişime geçtim. Ondan çok şey öğreneceğimden emindim. Çünkü Burton S. Castles yıllardır borsada büyük başarılar kazanmıştı ve böyle bir kariyer yalnızca şans eseri olamazdı.

"Castles bana daha önce borsada nasıl oynadığımı sordu ve bu konudaki en önemli ilkenin inandığın şeyi yapmak olduğunu söyledi. 'Ben her işlem için bir durma noktası belirlerim,' dedi. 'Örneğin elli dolara aldığın bir hisse senedinin durma noktası kırk beş dolardır. Bu durumda hisse senedi değerinin beş puan altına düşerse bunu hemen satabilirsin. Bu da zararının beş puanla sınırlandırılması demektir.'

"'Eğer işlemlerini akıllıca yaparsan kârın on, yirmi beş, hatta elli puan olur,' diye devam etti yaşlı usta. 'Yani zararını beş puanla sınırladığında, yaptığın işlemlerin yarısında hatalı davransan bile para kazanabilirsin.'

"Bu ilkeyi hemen uygulamaya başladım. Böylece hem müşterilerim hem de ben binlerce dolar para kazandık.

"Bir süre sonra durma noktası belirleme ilkesinin borsa dışındaki alanlarda da uygulanabileceğini fark ettim. Finansal sorunlarım dışındaki endişe ve üzüntülerim için de durma noktaları belirlemeye başladım. Bu gerçekten işe yarıyordu.

"Örneğin, randevularına pek ender olarak zamanında gelebilen bir arkadaşımla sık sık öğle yemeğine çıkarım. Eskiden onu saatlerce beklemek zorunda kalırdım. Sonunda ona endişelerim için belirlediğim durma noktasından söz ettim. 'Senin için de durma noktam tam on dakika, Bill!' dedim. Eğer on dakikadan fazla geç kalırsan yemek planımız suya düşer ve ben çekip giderim."

Sabırsızlığıma, öfkeme, kendimi kusursuz gösterme isteğime, pişmanlıklarıma, zihinsel ve duygusal sıkıntılarıma bir durma noktası koymayı yıllarca önce akıl edebilseydim keşke! Neden huzurumu tehdit eden şeyleri iyice değerlendirip kendi kendime, "Bana bak Dale Carnegie, bu sorun için ancak bu kadar endişelenebilirsin, bundan fazlasına değmez!" diyebilmeyi düşünemedim sanki?

Ancak en azından bir olayda akıllıca davrandığımı kabul etmeliyim. Bu da ciddi bir olaydı; geleceğe ilişkin bütün planlarımın, hayallerimin ve çalıştığım onca yılın sanki buharlaşıp uçtuğunu izlemek zorunda kaldığımda yaşadığım ciddi bir krizdi bu. Her şey şöyle gelişmişti: Otuzlu yaşlarımın başlarında hayatımı roman yazarak geçirmeye karar vermiştim; ben de bir Frank Norris, Jack London ya da Thomas Hardy olabilirdim. Bu yüzden Birinci Dünya Savaşı'nın getirdiği ekonomik bunalım ve parasal sıkıntı yüzünden dolarla yaşamanın çok rahat ve ucuz olduğu Avrupa'da iki yıl geçirdim. Orada kaldığım iki yıl içinde büyük eserimi yazdım. Adı "Kar Fırtınası" idi. Yayınevleri bu kitabımı adı kadar soğuk karşıladılar. Edebiyat danışmanı bana kitabımın pek bir şeye benzemediğini, bende roman yazma ve kurgu yeteneğinin bulunmadığını söylediğinde kalbim duracak gibi oldu. Ofisten çıktığımda aklım karmakarışıktı. Başıma sopayla vursalar bundan daha kötü bir durumda olamazdım. Aptal gibiydim. Hayatımda bir dörtyolun ağzına geldiğimi ve son derece önemli bir karar vermek zorunda olduğumu hissediyordum. Ne yapacaktım? Ne yöne gitmem gerekiyordu? Kendime gelebilmem için haftalar geçmesi gerekti. O zamanlar "Üzüntüleriniz ve endişeleriniz için bir durma noktası belirleyin!" sözünü duymamıştım. Ama bugün geri dönüp baktığımda bu ilkeyle hareket etmiş olduğumu görüyorum. İki yılımı bu roman için uğraşarak geçirmiştim; iyi bir deneyimdi bu. Yoluma buradan devam edebilirdim. Yeniden yetişkinler için eğitim dersleri vermeye başladım. Boş zamanlarımda da biyografiler ve şu anda okumakta olduğunuz gibi, kurgu gerektirmeyen kitaplar yazmaya başladım.

Bu kararı verdiğim için şimdi memnun muyum? Bunu ne zaman hatırlasam kendimi sokaklara atıp dans etmemek için kendimi zor tutuyorum! Açıkça söylemeliyim ki o zamandan beri bir günümü, hatta bir saatimi bile ikinci bir Thomas Hardy olamadığım için hayıflanarak geçirmedim.

Bundan yüz yıl önce bir gece, bir baykuş Walden Pond Ormanı'ndaki ağaçlar arasında çığlıklar atarken Henry Thoreau tüylü kalemini ev yapımı mürekkebine batırdı ve günlüğüne şunları yazdı: "Bir şeyin bedeli, hayat denen şeyin süresidir. Bunların kısa ya da uzun vadede değiş tokuş edilmesi gerekir."

Evet, Gilbert ve Sullivan da aynı şeyi yapmışlardı. Onlar neşeli sözler yazabiliyor, neşeli müzikler besteleyebiliyorlardı, ancak kendi yaşamlarında bir türlü neşeli olamıyorlardı. Dünyaca bilinen birçok operaya imza atmışlardı; Patience, Pinafore ve Mikado gibi. Fakat kendilerini kontrol edemiyorlardı. Bir halı gibi önemsiz bir şey yüzünden hayatlarını zehir ettiler. Sullivan satın aldıkları tiyatro için yeni bir halı ısmarlamıştı. Gilbert faturayı gördüğünde öfkeden küplere bindi. Olay mahkemeye yansıdı ve ikisi bir daha birbirleriyle konuşmadılar. Sullivan yeni bir beste yaptığında bunu postayla Gilbert'e yolluyor, Gilbert de bunun üzerine söz yazıp yeniden Sullivan'a gönderiyordu. Bir kez birlikte sahneye çıkmaları için teklif aldılar ancak ikisi de sahnenin ayrı taraflarında durdular ve birbirlerini görmemek için farklı yönlere selam verdiler. Lincoln'ün yaptığı gibi öfkelerine bir durma noktası koymayı bilmiyorlardı.

İçsavaş sırasında bir gün, Lincoln'ün yakın arkadaşları onun düşmanları konusunda ileri geri konuşurken Lincoln şöyle demişti: "Siz benden daha fazla öfke duyuyorsunuz. Belki ben gereğinden az öfke duyuyorum, ama bunun gerekli olduğunu düşünmüyorum. İnsanın tartışmalarla geçirecek zamanı yoktur. Eğer bir insan bana saldırmaktan vazgeçerse ben de onun geçmişte bana yapmış olduklarını unuturum."

Keşke yaşlı halam Edith de Lincoln'ün bu hoşgörüsüne sahip olsaydı! O ve Frank Eniştem verimsiz topraklarla dolu bir çiftlikte yaşıyorlardı. Durumları iyi olmadığından harcadıkları her kuruşun hesabını yapmak zorundaydılar. Ancak Edith Halam evlerini güzel gösterecek yeni perdeler ve ufak tefek eşyalar almak istiyordu. Dan Eversole'un dükkânından taksitle bazı eşyalar almıştı. Frank Enişte ise borçlarını düşündükçe üzülüp duruyordu. Bütün çiftçiler gibi o da borçlanmaktan korkuyordu. Eniştem, gizlice Dan Eversole'a bir daha karısına taksitle eşya vermemesini söyledi. Edith Hala bunu duyunca küplere bindi. Aradan elli yıl geçmesine karşın bu öfkesini kaybetmedi. Onun bu öyküyü defalarca anlattığını duydum. Onu son gördüğümde seksenine girmek üzereydi. "Edith Hala," dedim, "tamam, Frank Enişte sana kötü bir şey yapmış olabilir, ama aradan elli yıl geçmiş olmasına karşın senin hâlâ aynı şeyi anlatıp yakınıyor olman daha kötü değil mi?" (Bunu duvarlara söylesem daha etkili olurdu sanırım.)

Edith Hala yüreğinde beslediği bu kinin ve kötü anıların bedelini kendi iç huzuruyla ödedi.

Benjamin Franklin yedi yaşındayken, yetmiş yıl boyunca hatırlayacağı bir hata yaptı. Henüz yedi yaşında bir çocukken bir düdüğe kafayı taktı. Bu düdüğü o kadar çok istiyordu ki oyuncakçıya gitti, cebindeki bütün parayı ortaya döktü ve fiyatını bile sormadan düdüğü istedi. Yetmiş yıl sonra bir arkadaşına yazdığı mektupta şöyle diyordu: "Eve geldim ve büyük bir mutlulukla düdüğümü öttürmeye başladım. Ama kardeşleri onun düdüğe fiyatından daha fazla para ödediğini fark edip onunla dalga geçmişlerdi. "Bunun üzerine hüngür hüngür ağladım," diyordu Franklin.

Yıllar sonra Benjamin Franklin dünyaca tanınan biri oldu ve Fransa büyükelçiliğine atandı. O zamanlar bile düdüğe gereğinden çok daha fazla para ödediğini unutmadı. O düdük ona mutluluktan fazla sıkıntı vermişti.

Yine de Franklin bu olaydan önemli bir ders almıştı. "Büyüyüp gerçek dünyayla tanıştığımda ve insanları gözlemlediğimde," diyordu, "pek çok kişinin düdüğe gereğinden fazla para ödediğini gördüm. İnsanların yaşadıkları üzüntülerin çoğu nesnelere verdikleri yanlış değerlerden ve düdüğe gereğinden fazla bedel ödemelerinden kaynaklanıyor."

Gilbert ve Sullivan da düdüklerine olması gerekenden fazla bedel ödemişlerdi. Edith Teyze de öyle. Pek çok durumda Dale Carnegie de aynı şeyi yaptı. "Savaş ve Barış" ve "Anna Karenina" gibi iki muhteşem romanın yazarı ölümsüz yazar Leo Tolstoy da bu hatayı yapmıştı. Britannica Ansiklopedisi'ne göre, Leo Tolstoy yaşamının son on yılında "dünyanın en çok saygı duyulan insanı" idi. Ölümünden önceki son yirmi yıl, 1890'dan 1910'a kadar, hayranları büyük yazarın yüzünü görebilmek, sesini duyabilmek, ya da giysilerine dokunabilmek için onun evine akın ettiler. Ağzından çıkan her cümle, kutsal bir açıklama gibi not edildi. Ancak iş günlük yaşama geldiğinde, Tolstoy yetmiş yaşındayken Benjamin Franklin'in yedi yaşındaki halinden bile daha düşüncesizce davranıyordu.

Söylemek istediğim şu: Tolstoy gerçekten çok sevdiği bir kadınla evlenmişti. İkisi de birlikte olmaktan çok mutluydular ve bu mutluluklarının bir ömür boyu sürmesi için dua ediyorlardı. Ancak kadın son derece kıskanç biriydi. Zaman zaman bir köylü kılığına giriyor, ormanda Tolstoy'u takip edip hareketlerini izliyordu. Bu yüzden büyük kavgalar çıkıyordu. Kadın kendi çocuklarını bile kıskanıyordu, öyle ki silahını alıp kızının fotoğrafında koca bir delik açmıştı. Ağzına bir afyon şişesi alıp yerlerde yuvarlanıyor, intihar edeceği tehdidini savuruyordu. Zavallı çocukları da bir köşeye büzülüyor, korkuyla ağlaşıyorlardı.

Peki Tolstoy ne yapıyordu? Doğrusu evi yerle bir etse yine de haksız sayılmazdı. Çünkü bu gerçekten katlanılamayacak bir durumdu. Ancak o daha da kötüsünü yaptı. Bir günlük tuttu; karısını ağır bir biçimde suçladığı bir günlük! Bu onun "düdüğü" idi. Böylece gelecek kuşakların kendisini anlamasını ve gerçekte karısının suçlu olduğunu öğrenmesini istiyordu. Karısı buna karşılık ne yaptı sizce? Elbette günlüğü paramparça etti ve ateşe atıp yaktı. Sonra da vakit kaybetmeden kendisi de Tolstoy'u suçlayan sözlerle dolu bir günlük tutmaya başladı. Hatta "Hata Kimde?" adlı bir roman bile yazdı. Bu romanda kocasını bir canavar, kendisini de zavallı bir kurban olarak gösterdi.

Bütün bunların nedeni neydi? Neden bu iki insan sahip oldukları yuvayı tam bir tımarhaneye çevirmişlerdi. Elbette bunun birçok nedeni var. Bu nedenlerden biri, ikisinin de bizleri etkileyebilmek için karşı konulmaz bir istek duymalarıydı. Evet, onların gelecekte düşünceleri üzerinde etkili olabilmek istediği kuşak bizlerdik. Peki biz ölüler diyarında kimin suçlu kimin suçsuz olduğunu umursuyor muyuz? Hayır, kendi sorunlarımızın derinliklerine o denli gömülmüşüz ki Tolstoy'lar konusunda düşünerek harcayacak tek bir dakikamız bile yok. Bu iki insan düdükleri için ne denli yüksek bir bedel ödediler! İkisi de "Yeter!" diyebilmeyi düşünemediğinden tam elli yıl gerçek bir cehennem hayatı yaşadılar. İkisi de, "Artık buna bir dur diyelim. Hayatlarımızı mahvediyoruz. Buna bir dur demenin zamanı çoktan geldi," diyebilecek değer yargılarına sahip değildiler.

Evet, zihinsel açıdan huzurlu olmanın sırrı bu; değer yargıları. Yaşamdaki her şeye gerçek değerlerini verebilmeyi başardığımızda, üzüntülerimizin yüzde ellisinden kurtulabileceğimize ben yürekten inanıyorum.

Öyleyse, üzüntü alışkanlığı sizi yenmeden sizin onu yenebilmeniz için beşinci kural:

Hayatta, kötü şeyler için bir bedel ödememiz gerektiğinde kendimize şu üç soruyu soralım:

1. Üzüldüğüm şey benim için ne kadar önemli?
2. Buna ne zaman dur demem ve bunu unutmam gerekiyor?
3. Düdük için nasıl bir bedel ödemem gerekiyor? Gereğinden fazla bir bedel mi ödedim?

11

TALAŞLARI DOĞRAMAYA ÇALIŞMAYIN

Bu cümleyi yazarken pencereden dışarı bakabiliyorum ve bahçemdeki taşlar üzerindeki dinozor izlerini görebiliyorum. Bunları Yale Üniversitesi Peabody Müzesi'nden aldım. Müze müdürünün göndermiş olduğu mektuba göre bunlar 180 milyon yıl öncesine ait. Bir mongol bile 180 milyon yıl öncesine gidip bu izleri değiştirmeyi hayal edemez. Ancak bunu düşünmek bile 180 saniye öncesine dönüp olanları değiştiremediğimize üzülmek kadar aptalca olamaz. Ne yazık ki birçoğumuz bunu yapıyoruz. 180 saniye önce meydana gelen olayın etkilerini azaltabiliriz belki, ama olanları değiştirmemiz söz konusu bile olamaz elbette.

Geçmişin yapıcı olabilmesinin bir tek yolu var; hatalarımızı sakin bir biçimde analiz edip bunlardan olabildiğince yararlanmak ve sonra da bunları unutmak.

Ben bunun doğru olduğunu biliyorum, ama her zaman bunu uygulayabiliyor muyum? Bu sorunun yanıtını verebilmek için size yıllar önce yaşadığım bir deneyimi, üç yüz bin doların bana beş kuruş kâr sağlamadan parmaklarımın arasından nasıl uçup gittiğini anlatayım. Yetişkinlerin eğitimi için oldukça önemli bir yatırım yapmıştım. Çeşitli şehirlerde şubeler açmış, tanıtım ve reklam için de epey para harcamıştım. Kendimi öğretme işine o kadar kaptırmıştım ki finansal konularla ilgilenmiyordum bile. Bunlarla ilgilenmesi için bu konuda uzman bir işletmeciye başvurmam gerektiğini de düşünemiyordum.

Bir yıl sonra yüz yüze geldiğim gerçek beni kendime getirdi. Gelirimizin oldukça fazla olmasına karşın hemen hemen hiç kâr edememiştik. Artık iki şey yapmam gerekiyordu. İlk olarak George Washington, Carver'ın tüm hayatı boyunca biriktirdiği kırk bin doları bankasının batması üzerine kaybettiğinde yaptığını yapmalıydım. Kendisine iflas etmiş olduğunu bilip bilmediğini sorduklarında Carver, "Evet, biliyorum," diye karşılık vermiş ve ders anlatmaya devam etmişti. Ondan sonra bir daha bu konudan söz etmemiş, bu konuyu düşünmemeye çalışmıştı.

İkinci olarak hatalarımı analiz edecektim ve asla unutmayacağım bir ders alacaktım.

Ancak dürüst olmam gerekirse, bunların ikisini de yapmadım. Bunun yerine kendimi üzüntünün kollarına bıraktım. Aylar boyunca kendime gelemedim. Geceleri uyuyamamaya ve kilo kaybetmeye başladım. Yapmış olduğum hatadan ders almak yerine aynı hatayı bir kez daha tekrarladım.

Bütün bu aptallıkları kabul etmek zorunda olmak çok utanç verici. Ancak uzun yıllar önce şunu öğrendim: "Yirmi kişiye neler yapmaları gerektiğini anlatmak; derslerimi dinleyen yirmi kişiden biri olmaktan daha kolay."

Keşke ben de New York'taki George Washington Lisesi'ne gidip Ailen Saunders'a ders veren Dr. Paul Brandwine'dan ders alma şansına sahip olabilseydim!

Bay Saunders bana hijyen dersi öğretmeni Dr. Paul Brandwine'in verdiği dersin hayatının en önemli derslerinden biri olduğunu söylemişti. "On yaşımı birkaç yıl geçmiştim," diyordu Ailen Saunders, "ama o zamanlar bile bol bol üzülüyordum. Yaptığım hatalar yüzünden kendimi yiyip bitirirdim. Sınav kâğıdımı verdiğimde tırnaklarımı yemeye başlar, sınavı kesinlikle veremeyeceğimi düşünürdüm. Sürekli yapmış olduğum şeyleri düşünür, neden öyle yaptığıma, neden öyle söylediğime hayıflanır dururdum.

"Bir sabah fen laboratuvarındaydık. Öğretmenimiz Dr. Paul Brandwine içi dolu bir süt şişesini masanın kenarına koymuştu. Hepimiz oturduk ve şişenin kenarına bakmaya başladık. Bunun hijyen ile ne ilgisinin olduğunu anlayamıyorduk. Sonra birden Dr. Brandwine ayağa kalktı ve süt şişesini lavaboya fırlatıp bağırdı: 'Dökülen süte ağlamayın!'

"Hepimizi lavabonun kenarına çağırdı ve kalıntılara bakmamızı istedi. 'İyi bakın,' dedi, 'çünkü bu dersi hayatınız boyunca hatırlamanızı istiyorum. Süt gitti, gördüğünüz gibi lavabonun deliğinden aktı gitti ve dünyada hiçbir güç onun bir damlasını bile geri getiremez artık. Eğer biraz olsun düşünsek ya da engellemeye çalışsak sütü kurtarabilirdik. Ama artık çok geç, bundan sonra yapabileceğimiz tek şey bunu unutmak ve diğer şeylere devam etmek.'

"Geometri ve Latinceden kurtulduktan sonra bile bu dersi unutmadım. Bu bir derste, dört yıllık okul hayatımda günlük yaşamla ilgili öğrendiğim şeylerden çok daha fazlasını öğrenmiştim. Bu ders bana, eğer yapabiliyorsam sütün dökülmesini engellemeyi, ama süt bir kez döküldükten ve lavabonun deliğinden akıp gittikten sonra bunu unutmayı öğretmişti."

"Dökülen süte ağlamayın!" gibi sözlere gülüp geçmek yerine, bunları uygulamayı becerebilseydik bu kitaba da ihtiyacımız kalmazdı. Aslında, eski deyimleri hayatımıza geçirmeyi başarabilseydik çok daha güzel bir hayat yaşayabilirdik. Ancak kullanılmadığı sürece bilginin hiçbir gücü yoktur; bu kitabın amacı da size yeni bir şey söylemek değil. Amacım size zaten bildiğiniz şeyleri anımsatmak, sizleri harekete geçirip bunları uygulamanızı sağlamak.

Freud Fuller Shedd gibi, eski bir gerçeği yepyeni ve son derece etkili bir biçimde ifade edebilme yeteneği olan insanlara her zaman hayranlık duymuşumdur. Shedd, Philadelphia Bulletin dergisinin editörüyken, bir üniversitenin mezuniyet töreninde yaptığı konuşmada şunları söylemişti: "Siz hiç testereyle odun kestiniz mi? Kesenler elini kaldırsın." Öğrencilerin birçoğu kesmişti. "Peki kaçınız testereyle talaş doğradı?" diye sordu sonra. Hiç el kalkmadı.

"Elbette, talaşları testereyle doğrayamazsınız. Çünkü onlar zaten doğranmıştır. Aynı şey geçmiş için de geçerlidir. Olup bitmiş, geçmişte kalmış şeyler için kendinizi üzerseniz, testereyle talaş doğramış olursunuz."

Eski ve ünlü beysbol oyuncusu Connie Mack seksen bir yaşındayken, kendisine kaybettiği oyunlar için üzülüp üzülmediğini sorduğumda bana şu yanıtı vermişti:

"Evet, eskiden üzülürdüm. Ancak bu aptallığımdan yıllar önce kurtuldum. Bunun beni bir yere götürmeyeceğini anlamıştım. Akıp gitmiş suyla buğday öğütülmüyor."

Evet, akıp gitmiş suyla buğday öğütülmez. Bunu yapmaya çalışmak da yüzünüzde kırışıklıklara, midenizde ülsere yol açmaktan başka hiçbir işe yaramaz.

Bir Şükran Günü yemeğinde Jack Dempsey bana ağırsıklet şampiyonluğunu Tunney'e kaptırdığı maçı anlattı. Doğal olarak Dempsey'nin egosuna ağır bir darbe inmişti. "Maçın ortasında," diyordu Dempsey, "birden hayıflandığımı fark ettim. Onuncu raundun sonunda hâlâ ayaktaydım, ama hepsi o kadar. Yüzüm gözüm şişmişti, gözlerim de neredeyse kapanmak üzereydi. Hakemin Gene Tunney'in elini havaya kaldırdığını gördüm. Maçı Tunney kazanmıştı. Ben artık dünya şampiyonu değildim. Kalabalığın arasından sıyrılıp soyunma odama doğru koşmaya çalıştım. Aralarından geçerken bazı insanlar elimi tutmaya çalışıyorlardı; bazılarının da gözlerinde yaşlar vardı.

"Bir yıl sonra Tunney ile yeniden dövüştüm, ama bir yararı olmadı. Ben artık tükenmiştim. Üzülmememe imkân yoktu, ama kendi kendime, 'Artık geçmişi düşünerek yaşamayacağım ve dökülen süte ağlamayacağım. Bu darbenin beni yere yıkmasına izin vermeyeceğim,' dedim."

Jack Dempsey söylediğini yapmıştı. Nasıl? Kendi kendine aynı şeyi sürekli tekrarlayıp, "Geçmişi düşünüp üzülmeyeceğim!" diyerek mi? Hayır, bu onu geçmişteki üzüntülerini düşünmeye zorlamaktan başka bir şeye yaramazdı. O, bunun yerine üzüntüsünü kabullenmeyi ve unutmayı seçti. Sonra da gelecekle ilgili planları üzerinde yoğunlaştı. Broadway'de Jack Dempsey Restoranı'nı, 57. Cadde'de de Great Northern Oteli'ni açtı. Ödüllü boks karşılaşmaları ve gösteriler düzenledi. Sürekli yapıcı şeylerle uğraştığından geçmişi düşünüp üzülmeye vakit bulamadı. "Geçen son on yılım, şampiyon olduğum zamanlardaki günlerimden çok daha güzel," diyordu Jack Dempsey.

Bay Dempsey bana fazla kitap okumadığını söylemişti. Ancak bilmeden Shakespeare'in şu öğüdünü tutuyordu: "Akıllı kişiler asla oturup yenilgilerine hayıflanmazlar; coşkuyla düşünüp zararlarını en aza indirmeye çalışırlar."

Tarih kitapları ve biyografiler okuyup insanların yaşamlarını incelerken, bazı insanların üzüntülerini ne denli kolay unutup mutlu bir yaşam sürdürmeyi başardıklarını gördükçe hayrete düşüyorum.

Bir kez Sing Sing'i ziyaret etmiştim. Oradaki mahkûmların en az dışardakiler kadar mutlu olduklarını görmek beni çok şaşırtmıştı. Bu düşüncemi Hapishane Müdürü Lewis E. Lawes'a ilettiğimde kendisi bana mahkûmların Sing Sing'e

ilk geldiklerinde öfkeli ve gergin olduklarını; ancak birkaç ay sonra çoğunun yaşadığı talihsizliği unuttuğunu, hapishane yaşantısını kabullenerek buna uyum sağladığını ve orada geçen zamanlarını olabildiğince iyi değerlendirmeye çalıştığını söyledi. Warden Lawes bana aslında bir bahçıvan olan mahkûmun hapishane duvarının dibinde sebze ve çiçek ekerken nasıl şarkı söylediğini de anlattı.

Çiçek ekerken şarkı söyleyen Sing Sing mahkûmu pek çoğumuzdan daha akıllıca davranıyordu kuşkusuz. Çünkü o şunu biliyordu:

Hareket eden parmak yazar,
Ve yazdıktan sonra der ki: Ne duanız, ne düşünceniz
Silebilir bu satırın yarısını
Ne de gözyaşınız silebilir tek bir sözcüğü

O halde neden gözyaşımızı boşuna harcayalım? Elbette bizler de kusurlar işlemiş, hatalar yapmışızdır. Ama kim yapmıyor ki? Napolyon bile yaptığı önemli savaşların üçte birini kaybetmedi mi? Kim bilir, bizim hatalarımızın ortalaması da Napolyon'un hatalarından fazla değildir belki de.

Uzun sözün kısası, hiçbir güç geçmişi geri getiremez. O halde altıncı kuralı unutmayalım:

Talaşları doğramaya çalışmayalım.

ÜÇÜNCÜ BÖLÜMÜN ÖZETİ

ÜZÜNTÜ SİZİ YENMEDEN SİZİN ÜZÜNTÜYÜ YENEBİLMENİZİN YOLLARI

Birinci Kural: Kendinizi sürekli meşgul ederek üzüntüyü zihninizden uzak tutmaya çalışın. Zihninizi kemiren kurtlardan kurtulmanız için uygulamanız gereken en iyi terapi bol bol harekettir.

İkinci Kural: Küçük şeyleri kafanıza takmayın. Hayatın küçük karıncalarının mutluluğunuzu mahvetmesine izin vermeyin.

Üçüncü Kural: Üzüntülerinizden kurtulmak için ortalamalar yasasından yararlanın. Kendi kendinize şu soruyu sorun: "Bu şeyin gerçekleşme olasılığı nedir?"

Dördüncü Kural: Kaçınılmazla işbirliği yapın. Gücünüzü aşan bir durum söz konusuysa kendinize şunu söyleyin: "Bu böyle, başka türlü olamaz."

Beşinci Kural: Üzüntülerinize dur deyin. Bir şeyin ne kadar endişeye değeceğine karar verin ve bundan fazla endişelenmeyin.

DÖRDÜNCÜ BÖLÜM

HUZURLU VE MUTLU OLMANIZI SAĞLAYACAK ZİHİNSEL BİR TUTUM GELİŞTİRMENİN YEDİ YOLU

12

HAYATINIZI DEĞİŞTİREBİLECEK BİRKAÇ SÖZCÜK

Birkaç yıl önce, bir radyo programında, şu soruyu cevaplamam istenmişti: "Hayatınız boyunca aldığınız en önemli ders nedir?"

Bu soruya kolaylıkla yanıt verebilirdim, çünkü hayatım boyunca aldığım en önemli ders, düşündüğümüz şeylerin ne kadar önemli olduğunu göstermişti bana. Ne düşündüğünüzü bilebilseydim, kim ve nasıl biri olduğunuzu anlayabilirdim. Bizi biz yapan şey düşüncelerimizdir. Zihinsel tutumumuz kaderimizi belirleyen en önemli faktördür. Emerson, "İnsanın özünü bütün gün düşündüğü şeyler belirler," demiştir. Başka türlü olabilir miydi zaten?

Kesin olarak bildiğim bir şey var; hepimizin uğraşması gereken en önemli sorun, hatta tek sorun, doğru düşünceleri seçebilmektir. Eğer bunu yapabilirsek, bütün problemlerimizi kolaylıkla çözebiliriz. Roma İmparatorluğu'nu yöneten ünlü filozof Marcus Aurelius, bunu dört sözcükle özetlemişti: "Yaşamı oluşturan şey düşüncelerdir."

Evet; mutlu şeyler düşünürsek mutlu, üzücü şeyler düşünürsek üzgün oluruz. Korkutucu şeyler düşünürsek korkarız. Hastalıkla ilgili şeyler düşünürsek hasta oluruz. Başarısız olacağımızı düşünürsek başarısızlığa uğrarız. Kendi kendimize acımaya başlarsak herkes bizden uzaklaşır. Norman Vincent Peale şöyle demiştir: "Siz, olduğunuzu düşündüğünüz kişi değilsiniz. Siz, ne düşünüyorsanız osunuz."

Sorunlara karşı Pollyannacı bir tavır mı takınıyorum sizce? Hayır, ne yazık ki hayat bu kadar basit değil. Ama ben olaylara karşı olumsuz değil, olumlu bir tavır takınmamız gerektiğini savunuyorum. Başka bir deyişle şunu söylemek istiyorum; sorunlarımızla ilgilenmeliyiz ancak bunlar için üzülüp endişelenmekten kaçınmalıyız. İlgi ve endişe arasındaki fark nedir? Açıklamaya çalışayım. Ne zaman New York'un yoğun trafiğine takılıp kalsam yaptığım şeyle ilgilenirim, ancak bu yüzden endişelenip kendimi üzmem. Sorunlarla ilgilenmek, sorunun ne olduğunu daha iyi anlamaya çalışmak ve bu sorunla yüzleşmek için sakin adımlar atmaktır. Endişelenmek ise, sinir bozucu bir kısırdöngü içinde dolanıp durmaktan başka bir şey değildir.

Bir insan, tüm sorunlarının farkında olmasına ve bunlarla ilgilenmesine karşın başı havada, omuzları dimdik yürüyebilir. Lowell Thomas'ın bunu yaptığını görmüştüm. Lowell Thomas ile Birinci Dünya Savaşı'nda, Allenby Lawrence kampanyalarında filmlerini sunarken tanışmıştım. O ve asistanları cephedeki savaşın yarım düzine fotoğrafını çektiler.

Bundan da önemlisi T. E. Lawrence'ın Arap Ordusu'nun resimli bir kaydını ve Allenby'ın kutsal toprakları fethinin bir film kaydını oluşturdular. Onun yaptığı konuşmalar ve fotoğraf gösterimleri tüm dünyada ve Londra'da sansasyon yarattı. Londra opera sezonu altı hafta ertelendi. Böylece Thomas, Covent Garden Kraliyet Opera Salonu'nda serüveninin öyküsünü anlatmaya ve filmlerini göstermeye devam edecekti. Londra'daki başarısından sonra başka ülkeleri gezmeye başladı. İki yılını Hindistan ve Afrika'daki yaşamı filme çekmekle geçirdi. Ancak şansı birden tersine döndü; müthiş bir şanssızlık döneminin ardından kendisini Londra'da beş parasız buldu. O günlerde ben de kendisiyle birlikteydim. Birlikte üçüncü sınıf lokantalarda ucuz yemekler yediğimizi hatırlıyorum. Thomas, İskoçyalı ünlü sanatçı James McBey'den borç para almasaydı o kadarını bile yiyemezdik. Hikâyenin özeti şu; Lowell Thomas bütün bu düş kırıklıklarını yaşadığı, borçlarının altında ezildiği günlerde bile sorunlarının bilincindeydi, ama bunlar için endişelenmiyor, kendisini üzmüyordu. Eğer bunların kendisini yenmesine izin verirse, herkesin gözündeki değerini yitireceğini biliyordu. Bu yüzden her sabah kalktığında bir çiçek satın alıyor, bunu yakasına yerleştiriyor ve başı havada, omuzları dimdik, Oxford Caddesi'nde yürüyordu. Sürekli olumlu, cesaret verici şeyler düşünüyor, yenilginin onu yenmesine izin vermiyordu. Ona göre yenilmek de oyunun bir parçasıydı ve zirveye ulaşmak isteyen herkesin yaşaması gereken bir deneyim ve alması gereken bir dersti.

Zihinsel tutumumuzun fiziksel gücümüz üzerinde de büyük bir etkisi vardır. Ünlü İngiliz Psikiyatr J. A. Hadfield The Psychology of Power (Gücün Psikolojisi) adlı elli dört sayfalık kitapçığında bu durumu çarpıcı bir örnekle anlatıyor. "Üç kişiden bir dinamometre yardımıyla zihinsel durumlarının, güçleri üzerindeki etkisini ölçmelerini istedim," diyen Hadfield, bu kişilere dinamometreyi sıkıca kavramalarını söyler ve bunu üç ayrı durumda tekrarlamalarını ister.

Normal koşullarda bu kişilerin ortalama kavrama güçleri 101 pound çıkar. Daha sonra Hadfield onları hipnotize eder ve sürekli güçsüz olduklarını tekrarlar. Bu kez kavrama güçleri yalnızca 29 pound görünür. (Bu kişilerden biri ödüllü dövüşçüdür ve hipnotize olmuş bir haldeyken kendisine güçsüz olduğu tekrarlanıp durulduğunda, kolunu bir bebek gibi güçsüz hissettiğini söylemiştir.)

Hadfield son olarak bu kişileri bir kez daha hipnotize eder ve sürekli ne kadar güçlü olduklarını tekrarlar. Bu denemede ise ortalama kavrama gücü 142 pounda çıkmıştır. Yani deneklerin zihinleri güçleri konusunda olumlu düşüncelerle doluyken, gerçek fiziksel güçleri de yüzde elli oranında artmıştır.

İşte zihinsel tutumun etkisi bu kadar büyüktür. Düşüncenin sihirli gücünü örnekleyebilmek için size Amerikan tarihinin en ilginç öykülerinden birini anlatayım. Aslında bu konu hakkında bir kitap bile yazılabilir, ama şimdi bu konuya kısaca değinmek istiyorum. İçsavaşın bitmesinden kısa bir süre sonra, soğuk bir ekim gecesi, evsiz barksız, dünya üzerindeki bir gezginden farksız olan bir kadın, Massachusettes, Amesbury'de yaşayan bir emekli kaptanın karısı olan "Anne" Webster'in kapısını çaldı.

Kapıyı açan "Anne" Webster karşısında, bir deri bir kemik kalmış, ufak tefek bir yaratık buldu. Adı Bayan Glover olan yabancı ona, gece gündüz beynini kemirip duran sorunundan kurtulmak için bir çözüm düşünebileceği bir ev aradığını söyledi.

"Neden burada kalmıyorsunuz?" dedi Bayan Webster. "Bu koca evde yapayalnızım."

"Anne" Webster'ın damadı olan Bill Ellis bir gezi için New York'tan gelmeseydi, Bayan Glover sonsuza dek orada kalabilirdi. Ama Bill Bayan Glover'ı görünce "Ben burada serseriler istemiyorum!" dedi ve kadıncağızı kovdu. Dışarıda şiddetli bir yağmur yağıyordu. Bayan Glover, yağmurun altında birkaç dakika bekledikten sonra yürümeye ve kendine sığınacak bir yer aramaya başladı.

İşte öykünün çarpıcı yanı; Bill Ellis'in evden kovduğu bu "serseri", dünyayı o güne kadar hiçbir kadının etkileyemediği kadar etkileyecekti. O kadın Hıristiyan Bilimi mezhebinin kurucusu Mary Baker Eddy idi.

Ancak o güne kadar hayatta hastalık, üzüntü ve acıdan başka bir şey yaşamamıştı. İlk kocası, evlenmelerinden kısa bir süre sonra ölmüştü. İkinci kocası ise onu terk edip evli bir kadınla birlikte olmaya başlamış, sonra da fakirlik içinde ölmüştü. Bu arada bir oğlu olmuştu; onu da fakirlik, hastalık ve kıskançlık yüzünden evlatlık vermek zorunda kalmıştı. Sonra da onun izini kaybetmiş ve otuz bir yıl boyunca oğlunun yüzünü görememişti.

Kendisi de hastalıklı bir kadın olduğu için, Bayan Eddy, yıllarca "zihinsel tedavi bilimi" ile ilgilendi. Ama hayatının dönüm noktasını Lynn'de yaşadı. Soğuk bir kış günü yürürken buzlu kaldırımda ayağı kaydı, düştü ve bayıldı. Omurgası zarar gördüğünden, sinir kasılması spazmları geçiriyordu. Doktorlar bile onun öleceğini düşünüyorlardı. Onlara göre bir mucize olup yaşasa bile bir daha yürüyemeyecekti.

Bayan Eddy ölüm döşeğinde yatarken İncil'i açtı, Aziz Matthew'un şu sözlerini okumaya, başladı ve kendi deyimiyle "yönlendirildi". Ona ölüm döşeğinde bir adam getirdiler. İsa hasta adama dedi ki 'Oğlum, ruhun sağlığa kavuşsun. Günahların affedilsin. Kalk ve evine git.'"

Yine Bayan Eddy'nin söylediğine göre, İsa'nın bu sözleri ona kuvvet, inanç ve iyileşme gücü verdi ve Bayan Eddy kısa sürede yataktan kalkıp yürüdü.

"Bu deneyim," diyordu Bayan Eddy, "kendimi iyi hissetmem ve başkalarının da kendini iyi hissetmesini sağlamam gerektiğini keşfedebilmem için başıma düşen bir elmaydı sanki. İşte ondan sonra her şeyin nedeninin zihin olduğunu ve her etkinin zihinsel bir olgu olduğunu anladım."

Mary Baker Eddy, böylece yepyeni bir mezhebin, bir kadın

tarafından kurulan tek mezhebin, tüm dünyayı saran Hıristiyan Bilimi'nin kurucusu ve savunucusu oldu.

Şimdi şunu söyleyebilirsiniz; Carnegie, Hıristiyan Bilimi'ni mi yaymaya çalışıyor? Hayır, yanılıyorsunuz. Ben bir Hıristiyan âlimi değilim. Fakat yaşadıkça, düşüncenin erişilmez gücüne daha da fazla inanıyorum. Yetişkinlere ders vererek geçirdiğim yıllarda, erkeklerin de kadınların da düşüncelerini değiştirmek yoluyla üzüntülerinden, korkularından, çeşitli hastalıklarından kurtulduklarını ve yaşamlarını bütünüyle değiştirdiklerini gördüm. Biliyorum! Biliyorum! Biliyorum!!! Bu değişimin defalarca tekrarlandığına tanık oldum. Bunları öyle sık gördüm ki artık hiç kuşkum kalmadı.

Örneğin, düşüncenin gücünü gösteren bu değişimlerden birini öğrencilerimden biri yaşadı. Bu öğrencimin sinirleri son derece bozuktu. Bunun nedeni de endişe ve üzüntüden başka bir şey değildi. Kendisi bana şunları anlatmıştı: "Her şeye üzülüyordum; zayıf olduğum için üzülüyordum, evlenmek için yeterince para biriktiremeyeceğimi düşünüp endişeleniyordum, iyi bir baba olamayacağımı düşünüp üzülüyordum, evleneceğim kızı kaybetmekten korkuyordum, iyi bir hayat sürmediğimi düşünüp üzülüyordum. İnsanlar üzerinde bıraktığım izlenim beni üzüyordu. Ülserimin olduğunu düşünüyor ve üzülüyordum. Daha fazla çalışamadım ve işten ayrıldım. Öyle gerilmiştim ki her an patlamaya hazır bir bomba gibiydim. Yaşadığım baskıya dayanamıyordum ve sonunda olanlar oldu. Eğer şimdiye dek böyle bir sinir bozukluğu yaşamadıysanız, bundan sonra da yaşamamak için Tanrı'ya dua edin; çünkü hiçbir fiziksel hastalık zihinsel hastalıkların verdiği acıyı vermiyor.

"Sinirlerim öyle bozuktu ki ailemle bile konuşamıyordum. Düşüncelerimi kontrol edemiyordum. İçim korkuyla doluydu.

En küçük gürültüde sıçrıyordum. Herkesten uzak duruyordum. Hiçbir neden yokken ağlamaya başlıyordum.

"Benim için her gün yeni bir işkenceydi. Herkesin, Tanrı'nın bile beni unuttuğunu düşünüyordum. Hatta zaman zaman bir nehre atlayıp her şeye bir son vermeyi bile düşündüğüm oluyordu.

"Bunun yerine Florida'ya gitmeye karar verdim; bu benim için bir değişiklik olabilirdi. Trene bineceğim sırada babam bana bir mektup uzattı ve bunu Florida'ya varmadan okumamamı istedi. Florida'ya tam tatil mevsiminde gittiğimden, otellerde yer bulamadım ve bir pansiyonda oda kiraladım. Miami dışındaki bir yükleme şirketinde işe girmek istedim, ama olmadı. Ben de zamanımı kumsalda geçirdim. Florida'da kendimi evdekinden de kötü hissettim. Babamın verdiği zarfı açtım. Babam şunları yazmıştı: 'Oğlum, şu anda evden 1500 mil uzaktasın. Hissettiklerinde pek bir değişiklik olmadı, değil mi? Böyle olacağını biliyordum. Çünkü sen sıkıntılarına neden olan temel şeyi de beraberinde götürdün; kendini! Senin bedeninle ya da zihninle bir sorunun yok. Seni sıkıntıya sokan şey olaylar değil, senin bu olaylara bakış açın. Bir insan nasıl hissediyor ve ne düşünüyorsa odur. Bunu sen de anladığında hemen eve dön oğlum, çünkü o zaman iyileşmiş olacaksın.

"Babamın mektubu beni kızdırmıştı; ben şefkat bekliyordum, öğüt değil. Öyle öfkelenmiştim ki bir daha asla eve dönmemeye karar verdim. O gece Miami caddelerinde dolaştım durdum ve bir kiliseye geldim. Gidecek başka yerim olmadığından içeri girdim. 'Ruhunu keşfeden kişi, bir şehri fetheden kişiden daha güçlüdür,' konulu vaazı dinlemeye başladım. Tanrı'nın kutsal evinde oturup babamın söyledikleriyle aynı anlama gelen şeyleri dinlerken beynimin bütün kötü düşüncelerden uzaklaştığını fark ettim. Hayatımda ilk kez açık ve mantıklı bir biçimde düşünebiliyordum. Birden o zamana dek ne kadar aptalca davranmış olduğumu anladım. Kendimi gerçek ışığın altında görmek beni hayrete düşürdü; o zamana dek hep tüm dünyayı ve tüm insanları değiştirmeye çalışmıştım. Oysa yapmam gereken şey zihnimdeki kameranın merceğini değiştirmekti.

"Ertesi sabah eşyalarımı topladım ve eve gitmek üzere yola koyuldum. Bir hafta sonra işime geri dönmüştüm. Altı ay sonra da kaybetmekten korktuğum kızla evlendim. Şimdi beş çocuğumuzla birlikte mutlu bir yaşam sürüyoruz. Tanrı bana hem maddi hem de manevi açıdan çok yardımcı oldu. Sinirsel bunalım yaşadığım günlerde, on sekiz kişinin çalıştığı küçük bir departmanda ustabaşı idim. Şimdi bir karton fabrikasında yöneticiyim ve dört yüz elli kişiden sorumluyum. Hayat artık benim için çok daha anlamlı ve güzel. Şimdi hayatın gerçek değerinin farkına vardığıma inanıyorum. Elbette herkes gibi benim de hayatımda zor anlar oluyor. Böyle durumlarda kameramın odağını değiştiriyorum ve her şey düzeliyor.

"Bu sinirsel bunalımı yaşamış olduğum için memnun olduğumu rahatlıkla söyleyebilirim; çünkü böylece, zor yollarla da olsa, düşüncelerimizin zihnimizi ve bedenimizi etkileme gücünü keşfettim. Artık düşüncelerimin benim aleyhime değil, lehime işlemesini sağlayabiliyorum. Şimdi babamın, beni sıkıntıya sokan şeyin olaylar değil benim bu olaylara bakış açım olduğunu söylerken son derece haklı olduğunu düşünüyorum. Bunu keşfettiğim anda iyileştim; o günden beri de kendimi çok iyi hissediyorum." İşte öğrencimin yaşadığı deneyim böyleydi.

Ben zihinsel huzurumuzun ve yaşamdan aldığımız zevkin nerede olduğumuza, neye sahip olduğumuza ve kim olduğumuza değil, zihinsel tutumumuza bağlı olduğuna inanıyorum.

Dış etkenlerin bu durum üzerindeki etkisi oldukça küçüktür. Amerika Birleşik Devletleri'nin Harpers Ferry'deki cephaneliğini basıp köleleri isyana teşvik ettiği için asılan yaşlı John Brown'u ele alalım. Brown, tabutunun üzerinde oturarak darağacına götürülmüştü. Cellat son derece gergin ve üzgündü. John Brown ise sakin görünüyordu. Virginia'daki Blue Ridge Dağları'na baktı ve "Ne güzel bir ülke burası! Daha önce buraya hiç bu gözle bakmamıştım!" dedi.

Bir de Güney Kutbu'na ilk ayak basan İngilizler olan Robert Falcon Scott ve arkadaşlarının durumuna bakalım. Onların dönüş yolculuğu belki de insanoğlunun yaptığı en acımasız yolculuktu. Yemekleri ve yakacakları bitmişti. On bir gün on bir gece süren kar fırtınası yüzünden yürüyecek halleri kalmamıştı. Rüzgâr öyle şiddetli esiyordu ki buzlar üzerinde çatlaklar meydana geliyordu. Scott ve arkadaşları öleceklerini biliyorlardı. Yanlarına acil durumlar için bir miktar afyon almışlardı. Yüksek dozda afyon alırlarsa, güzel düşler görerek rahat bir biçimde ölebilirlerdi. Ama onlar afyon almak istemediler ve "neşeli şarkılar söyleyerek" ölmeyi tercih ettiler. Bütün bunları, sekiz ay sonra bir araştırma ekibinin onların donmuş vücutlarının yanında bulduğu bir veda mektubundan öğrendik.

Evet, eğer cesur ve soğukkanlı düşüncelere sahip olmayı başarabilirsek, tabutumuzun üzerinde oturup darağacına giderken bile manzaranın tadını çıkarabiliriz ya da açlıktan veya donarak ölmek üzereyken neşeli şarkılar söyleyebiliriz.

Milton da karanlık dünyasında aynı gerçeği üç yüz yıl önce keşfetmişti:

Zihin kendi başına,
Cenneti cehennem, cehennemi de cennet kılabilir.

Napolyon ve Hellen Keller, Milton'ın dile getirdiği bu durumun en güzel iki örneğidir. Bir insanın sahip olmak isteyebileceği her şeye başarıya, güce ve zenginliğe sahip olan Napolyon, Azize Helena'ya "Yaşamımda altı gün bile mutlu olamadım," demişti. Kör, sağır ve dilsiz olan Hellen Keller ise "Hayatı öyle güzel buluyorum ki!" diyerek duygularını dile getirmişti.

Yarım yüzyıllık hayatımın bana öğrettiği en önemli şey şu: "Kendi huzurunuzu ancak kendiniz yaratabilirsiniz."

Emerson'un Self Reliance (Kendine Güvenmek) adlı yapıtının son sözlerini tekrarlamak istiyorum: "Politik bir zafer, kiraların yükselmesi, hastalığınızın iyileşmesi, uzun süredir görmediğiniz bir arkadaşınızın geri dönmesi ya da başka olaylar kendinizi iyi hissetmenizi sağlar ve siz güzel günlerin geldiğini düşünürsünüz. Buna inanmayın. Hiçbir şey böyle olmaz. Kendi huzurunuzu ancak kendiniz yaratabilirsiniz."

Ünlü Stoacı filozof Epictetus, yanlış düşünceleri zihinden atmanın vücudu urlar ve apselerden temizlemekten daha önemli olduğunu söylemişti. Epictetus bunu on dokuz yüzyıl önce söylemişti, ama modern tıp da bu düşüncenin doğruluğunu ortaya koydu. Dr. G. Canby Robinson, her gün Johns Hopkins Hastanesi'ne başvuran her beş hastadan dördünün sorununun duygusal gerilim ve stresten kaynaklandığını belirtmektedir. Bu, organik bozuklukların söz konusu olduğu durumlar için geçerlidir. Dr. Robinson'a göre bunun nedeni, hayata uyum sağlama güçlüğü ve sorunlardır.

Ünlü Fransız düşünür Montaigne şu sözleri hayatının temel ilkesi olarak benimsemiştir: "İnsana zarar veren şey olanlar değil, onun bu olanlar hakkında düşündükleridir." Olanlar hakkında ne düşündüğümüz de tamamen bize bağlıdır.

Bunları söylerken ne demek istiyorum? Siz sorunlar altında

ezilirken, sinirleriniz yay gibi gerilmişken, yalnızca istemeniz halinde zihinsel tutumunuzu değiştirebileceğinizi söyleyerek küstahlık mı ediyorum? Belki de öyle, ama evet, tam olarak bunu söylemeye çalışıyorum. Hepsi bu kadar da değil. Bunu nasıl yapacağınızı size göstereceğim. Bunun için biraz çaba harcamanız gerekecek, ama çözüm son derece basit.

Uygulamalı Psikoloji alanında gerçek bir otorite olan William James, bir kez şu gözlemde bulunmuştu: "Hareketlerin duyguları izlediği düşünülür, ama gerçekte hareketler ve duygular birlikte ortaya çıkarlar; istememiz halinde doğrudan kontrol edebileceğimiz hareketlerimizi düzene koyarsak, doğrudan kontrol edemediğimiz duygularımızı da düzene sokmuş oluruz."

Başka bir deyişle William James, duygularımızı değiştirmek için yalnızca istemenin yeterli olmadığını, ama istersek hareketlerimizi değiştirebileceğimizi söylemektedir. Hareketleri değiştirdiğimizde duygularımız da kendiliğinden değişecektir.

"Bu nedenle," demektedir William James, "eğer neşeli değilseniz, neşeli olmaya giden en kestirme yol sanki neşeliymişsiniz gibi davranmanızdır."

Sizce bu basit hile işe yarar mı? Deneyin ve görün. Yüzünüze kocaman, içten bir gülümseme kondurun, omuzlarınızı dikleştirin, derin bir soluk alın ve bir şarkı söylemeye başlayın. Eğer şarkı söyleyemiyorsanız ıslık çalın. Islık da çalamı- yorsanız şarkıyı dudaklarınız kapalı mırıldanın. Çok geçmeden William James'in haklı olduğunu, çok mutlu biriymiş gibi davrandığınızda uzun süre sıkıntılı ve baskı altında kalmanızın fiziksel açıdan mümkün olmadığını göreceksiniz.

Bu, doğanın yaşamımızda mucizeler yaratan basit ve temel gerçeklerinden biridir. Kaliforniya'da, bu sırrı bilmesi halinde yaşamındaki tüm üzüntülerden yirmi dört saat içinde kurtulabilecek bir kadın tanıyorum. Adını vermeyeceğim bu kadın yaşlı ve dul; (bunun üzücü bir şey olduğunu biliyorum) ama o mutlu bir insan gibi mi davranıyor? Hayır, ona kendisini nasıl hissettiğini sorsanız belki de size "Ah, iyiyim!" diyecektir. Halbuki yüzündeki ifade ve sesi "Ah, Tanrım, yaşadığım sıkıntıları bir bilseydiniz!" diyor. Siz mutlu olduğunuz için size de sitem ediyor sanki. Ondan daha da kötü durumda olan yüzlerce kadın var; kocası ona hayatı boyunca rahat yaşamasını sağlayacak kadar para bıraktı. Üstelik evlenmiş olan çocuklarının yanında kalabiliyor. Yine de ben onun gülümsediğini pek az gördüm. Sürekli damatlarının ne kadar cimri ve bencil olduğundan yakınıyor; oysa zaman zaman onların evinde aylarca kaldığı oluyor. Kızlarının ona hediyeler almadığını söyleyerek şikâyet ediyor; ama bu arada kendi paralarını "yaşlılık zamanındaki kötü günler için" saklamayı da ihmal etmiyor. O, hem kendisi hem de zavallı ailesi için tam bir felaket. Peki bu böyle olmak zorunda mı? İşin üzücü tarafı da bu zaten; eğer değişmek isteseydi üzgün, sert, mutsuz bir kadın olmaktan kurtulup onurlu, ailesi tarafından da çok sevilen mutlu bir kadın olabilirdi. Bu değişimi gerçekleştirmek için yapması gereken tek şey ise neşeli olmaya çalışmak ve kendi mutsuzluğuna ve talihsizliğine yanmaktan vazgeçip sevgisini başkalarına vermeye çalışmak.

Indiana, Tell City'den H. J. Englert bugün hâlâ hayatta olmasını bu sırrı keşfetmesine borçlu. Bay Englert on yıl önce kızıl hastalığına yakalanmıştı; iyileştiğini düşündüğü sırada hastalığının bir böbrek hastalığı olan nefrite dönüştüğünü öğrendi. Gitmediği doktor, hatta "üfürükçü" kalmadı ama iyileşemedi.

Kısa bir süre sonra başka komplikasyonlar da ortaya çıktı. Kan basıncı 214 gibi yüksek bir seviyeye çıkmıştı. Kendisine bunun ölümcül olduğu ve kendini buna hazırlaması gerektiği söylendi.

"Eve gittiğimde artık sonumun geldiğini düşündüm," diyor Englert. "Hatalarım için Tanrı'dan af diledim ve korkunç bir ruh haline büründüm. Çevremdeki herkesi mutsuz ediyordum. Eşim ve ailem çok üzgündü, ben de tam bir bunalım yaşıyordum. Bir hafta kendime acıdıktan sonra bir gün kendi kendime, 'Tam bir aptal gibi davranıyorsun. Belki bir yıl daha yaşayacaksın. Neden o zamana kadar hayatın tadını çıkarmıyorsun?' dedim.

"Omuzlarımı dikleştirdim, yüzüme bir gülücük kondurdum ve her şey son derece normalmiş gibi davranmaya başladım. Önceleri kendimi buna zorladığımı kabul ediyorum ama mutlu ve neşeli olmak için çaba harcadım ve bu hem ailem hem de kendim için çok yararlı oldu.

"İlk fark ettiğim şey kendimi iyi hissetmeye başlamam oldu; neredeyse rol yaptığım kadar iyi hissediyordum kendimi! Çabalarımı sürdürdüm. Bugün ise, sonumun geldiğinin söylenmesinden aylar sonra mutluyum, iyiyim ve yaşıyorum; üstelik kan basıncım da düştü! Bir şeyden kesinlikle eminim, eğer ölüm düşüncesine kendimi kaptırıp mücadeleden vazgeçseydim, doktorumun tahmini kesinlikle doğru çıkacaktı. Ama ben vücuduma iyileşmesi için bir şans tanıdım; zihinsel tutumumu değiştirdim."

Size bir soru sorayım: Madem neşeli davranmak, olumlu, sağlıklı ve cesur düşünmek bir insanın hayatını kurtarabiliyor, o halde neden kendimizi olumsuz düşüncelere ve bunalımlara kaptırıyoruz? Neden neşeli olmaya çalışarak mutluluk yaratabilmek varken hem kendimizi hem de çevremizdeki insanları mutsuz ediyoruz?

Yıllar önce bende derin etkiler bırakan bir kitap okumuştum. Man Thinkieth (İnsan Düşündükçe) adlı bu kitabında James Ailen şöyle diyordu:

"Kişi, diğer kişilere ve nesnelere karşı olan bakış açısını değiştirdiğinde onların da kendisine karşı değiştiğini görecektir. Düşüncelerini baştan aşağı değiştiren bir insanı ele alalım. Bu hızlı değişimin yaşamındaki etkisini görmek onu hayrete düşürecektir. Geleceğimizi şekillendiren güç içimizdedir, bu güç kendimizden başka bir şey değildir. Kişi ne düşünürse onu elde eder. Ancak düşüncelerini geliştirebilir veya keşfedebilirse başarılı olabilir. Bunu yapmadığı takdirde güçsüz ve mutsuz olmaya mahkûmdur."

Yaratılış kitabına göre, Tanrı insana tüm dünyaya hükmedebilme gücü vermiştir. Bu büyük bir armağandır. Ancak ben böylesine büyük ayrıcalıklarla ilgilenmiyorum. Ben kendime hükmedebilmek istiyorum; kendi düşüncelerime, kendi korkularıma, kendi zihnime ve kendi duygularıma. Hareketlerimi, dolayısıyla da tepkilerimi kontrol ederek bu hükmetme hakkını elde edebileceğimi de biliyorum.

William James'in sözlerini hatırlayalım. "Acı veya zorluk çeken kişi kendi iç tutumunu değiştirir, korkularından vazgeçip mücadele etmeye başlarsa her kötülüğü iyiliğe dönüştürebilir."

O halde gelin mutluluğumuz için mücadele edelim!

Neşeli ve yapıcı düşüncelere sahip olabilmek, günlük bir program geliştirerek mutluluğu yakalayabilmek için mücadele edelim. Aşağıda size örnek bir program sunuluyor. Bunun adı "Yalnızca Bugün İçin"dir. Ben Sibyl F. Partridge tarafından yazılan ve son derece yararlı bulduğum bu programın yüzlerce kopyasını dağıttım. Bunu uyguladığınızda üzüntülerinizin pek çoğundan kurtulduğunuzu göreceksiniz.

YALNIZCA BUGÜN İÇİN

1. Yalnızca bugün için mutlu olacağım. Bu, Abraham Lincoln'ün sözlerinin doğru olduğunu gösteriyor: "İnsanlar, olmak istedikleri kadar mutlu olurlar." Mutluluk insanın içindedir; dış etkenler tarafından belirlenmez.
2. Yalnızca bugün için her şeyi kendi isteklerime uydurmaya çalışmayacak, ben olanlara uymaya çalışacağım. Ailemi, işimi, talihimi oldukları gibi kabul edeceğim ve bunlara uyum sağlamaya çalışacağım.
3. Yalnızca bugün için vücuduma iyi bakacağım. Egzersiz yapacağım. Vücuduma dikkat edeceğim, onu besleyecek ve önemseyeceğim. Böylece onun isteklerime karşılık verebilecek kusursuz bir makine olmasını sağlayacağım.
4. Yalnızca bugün için zihnimi güçlendireceğim. Yararlı bir şey öğreneceğim. Zihnimi boş tutmayacağım. İlgi, çaba, düşünce ve konsantrasyon gerektiren bir şey okuyacağım.
5. Yalnızca bugün için ruhuma üç alıştırma yaptıracağım. Birine iyilik yapacağım ve bunu kimseye söylemeyeceğim. William James'in söylediği gibi, yalnızca ruhuma alıştırma yaptırmak için, yapmak istemediğim en az iki şey yapacağım.
6. Yalnızca bugün için hoş biri olacağım. Olabildiğince iyi görüneceğim, güzel giyineceğim, alçak sesle konuşacağım, kibar davranacağım, bol bol övgü yağdıracağım, pek fazla eleştiri yapmayacağım, her şeyde bir kusur bulmayacağım, insanları düzeltmeye ya da yönlendirmeye çalışmayacağım.

7. Yalnızca bugün için yalnızca bugünü yaşayacağım. Hayatın sorunlarını bir bütün olarak ele almayacağım.
8. Yalnızca bugün için bir program yapacağım. Her saat için yapmayı düşündüğüm şeyleri yazacağım. Bunu tam olarak uygulayamayabilirim, ama yine de bir program yapacağım. Bu iki şeyi ortadan kaldıracak; aceleyi ve kararsızlığı.
9. Yalnızca bugün için kendime sessizce geçirebileceğim bir yarım saat ayıracağım ve bu süre içerisinde rahatlamaya çalışacağım. Bu yarım saat içinde bazen Tanrı'yı düşüneceğim ve hayatla ilgili yeni bir bakış açısı geliştirmeye çalışacağım.
10. Yalnızca bugün için korkmayacağım; özellikle mutlu olmaktan, güzel şeylerin tadını çıkarmaktan, sevmekten, sevdiğime ve sevildiğime inanmaktan korkmayacağım.

Eğer huzurlu ve mutlu olmanızı sağlayacak zihinsel bir tutum geliştirmek istiyorsanız işte birinci kural:

Neşeli şeyler düşünmeye ve neşeli davranmaya çalışın; bunu yaptığınızda neşelendiğinizi göreceksiniz.

13

KİN TUTMANIN YÜKSEK BEDELİ

Yıllar önce bir gece, Yellowstone Parkı'nı gezerken, ben de diğer turistlerle birlikte çam ve ladin ağaçlarının karşısına oturdum. Çok geçmeden görmek için beklediğimiz hayvan, ormanın korku saçan boz ayısı göründü ve park otellerinden birinin oraya bırakılan çöplerini yalayıp yuttu. Orman korucusu Binbaşı Martindale, heyecanlanan turistlere ayılar hakkında bilgi verdi. Boz ayının, buffalo ve Kodiak ayısı hariç, ormandaki tüm hayvanları yiyebileceğini söyledi. Ancak o gece boz ayı, bir tek hayvanın orada yemek yemesine izin vermişti; bir kokarcanın. Oysa ayı, kokarcayı bir vuruşta öldürebileceğini biliyordu. Peki bunu neden yapmamıştı? Çünkü o zamana kadar yaşadığı deneyimlerden bunun hiçbir işine yaramayacağını öğrenmişti.

Bunu ben de biliyordum. Çiftlikte yaşadığım çocukluk dönemlerimde dört ayaklı kokarcalar yakalardım. Büyüdükten sonra da New York sokaklarında, iki ayaklı kokarcalarla karşılaştım ve her iki tür kokarcayla uğraşmanın da bir işe yaramadığını anladım.

Düşmanlarımızdan nefret ettiğimizde, onlara bize hükmetme gücünü vermiş oluruz; bu düşmanlar uykumuza hükmederler, iştahımıza, kan basıncımıza, sağlığımıza, mutluluğumuza hükmederler. Bizi ne kadar üzdüklerini, nasıl yaraladıklarını ve bizden nasıl intikam aldıklarını bilseler, sevinçten deliye dönerlerdi herhalde! Nefretimiz düşmanlarımıza zarar vermez ve bizim günlerimizi ve gecelerimizi mahvetmekten başka bir işe yaramaz.

Sizce şu sözleri kim söylemiş olabilir? "Bencil insanlar sizden yararlanmaya kalktığında onları defterinizden silin, ama asla onlara karşı kin beslemeyin. Kin duymaya başladığınızda karşınızdaki kişiye değil, kendinize zarar verirsiniz." Bu sözleri bir idealistin söylediğini düşünebilirsiniz, ama gerçek öyle değil. Bunlar, Milwaukee Emniyet Müdürlüğü tarafından yayımlanan bir bültende yer alan sözlerdir.

Kin tutmak ve öç almaya çalışmak size nasıl mı zarar verir? Birçok şekilde olabilir bu. Hatta Life dergisinin söylediğine göre, sağlığınızı bile bozabilir. Bu dergide "Yüksek tansiyonu olan kişilerin temel kişilik özelliği alınganlıktır," denmektedir. "Bu kişilerin bu alınganlığı kronikleştiğinde, kronik yüksek tansiyon ve kalp sorunları ortaya çıkar."

O halde İsa "Düşmanlarınızı sevin! " derken yalnızca bir ahlak dersi vermeye çalışmıyordu. Bunun yanında yirminci yüzyılın en önemli reçetesini de sunuyordu. İsa "Yetmiş çarpı yedi kez affedin!" derken bir yandan da bize yüksek tansiyondan, kalp sorunlarından, ülserden ve diğer birçok hastalıktan nasıl uzak durabileceğimizi anlatıyordu.

Bir arkadaşım geçenlerde ciddi bir kalp krizi geçirdi. Doktoru ona bir süre yatakta dinlenmesini, hiçbir şeye sinirlenmemesini ve hiçbir şeyi kafasına takmamasını öğütledi. Doktorlar, kalbin zayıf düşmesi halinde en küçük bir öfkenin kişiyi öldürebileceğini biliyorlar ve küçük bir öfke birkaç yıl önce, Washington Spokane'de bir lokanta sahibini öldürdü. Önümde, Spokane Emniyet Müdürü Jerry Swartout tarafından yazılan bir mektup var. Mektupta şunlar söyleniyor: "Birkaç yıl önce, Spokane'de bir lokanta sahibi olan altmış sekiz yaşındaki William Falkaber, aşçısı kahveyi tabaktan içtiği için öfkelenerek öldü. Falkaber öyle sinirlenmişti ki eline bir silah alıp aşçıyı kovalamaya başladı ve kalp krizi geçirdi. Öldüğünde eli hâlâ tetikteydi. Adli tıp uzmanının raporuna göre, kalp krizine neden olan şey öfkeydi."

İsa, "Düşmanlarınızı sevin!" derken dış görünümümüzü nasıl koruyabileceğimizi de söylüyor. Hepimiz nefret ve alınganlık yüzünden yüzleri kırışıp sertleşmiş olan insanlar tanıyoruz. Hiçbir kozmetik ürünü insanlara, hoşgörü, anlayış ve sevgi dolu bir kalbin sağlayacağı güzelliğin yarısını sağlayamaz aslında.

Duyduğumuz nefret, yediğimiz yemeğin tadını çıkarmamızı bile engeller. İncil'de bu şöyle ifade edilmektedir: "Sevginin olduğu yerde ot yemek, nefretin olduğu yerde et yemekten daha iyidir."

Düşmanlarımız onlara karşı duyduğumuz nefretin bizi yıprattığını, yorduğunu, sinirlendirdiğini, dış görünüşümüzü bile etkilediğini, kalbimizde sorunlara yol açtığını, ömrümüzü kısalttığını bilselerdi mutlu olmazlar mıydı?

Düşmanlarımızı sevemeyebiliriz belki, ama en azından kendimizi sevelim. Kendimizi, düşmanlarımızın mutluluğumuzu ve sağlığımızı etkilemesine, görünüşümüzü bozmasına izin vermeyecek kadar çok sevelim. Shakespeare diyor ki; "Sobayı düşmanlarınız için fazla ısıtırsanız yanan siz olursunuz."

İsa, "Düşmanlarınızı yetmiş çarpı yedi kez affedin!" derken, aslında bizleri başarılı bir iş hayatına da yöneltiyordu. Örneğin şu anda önümde İsveç, Upsala'dan George Rona'nın gönderdiği bir mektup duruyor. George Rona, yıllarca Avusturya'da savcılık yapmış, ancak İkinci Dünya Savaşı sırasında İsveç'e yerleşmişti. Beş parasızdı ve bir işe şiddetle ihtiyacı vardı. Birkaç yabancı dili yazıp konuşabildiğinden bir ithalat ihracat firmasında dış ilişkiler sorumlusu olarak çalışabileceğini düşünüyordu.

Başvurduğu firmalar savaş nedeniyle böyle bir hizmete ihtiyaç duymadıklarını, ancak adını dosyalarında tutup gerektiğinde kendisini arayacaklarını söylediler. Yalnız bir kişi George'a yazdığı mektupta şunları söylüyordu: "İşim hakkında düşündüğünüz şeyler doğru değil. Siz hem yanlış düşünüyorsunuz hem de aptalsınız. Benim bir dış ilişkiler sorumlusuna ihtiyacım yok. Olsa bile sizi çalıştırmazdım, çünkü İsveççe bile doğru dürüst yazamıyorsunuz. Mektubunuz yazım yanlışlarıyla dolu."

George Rona bu mektubu okuduğunda kelimenin tam anlamıyla çıldırdı. Bu İsveçli, onun doğru dürüst İsveççe bilmediğini söylerken ne demek istiyordu? İsveçlinin kendi mektubu da hatalarla doluydu. George Rona, bu adamı yerden yere vuracak bir mektup yazmaya karar verdi ama sonra durdu: "Bir dakika bekle!" dedi kendi kendine. "Bu adamın haklı olmadığını nereden biliyorum? Evet, ben İsveççe dersleri aldım. Ama bu benim anadilim değil ve farkında olmadan yanlışlar yapmam çok normal. Eğer yanlışlar yapıyorsam daha çok çalışmalıyım, bir iş bulabilmem için bu gerekli. Bu adam istemese de bana bir iyilik yaptı. Söylemek istediklerini ifade ediş biçiminin pek hoş olmaması benim ona borçlu olduğum gerçeğini değiştirmez. Bu yüzden ona bir mektup yazacağım ve teşekkür edeceğim."

Böylece George Rona, yazmış olduğu öfke dolu mektubu yırttı ve şunları yazdı: "Bir dış ilişkiler sorumlusuna ihtiyacınız olmadığı halde bana yazma lütfunda bulunarak büyük bir kibarlık gösterdiniz. Firmanız hakkında yanılmış olduğum için özür dilerim. Yaptığım araştırma sırasında bana kendi alanınızda lider firma olduğunuz söylendiği için size yazmıştım. Mektubumda dilbilgisi hataları yaptığımın farkında değildim. Çok üzüldüm ve utandım. Bundan sonra İsveççeye daha fazla zaman ayıracağım ve hatalarımı düzelteceğim. Beni buna teşvik ettiğiniz ve kendimi geliştirmeme yardımcı olduğunuz için size çok teşekkür ederim."

Birkaç gün sonra, George aynı kişiden gidip kendiyle görüşmesini isteyen bir mektup aldı. Rona görüşmeye gitti ve işe alındı. Böylece Rona, "tatlı dilin yılanı bile deliğinden çıkaracağını" bir kez daha görmüş oldu.

Hepimiz düşmanlarımızı sevebilecek kadar yüce bir ruha sahip olmayabiliriz, ancak kendi sağlığımız ve mutluluğumuz için en azından onları affetmeye ve yaptıklarını unutmaya çalışmalıyız. Bu yapılabilecek en akıllıca şeydir. Konfüçyüs "Siz bunu hatırlamadığınız sürece aldatılmanın ya da soyulmanın hiçbir önemi yoktur," demiştir. Bir kez, General Eisenhower'ın oğlu John'a babasının kimseye kırgın olup olmadığını sorduğumda şu cevabı almıştım: "Babam bir dakikasını bile hoşlanmadığı insanları düşünerek ziyan etmez."

Eski bir atasözü, öfkelenen kişinin aptal, öfkelenmeyen kişinin ise akıllı olduğunu söyler.

Bu söz, New York Eski Belediye Başkanı William J. Gaynor'ın da temel prensibi olmuştur. Basın tarafından sert bir biçimde eleştirilen Gaynor, bir manyak tarafından vurulmuş ve ölümden kıl payı kurtulmuştu. Hastanede ölümle pençeleşirken Gaynor şunları söylemişti: "Her gece, herkesi ve her şeyi affediyorum." Bu çok mu idealist bir düşünce? Fazla iyimserlik ve her şeyi fazla hafife alma mı? Eğer öyleyse, gelin Studies in Pessimism'in (Karamsarlık Üzerine Çalışmalar) yazarı ünlü Alman filozof Schopenhauer'in görüşlerine kulak verelim. Schopenhauer hayatı yararsız ve acı dolu bir serüven olarak görüyordu. Yürüyüşünden bile onun ne kadar sıkıntılı olduğu anlaşılabiliyordu. Ancak o yine de, ümitsizliğin derinliklerinden şöyle bağırıyordu: "Eğer yapabiliyorsanız, herkesi affedin!"

Tam altı devlet başkanına; Wilson, Harding, Coolidge, Hoover, Roosevelt ve Truman'a danışmanlık yapan Bernard Baruch'a, düşmanlarının saldırılarının kendisini rahatsız edip etmediğini sorduğumda bana şu yanıtı vermişti: "Kimse beni aşağılayamaz ve rahatsız edemez. Buna asla izin vermem."

Evet, biz izin vermediğimiz sürece kimse bizi aşağılayamaz ve rahatsız edemez.

Taşlar ve sopalar kemiklerimi kırabilir.
Ama sözcükler beni incitemez.

Çağlar boyu, insanoğlu mumlarını düşmanlarına bile zarar vermek istemeyen "peygamber ruhlu" insanların önünde yaktı. Kanada'daki Jasper Ulusal Parkı'nda durur, dünyanın en güzel dağlarından birini seyrederdim. Bu dağa Edith Cavell'in adı verilmişti. Edith Cavell, 12 Ekim 1915'te, Alman idam mangasının önünde dimdik ayak durarak bir azize gibi ölen İngiliz hemşireydi. Peki suçu neydi? Belçika'daki evinde yaralı Fransız ve İngiliz askerlerini saklamış, onlara bakmış ve yemek vermişti. Sonra da Hollanda'ya kaçmalarına yardım etmiştir. O ekim sabahı, İngiliz rahip Edith'i ölüme hazırlamak için onun Brüksel Askeri Hapishanesi'ndeki hücresine girdiğinde, Edith daha sonra anıtlara yazılan şu iki cümleyi söylemişti: "Görüyorum ki vatanseverlik yeterli olmuyor. İnsanlara karşı kin ve nefret duymamayı da bilmem gerekiyor." Dört yıl sonra Edith'in naaşı İngiltere'ye götürüldü ve Westminister Manastırı'nda onun için anma törenleri düzenlendi. Ben de İngiltere'de geçirdiğim bir yıl içinde Edith Cavell'in Ulusal Portre Galerisi'ndeki heykelinin önünde durdum ve bu ölümsüz sözleri okudum:

"Vatanseverlik yeterli olmuyor. İnsanlara karşı kin ve nefret duymamayı da bilmem gerekiyor."

Düşmanlarımızı unutmanın ve affetmenin bir yolu da önümüze kendimizden daha büyük amaçlar koymamızdır. Böyle bir durumda amacımız bizim için her şeyden daha değerli olacağından hakaretleri ve aşağılamaları pek de önemsemeyiz. Örnek olarak, 1918'de Mississippi'deki çam ormanlarında yaşanmak üzere olan üzücü bir olayı, bir linç olayını, ele alalım. Bir öğretmen ve aynı zamanda bir rahip olan zenci Lawrence Jones neredeyse linç ediliyordu. Birkaç yıl önce Lawrence'ın kurduğu Çam Ormanı Okulu'na gittim ve öğrencilere bir konuşma yaptım. Bugün bu okul tüm ülkede tanınıyor, ancak benim anlatacağım olay bundan uzun süre önce, Birinci Dünya Savaşı'nın en ateşli günlerinde gerçekleşti. Mississippi'nin merkezinde, Almanların zencileri ayaklandırdığı ve isyana teşvik ettiği söylentisi yayıldı. Linç edilmek üzere olduğundan söz ettiğim Lawrence da bir zenciydi ve bu ayaklanmayı düzenleyenlere yardım etmekle suçlanıyordu. Kilisenin önünden geçmekte olan bir grup beyaz, Lawrence'ın cemaatine "Hayat, her zencinin silahına sarılıp yaşamak ve başarılı olmak için mücadele etmesi gereken bir savaştır!" diye bağırdığını duymuşlardı.

"Savaş!"

"Silah!"

Bunlar yetip de artmıştı bile. Bu heyecanlı gençler gecenin karanlığında atlarına atladılar, bir çeteden destek alıp kiliseye döndüler. Rahibi bağlayıp yollarda sürüklediler. Sonra da onu bir odun kümesinin üzerine koyup kibritlerini yaktılar. Rahibi aynı zamanda hem asmayı hem de yakmayı düşünüyorlardı. O sırada içlerinden biri bağırdı: "Bırakalım da bu pis zenci ölmeden önce bir kez daha konuşsun! Konuş hadi! Konuş!" Odun kümesinin üzerinde boynunda bir iple beklemekte olan Lawrence, hayatından ve amacından söz etmeye başladı. 1907'de

Iowa Üniversitesi'nden mezun olmuştu. Karakteri, burslu olması ve müzik yeteneği onu tüm fakültede tanınan bir öğrenci yapmıştı. Mezun olduktan sonra, kendisine iş teklif eden bir otel sahibini ve müzik eğitimini finansal açıdan desteklemeyi öneren zengin bir adamı reddetmişti. Neden mi? Çünkü onun bir emeli vardı. Booker T. Washington'ın öyküsünü okuduktan sonra, kendini kendi ırkının yoksul ve cahil bireylerini eğitmeye adamaya karar vermişti. Böylece güneyin en uç noktasına, Mississippi Jackson'ın yirmi beş mil güneyinde bir yere gitmişti. Saatini 1.65 dolara rehin veren Lawrence, ormanda kütüklerin sıra olarak kullanıldığı bir okul açmıştı. Lawrence kendisini linç etmek isteyen, öfkeden gözü dönmüş insanlara o cahil kızları ve oğlanları eğitmek için verdiği mücadeleyi, onları birer çiftçi, tamirci, aşçı ya da ev kadını yapabilmek için ne kadar uğraştığını anlattı. Bu mücadelesinde kendisine yardım eden, onlara kereste, toprak, domuz, sığır ve para veren, eğitim işlerinin sürdürülmesinde de yardımcı olan beyazlardan söz etti.

Lawrence Jones'a kendini bağlayıp yollarda sürükleyen ve yakmak isteyen adamlardan nefret edip etmediği sorulduğunda, kendini tamamıyla amacına, yani kendinden daha büyük bir şeye verdiğinden buna vaktinin olmadığını söyledi. "Tartışacak zamanım yok," dedi. "Pişman olacak zamanım da yok. Hiç kimse beni kendisinden nefret etmemi sağlayacak kadar alçaltamaz."

Lawrence Jones böylesine içten ve dokunaklı konuştukça, kendisi için değil amacı için yalvardıkça, öfkeli adamlar da yumuşamaya başladılar. Sonunda Güneyli bir emekli asker konuşmaya başladı. "Ben bu çocuğun söylediklerine inanıyorum. Sözünü ettiği beyazları tanıyorum. O iyi bir iş yapıyor. Hata yapan biziz. Onu asmak yerine ona yardım etmeliydik." Sonra şapkasını kalabalığın arasında dolaştırmaya başladı ve orada

Çam Ormanı Okulu'nun kurucusunu asmak için toplanmış bulunan adamlardan elli iki dolar para topladı.

Lawrence Jones'un sözlerini bir kez daha hatırlamakta fayda var: "Tartışacak zamanım yok. Pişman olacak zamanım da yok. Hiç kimse beni kendinden nefret etmemi sağlayacak kadar alçaltamaz."

On dokuz yüzyıl önce Epictetus, ne ekersek onu biçeceğimizi ve kaderin hatalarımızın bedelini bize bir gün mutlaka ödeteceğini söylemişti. "Uzun vadede herkes yaptıklarının cezasını çeker," demişti Epictetus. "İnsan bunu bildiği sürece kimseye öfkelenmez, kimseyi kınamaz, kimseyi suçlamaz, kimseye saldırmaz ve kimseden nefret etmez."

Amerikan tarihinin belki de en çok suçlanan, nefret edilen ve kandırılan kişisi Lincoln'dür. Yine de, Herndon'un yazdığı klasik biyografisine göre, Lincoln insanları yargılarken onlardan hoşlanıp hoşlanmamasına dikkat etmezdi. Eğer yapılması gereken bir şey varsa, bir düşmanın da bunu diğerleri kadar iyi yapabileceğini kabul ederdi. Eğer birinin o iş için en uygun kişi olduğunu düşünüyorsa, o kişinin kendisine iftira etmiş ya da kişiliğine saldırmış olmasına bakmaksızın işi ona verirdi. Herndon sözlerini şöyle bitiriyor: "Onun bir insanı düşmanı olduğu ya da ondan hoşlanmadığı için görevinden uzaklaştırdığına inanmıyorum."

Lincoln, önemli görevlere getirdiği McClellan, Seward, Stanton ve Chase gibi kişiler tarafından suçlanmış ve aşağılanmıştı. Yine de Herndon'a göre Lincoln, hiç kimsenin yaptığı bir iş nedeniyle övülüp göklere çıkarılmaması ya da yaptığı veya yapmadığı bir şey yüzünden eleştirilip suçlanmaması gerektiğine inanıyordu. "Çünkü," diyordu Lincoln, "hepimiz koşulların, olayların, çevrenin, eğitimin, alışkanlıkların ve ırksal kalıpların şekillendirdiği çocuklarız, hep de öyle kalacağız."

Belki de Lincoln haklıydı. Düşmanlarımıza kalıtsal olarak geçen fiziksel, zihinsel ve duygusal özellikler bize de geçtiyse ve hayat onlara getirdiği şeyleri bize de getirdiyse biz de tıpkı onlar gibi davranırız. Gelin Siyu Kızılderililerin duasını tekrarlayalım: "Ey Yüce Ruh, ben iki hafta süreyle onun yerine geçmedikçe, beni bir insanı yargılamaktan ve eleştirmekten alıkoy." Bu yüzden, düşmanlarımızdan nefret etmek yerine onlara acıyalım ve bizi onların durumuna sokmadığı için Tanrı'ya şükredelim. Düşmanlarımıza karşı kin duymayalım ve onlardan intikam almaya çalışmayalım. Bunun yerine onlara anlayışlı ve içten davranalım, yardımcı olmaya çalışalım, onları affetme büyüklüğünü gösterelim ve onlar için dua edelim.

Ben, her gece İncil'den bir ayet okunan ve sonra da diz çöküp hep birlikte dua edilen bir ailede büyüdüm. Hâlâ, Missouri'deki çiftlik evimizde, babamın her gece tekrarladığı, insanların idealleri var oldukça herkes tarafından da tekrarlanacak olan İsa'nın şu sözlerini hatırlarım:

Düşmanlarınızı sevin, onlar size küfrederlerse siz onlar için dua edin, sizden nefret edenlere karşı siz iyi davranın, onlar sizi kullandıkça ya da size zorluk çektirdikçe siz onlar için dua etmeye devam edin.

Babam, İsa'nın bu sözlerini hayata geçirmeye çalışırdı; bu da onun herkesin kolay kolay erişemeyeceği bir huzur içinde yaşamasını sağlardı.

Huzurlu ve mutlu yaşamanızı sağlayacak zihinsel bir tutum geliştirebilmek için ikinci kuralı hatırlayın:

Düşmanlarımızdan öç almaya çalışmayalım. Bunu yaparsak onlara değil kendimize zarar vermiş oluruz. Bunun yerine Eisenhower'ın sözlerine kulak verelim; hoşlanmadığımız kişiler hakkında kafa yorarak bir dakikamızı bile harcamayalım.

14

NANKÖRLÜKLERİN SİZİ ÜZMESİNİ ENGELLEYİN

Geçenlerde Teksas'ta, o güne kendisine yapılan nankörlükler yüzünden canı çok yanmış bir işadamı ile karşılaştım. Onunla tanıştıktan sonra, on beş dakika içinde bana bu konuda dert yanacağını anlamıştım. Onu bu kadar üzen olay on bir ay önce gerçekleşmişti, ama o hâlâ kendisini üzmeye devam ediyordu. Bundan başka hiçbir şeyden söz etmiyordu. Konu şuydu; otuz beş çalışanına yeni yıl ikramiyesi olarak toplam on bin dolar vermişti; kişi başına yaklaşık üç yüz dolar düşüyordu. Ancak hiçbiri ona teşekkür etmemişlerdi. "Gerçekten çok üzüldüm," diyordu adam. "Şimdiki aklım olsaydı onlara bir kuruş bile vermezdim."

Konfüçyüs, "Öfkeli bir adam etrafına zehir saçar," diyor. Bu adam da öylesine zehirle doluydu ki ona acıdım.

Adam aşağı yukarı altmış yaşlarındaydı. Sigorta şirketleri, ortalama olarak şu andaki yaşımızla seksen yaş arasındaki farkın üçte ikisi kadar daha yaşayacağımızı söylerler. Demek ki bu adam, eğer şansı da yaver giderse, on dört ya da on beş yıl daha yaşayacaktı. Ancak kalan yıllarını, geçmişte kalan bir olay için üzülüp öfkelenerek harcıyordu. Ona gerçekten acımıştım.

Öfkeye kapılmak ya da kendi kendine acımak yerine kendisine çalışanlarının kendilerine yapılan bu jesti neden takdir etmediğini sorabilirdi. Belki de çalışanlarına düşük ücretler ödüyor ya da onları fazla çalıştırıyordu. Belki de çalışanlar, yılbaşı ikramiyesini bir hediye olarak değil de hak ettikleri bir şey olarak görüyorlardı. Belki de adam öylesine soğuk ve ulaşılmaz biri gibi görünüyordu ki yanına yaklaşıp teşekkür etmeye bile cesaret edememişlerdi. Ya da adamın vergi ödemek yerine kendilerine ikramiye verdiğini düşünüyorlardı.

Diğer yandan çalışanlar, bencil, kaba ya da terbiyesiz kişiler olabilirlerdi. Bu konuda ben de sizin bildiğinizden fazla bir şey bilmiyorum. Ancak Dr. Samuel Johnson'ın söylediği şeyi biliyorum: "Minnet, inceliğin meyvesidir. Kaba insanlarda görülmez."

Söylemek istediğim şu: Bu adam, karşısındakilerden minnet bekleyerek insanca, ama yine de insanı rahatsız eden bir hataya düşmüştü. İnsan doğasını tanımıyordu anlaşılan.

Bir insanın hayatını kurtarsaydınız, onun size minnet duymasını bekler miydiniz? Belki de beklerdiniz. Yargıç olmadan önce ünlü bir avukat olan Samuel Leibowitz ise tam yetmiş sekiz kişiyi elektrikli sandalyeye gitmekten kurtarmıştı! Sizce bu yetmiş sekiz kişiden kaçı durup Avukat Leibowitz'e teşekkür etti ya da daha sonra ona bir noel kartı gönderme inceliğini gösterdi? Kaçı? Tahmin edin bakalım. Evet, doğru bildiniz; hiçbiri!

İsa bir gün on cüzamlıya yardım etti ve sadece biri ona teşekkür etti. İsa havarilerine dönüp diğer dokuz kişinin nerede olduğunu sordu ve hepsinin kaçmış olduğunu öğrendi. Hepsi bir teşekkür bile etmeden ortadan kaybolmuşlardı. Şimdi size bir soru sorayım: Neden ben, siz ya da o işadamı, karşımızdakilere İsa'nın yapmış olduğundan çok daha küçük iyilikler yaptığımız halde, onların bize minnet duymalarını bekliyoruz?

Para konularında bu durum daha da ümitsiz bir hal alıyor. Charles Schwab bana bankasının parasıyla borsada oynayan bir banka memurunu nasıl kurtardığını anlatmıştı. Schwab, bu adamın hapse girmesini engellemek için parayı kendisi ödemişti. Peki memur bu yaptığından dolayı ona minnet duymuş muydu? Evet, bir süre için. Ama sonra kendisini hapse girmekten kurtaran bu adamı suçlamıştı.

Eğer bir akrabanıza bir milyon dolar verseydiniz onun size minnet duymasını bekler miydiniz? Andrew Carnegie bunu yapmıştı. Ama Andrew kısa bir süre sonra mezarından kalkıp gelseydi, bu akrabasının kendisine küfrettiğini görecekti. Çünkü Andrew hayır kurumlarına 365 milyon dolar bırakmış, akrabasını ise 1 milyon dolarla "avutmaya çalışmıştı".

İşte böyle ne yazık ki. İnsan doğası herhalde hiç değişmeyecek. O halde neden onu olduğu gibi kabul etmiyoruz? Neden biz de dünyanın en akıllı insanlarından biri olan, Roma İmparatorluğu'na bile hükmetmiş olan Marcus günlüğüne şunları yazmıştı: "Bugün çok konuşan, bencil, kendisinden başka kimseyi düşünmeyen, teşekkür etmesini bile bilmeyen insanlarla karşılaşacağım. Ama şaşırmayacağım ve bu beni rahatsız etmeyecek; çünkü böyle insanların yaşamadığı bir dünyanın olamayacağını biliyorum."

Mantıklı sözler, değil mi? Eğer hepimiz nankörlükten şikâyet ediyorsak suç kimde? Bu insan doğası mı yoksa biz mi insan doğasını göz ardı ediyoruz? Bir de karşımızdakilerden minnet beklememeyi deneyelim. Böylece hiç beklemediğimiz bir zamanda minnet görürsek çok seviniriz. Görmediğimiz zaman da rahatsız olmayız.

Bu bölümde anlatmak istediklerimi şöyle özetleyebilirim: "İnsanların minnet duymayı ve teşekkür etmeyi unutması doğaldır; bizler böyle bir beklenti içine girersek kalbimiz kırılır."

New York'ta, sürekli yalnız olmaktan şikâyet eden bir kadın tanıyorum. Akrabalarından hiçbiri onunla olmak istemiyor doğal olarak. Çünkü onu ziyaret eden herkese yeğenleri çocukken onlar için neler yaptığını, kızamık, kabakulak ya da soğuk algınlığı geçirirlerken onlara nasıl baktığını, onlar için yıllarca saçını süpürge ettiğini, onları meslek okuluna gönderip evlenene kadar da yanından ayırmadığını anlatıyor.

Yeğenleri onu görmeye geliyorlar mı? Evet; ara sıra, bir görevi yerine getirir gibi geliyorlar. Ancak bu ziyaretler onları ürkütüyor. Saatlerce oturup sitemler, yakınmalar dinlemek zorunda kalacaklarını biliyorlar. Bu kadın yeğenlerini artık kendisini görmeye gelmeye zorlayamadığında nöbetler ve kalp krizi geçiriyor.

Bu kalp krizi gerçek mi? Evet. Doktorlar onun kalbinin zayıf olduğunu ve çarpıntılarının olduğunu söylüyorlar. Ama bu doktorlar aynı zamanda, onun için bir şey yapamayacaklarını, çünkü bu durumun tamamen duygusal nedenlerden kaynaklandığını da sözlerine ekliyorlar.

Bu kadının beklediği tek şey ilgi ve sevgi. Ama o buna "minnet" adını veriyor. Aradığı sevgi ve ilgiyi bulamayacak çünkü o bunu talep ediyor. Bunu hak ettiğini düşünüyor.

Tıpkı onun gibi nankörlükten, yalnızlıktan ve ihmal edilmekten yakınan binlerce insan var. Bu insanlar sevilmek istiyorlar, ancak bunun tek yolunun sevgi talep etmekten vazgeçmek ve karşılık beklemeden sevmeye çalışmak olduğunu bilmiyorlar.

Bu söylediklerim sizce gerçeklikten uzak ve uygulanması olanaksız şeyler mi? Kesinlikle öyle değil. Bunlar tamamen doğru. Mutluluğun yolu bunlardan geçiyor. Bunu biliyorum, çünkü kendi ailemde bunları yaşadım. Annem ve babam başkalarına yardım etmekten büyük zevk alan insanlardı. Biz yoksul bir aileydik; her zaman borcumuz olurdu. Yine de tüm yoksulluğumuza karşın annem ve babam her ay Öksüzler Yurdu'na gönderecek kadar para bulurlardı. Öksüzler Yurdu'nu hiç ziyaret etmemişlerdi; kimse de onlara, yazılan birkaç mektubu saymazsak, yardımları için teşekkür etmemiş, minnet duymamıştı. Ama annem ve babam çocuklara yardım etmekten zevk alıyorlardı ki bunun karşılığını beklemek akıllarına bile gelmiyordu.

Evden ayrıldıktan sonra her Noel'de annem ve babama kendilerine yeni bir şeyler almaları için bir çek gönderdim, ama onlar bunu yapmadılar. Bir yıl, Noel'den birkaç gün önce eve gittiğimde babam bana bu parayla yakacak ve yiyecek aldıklarını ve bunu kasabada yaşayan, çok çocuklu ve fakir bir kadına verdiklerini söyledi. İhtiyacı olan birisine hediye almak ve bu hediyeyi hiçbir karşılık beklemeksizin o kişiye vermek ne büyük bir zevkti onlar için!

Babamın, Aristo'nun ideal insan, ya da mutluluğu en çok hak eden kişi tanımına uyduğuna yürekten inanıyorum. "İdeal insan," diyordu Aristo, "başkalarına iyilik yapmaktan zevk alan insandır."

Bu bölümde anlatmaya çalıştığım ikinci nokta şu:

"Eğer mutlu olmak istiyorsak, minnet ya da nankörlük kavramlarını unutmalı, iyilik yapmanın dayanılmaz zevkine ulaşmaya çalışmalıyız."

Anne-babalar on bin yıldır çocuklarının nankörlükleri yüzünden saçlarını başlarını yolup duruyorlar. Shakespeare'in Kral Lear'ı bile şöyle haykırıyordu: "Nankör bir çocuğa sahip olmak, bir yılanın dişinden daha çok acı verir insana!"

Ama biz çocuklarımıza bunu öğretmezsek çocuklarımızın bize minnet duymasını nasıl bekleyebiliriz ki? Nankörlük doğal bir şeydir; tıpkı yabani otlar gibi. Minnet ise güle benzer, bakılması, sulanması, korunması ve sevilmesi, ilgilenilmesi ve dikkat edilmesi gerekir.

Çocuklarımız minnet duymayı bilmiyorlarsa kimi suçlamamız gerekir? Onlara, başkalarına karşı minnetlerini ifade etmeyi öğretmezsek bize minnet göstermelerini bekleyebilir miyiz?

Chicago'da, üvey çocuklarının nankörlüğünden yakınıp duran bir adam tanıyorum. Bu adam bir kutu fabrikasında köle gibi çalışıyor ve haftada yalnızca kırk dolar kazanıyordu. Bir gün dul bir kadınla evlenmiş, bu kadın onu borç para alıp çocuklarını koleje göndermeye ikna etmişti. Adam kırk dolarlık haftalığıyla yemek, yiyecek, yakacak ve giyecek masraflarını karşılamanın yanı sıra bir de borçlarını ödemek zorundaydı. Dört yıl boyunca böyle çalıştı ve hiç şikâyet etmedi.

Peki bunun karşılığında ona teşekkür ettiler mi? Hayır. Karısı onun bunu yapmaya mecbur olduğunu düşünüyordu; çocukları da öyle. Çocuklar üvey babalarına pek çok şey, en azından bir teşekkür borçlu olduklarının farkında bile değillerdi.

Burada suçlanacak kişi kim? Çocuklar mı? Belki de, ama onlardan daha suçlu olan kişi anneleri. Anne, çocuklarının genç hayatlarına bir "suçluluk duygusu" yüklemenin çok kötü olacağını düşünüyordu. Çocuklarının yükümlülük altına girmesini istemiyordu. Bu yüzden onlara, "Üvey babanız sizi koleje göndermek için ne zorluklar çekti. Bu büyük bir incelik!" demek yerine, "Ancak bu kadarını yapabiliyor!" demeyi tercih ediyordu.

Böylece çocuklarına iyilik yaptığını düşünüyordu, ama aslında onların hayata "dünyanın onlara bir yaşam borçlu olduğu" gibi tehlikeli bir düşünceyle atılmalarına neden oluyordu. Bu gerçekten de tehlikeliydi çünkü oğlanlardan biri patronundan "borç" almaya çalışırken yakalandı ve hapse atıldı.

Çocuklarımızı bizim şekillendirdiğimizi asla unutmamalıyız. Örneğin teyzem Viola Alexander çocuklarının minnet duymamasından yakınması için hiçbir sebebi olmayan örnek bir annedir. Ben küçük bir çocukken, teyzem hem kendi annesini hem de kocasının annesini onlara daha iyi bakıp daha iyi ilgilenebilmek için kendi evine getirmişti. Hâlâ gözlerimi kapadığımda, bu iki yaşlı kadının Viola Teyzemin evindeki şöminenin önünde oturduğunu görür gibi oluyorum. Viola Teyzemi rahatsız ediyorlar mıydı? Hem de sık sık. Ancak onun tavırlarından bunu anlayamazdınız. O bu kadınları seviyordu; bu yüzden onlara ilgi gösteriyor, onları şımartıyor, kendilerini o evde rahat hissetmelerini sağlamaya çalışıyordu. Üstelik Viola Teyze'nin tam altı çocuğu vardı. O, bu yaşlı kadınları eve almakla ne denli soylu bir iş yaptığını, bunun için takdiri hak ettiğini düşünmüyordu. Ona göre bu son derece doğal, yapılması gereken ve onun da zaten yapmak istediği bir şeydi.

Viola Teyze bugün nerede mi? Tam yirmi yıldır dul bir kadın olarak yaşıyor. Beş yetişkin çocuğu var ve hepsi onu kendileriyle birlikte yaşaması için ikna etmeye çalışıyor. Artık beş ayrı evi var onun. Çocukları onu çok seviyorlar, hep onunla birlikte olmak istiyorlar. Minnet duydukları için mi? Elbette hayır! Onlarınki gerçek sevgi; katıksız ve karşılık beklemeden seviyorlar onlar. Çünkü bu çocuklar sıcak ve insancıl bir yuvada büyüdüler. Aldıkları sevgiyi şimdi geri veriyorlar.

O halde minnet duymayı bilen çocuklar yetiştirebilmek için önce bizler minnet duymayı öğrenmeliyiz. Çocuklarımızın yanında, kimsenin yaptığı iyiliği küçümsemeyelim. Asla "Kuzen Sue'nun yeni yıl için gönderdiği şu bulaşık bezlerine bak! Bunları kendisi örmüş, tek kuruş bile harcamamış!" gibi sözler söylemeyelim. Bu sözler bize önemsiz geliyor olabilir, ama çocukların da bizi dinlediğini unutmamak gerekir. Bunun yerine, "Kuzen Sue'nun bunları örebilmek için saatlerce uğraşıp emek vermesi ne büyük incelik! Ona bir teşekkür mektubu yazalım," gibi sözler söylemeyi tercih edelim. Böylece çocuklarımız da övgü ve takdir alışkanlığı kazanmış olurlar.

Nankörlükler yüzünden üzülüp kaygılanmamak için işte üçüncü kural:

a. Nankörlükten kaygılanmak yerine bununla karşılaşmaya hazırlıklı olalım. İsa'nın günde on cüzamlıyı iyileştirdiğini ve bunlardan yalnızca birinin ona teşekkür ettiğini unutmayalım. Neden İsa'nın gördüğünden daha fazla minnet bekleyelim ki?
b. Unutmayalım: Mutlu olmak için tek neden minnet görmek değildir. Bir şeyler vermiş olmanın zevki de insanı mutlu edebilir.
c. Minnet duygusunun "kazanılan" bir özellik olduğunu unutmayalım. Eğer çocuklarımızın minnet duymayı bilmelerini istiyorsak onlara bunu öğretmeliyiz.

15

SİZE BİR MİLYON DOLAR VERSELER ELİNİZDEKİLERİ VERİR MİYDİNİZ?

Harold Abott'ı yıllardır tanırım. Harold Missouri'de oturuyordu. Benim konferans danışmanlarımdan biriydi. Bir gün Kansas City'de karşılaştık. Beni arabasıyla Belton'daki çiftliğime götürdü. Yolda kendisine üzüntüyle baş edebilmek için ne yaptığını sordum. Bana asla unutamayacağım ilginç bir öykü anlattı:

"Eskiden her şeye üzülürdüm," dedi. "Ancak bir gün caddede yürürken karşılaştığım manzara beni bütün üzüntülerimden uzaklaştırdı. Her şey on saniyede oldu, ama o on saniye içinde, nasıl yaşanması gerektiği konusunda son on yılda öğrendiğimden daha fazla şey öğrendim. İki yıldır Web City'de bir bakkal dükkânı işletiyordum. Ancak hem bütün birikmiş paramı kaybetmiştim hem de yıllarca ödemekle bitiremeyeceğim kadar borcun altına girmiştim. Dükkânım bir önceki cumartesi günü kapatılmıştı. Ben de Merchants and Miners Bankası'na kredi çekmeye gidiyordum. "Böylece Kansas City'ye gidip kendime yeni bir iş arayabilecektim. Dalgın dalgın yürüyordum. Her şeyimi, hayata olan tüm bağlılığımı ve savaşma gücümü kaybetmiştim. Birden karşıdan bacakları olmayan bir adamın geldiğini gördüm. Adam, altına tekerlek görevi görecek patenlerin yerleştirilmiş olduğu tahta bir platformun üstünde oturuyordu.

İki elinde tuttuğu ahşap blokların yardımıyla ilerliyordu. Ona rastladığımda karşıdan karşıya henüz geçmişti; beş altı santimlik kaldırım taşının üzerine çıkmaya çalışıyordu. O sırada beni gördü ve içtenlikle gülümsedi. 'Günaydın! Ne güzel bir sabah değil mi?' dedi neşeyle. Ona bakarken birden aslında ne kadar zengin olduğumu fark ettim. İki bacağım vardı ve yürüyebiliyordum. Kendime acıdığım için kendimden utandım. O adam bacakları olmadığı halde neşeli, mutlu ve güven dolu olabiliyorsa ben de olabilirdim. İçimin rahatladığını hissettim. Bankadan yüz doları nasıl isteyeceğimi düşünürken artık iki yüz dolar isteyecek cesareti bulmuştum kendimde. Kansas City'ye iş aramaya gideceğimi söylemeye çekiniyordum. Ama artık bunu rahatlıkla söyleyebilirdim. İstediğim krediyi aldım ve iş buldum.

"Şimdi banyodaki aynamda şu sözler yazıyor. Ben de her sabah tıraş olurken bunları okuyorum:

'Rastlayana kadar bacakları olmayan bir adama
Üzülüyordum ayakkabı alamıyorum diye ayaklarıma'."

Eddie Rickenbacker'e Pasifik Okyanusu'nda kayboldukları sırada, yirmi bir gün boyunca bir salın üzerinde arkadaşlarıyla birlikte oradan oraya sürüklenirken aldığı en önemli dersin ne olduğunu sormuştum. "Bu deneyimden aldığım en önemli ders şu oldu," dedi, "insan yiyecek yemek ve içecek su bulabiliyorsa hiçbir şeyden şikâyet etmemeli."

Time dergisinde, Guadalcanal'da yaralanan bir subay ile ilgili bir makale yayımlanmıştı. Bir şarapnel tarafından boğazı yırtılan subaya yedi kez kan nakli yapılmıştı. Subay doktoruna bir not yazmış, "Yaşayacak mıyım?" diye sormuştu. Doktor, "Evet," diye karşılık vermişti. Bunun üzerine subay bir başka soru sormuştu: "Konuşabilecek miyim?" Doktorun yanıtı yine evet olmuştu. Subay bu kez şunları yazmıştı: "O halde ne halt etmeye endişeleniyorum ki?"

Siz de neden durup kendinize bu soruyu sormuyorsunuz: "Ne halt etmeye endişeleniyorum ki?" Siz de endişelenip üzüldüğünüz şeyin ne denli basit ve önemsiz olduğunu göreceksiniz.

Yaşamımızdaki şeylerin yüzde doksanı doğru, yüzde onu yanlıştır. Eğer mutlu olmak istiyorsak, yapmamız gereken şey yüzde doksanlık doğru bölüme konsantre olmak, yüzde onu oluşturan yanlış şeylere boş vermektir. Üzülmek, acı çekmek, ülsere yakalanmak istiyorsak bu kez yüzde onu oluşturan yanlışları önemseyip yüzde doksanı oluşturan doğruları ise tamamen göz ardı etmemiz yeterli olacaktır.

İngiltere'deki Cromwell Kilisesi'nin duvarlarında "Düşün ve şükret" sözcükleri yer almaktadır. Bu sözcükleri kalplerimize de yazmalıyız. Sahip olduklarımızı düşünüp bize verdikleri için Tanrı'ya şükretmeliyiz.

Güliver'in Gezileri adlı kitabın yazarı Jonathan Swift, İngiliz edebiyatının en karamsar yazarıydı. Doğduğu için öylesine üzgündü ki doğum günlerinde karalara bürünüyor ve oruç tutuyordu. Bütün bu karamsarlığına karşın yine de neşe ve mutluluğun insan sağlığı için ne denli önemli olduğunu biliyor ve bunu sık sık dile getiriyordu. "Dünyadaki en iyi doktorlar, Doktor Perhiz, Doktor Sükûnet ve Doktor Neşe'dir," diyordu.

Bizler sahip olduğumuz inanılmaz zenginlikleri bir an bile unutmayarak Dr. Neşe'nin hizmetinden yararlanabiliriz. Çünkü Ali Baba'nın hazinesinden bile daha fazla zenginliğe sahibiz. Gözlerinizi bir milyar dolara satar mıydınız? Ne pahasına olursa olsun bacaklarınızı verir miydiniz? Ellerinizi? Kulaklarınızı? Çocuklarınızı? Ailenizi? Sahip olduğunuz diğer şeyleri düşünün; dünyanın tüm altınlarını verseler bunların herhangi birinden vazgeçebilir miydiniz? Elbette hayır.

Bunun farkında mıyız? Hayır. Schopenhauer'in söylediği gibi, "Hep sahip olamadıklarımızın farkında oluruz, sahip olduklarımızı gözümüz görmez." İşte dünyadaki en büyük trajedi de budur. Dünyadaki tüm savaşlara, felaketlere neden olan şey de bu düşünceden başka bir şey değildir.

Bu düşünce John Palmer'ın da normal genç bir adamken yaşlı huysuz bir ihtiyara dönüşmesine neden olmuştu. Bunu biliyorum, çünkü bana kendisi anlattı.

Bay Palmer New Jersey'de yaşıyor. Bana şunları anlatmıştı: "Ordudan döndükten kısa bir süre sonra kendi işimi kurdum. Gece gündüz çalıştım. Her şey çok iyi gidiyordu, ama sonra sorunlar başladı. Malzeme alamamaya başlamıştım. İşi bırakmak zorunda kalmaktan korkuyordum. Öyle üzülüyordum ki birden yaşlanıp huysuz bir ihtiyar oluverdim. Öyle aksileşmiştim ki o zamanlar bunun da farkında değildim, şimdi düşündüğüm zaman bunu fark edebiliyorum. Mutlu ailemi de kaybedecektim neredeyse. Sonra bir gün yanımda çalışan, savaşta yaralanmış bir genç bana, 'Kendinden utanmalısın Johnny,' dedi. 'Dünyada sorunları olan tek insan senmişsin gibi davranıyorsun. Tut ki dükkânı kapatmak zorunda kaldın; ne olacak yani? İşler yoluna girdiğinde yeniden açarsın. Şükretmen gereken çok şey var, ama sen sürekli şikâyet ediyorsun. Senin yerinde olmak için neler vermezdim ben biliyor musun? Bana bir bak! Sadece bir kolum var. Yüzümün yarısı da berbat durumda, ama yine de şikâyet etmiyorum. Eğer şikâyet edip homurdanmayı kesmezsen yalnızca işini değil, sağlığını, evini ve dostlarını da kaybedeceksin!'

"Bu sözler karşısında neye uğradığımı şaşırdım. Aklım başıma gelmişti. Sonunda değişmeye ve yine eski ben olmaya karar verdim. Bunu yaptım da."

Arkadaşım Lucile Blake sahip olamadıklarına üzülmek yerine elindekilerle mutlu olmayı öğrenmeden önce bir trajedinin eşiğinden dönmüştü.

Lucile ile yıllar önce tanışmıştım. İkimiz de Columbia Üniversitesi Gazetecilik Yüksekokulu'nda öykü yazarlığı eğitimi alıyorduk. Birkaç yıl önce Lucile hayatının şokunu yaşadı. O zamanlar Arizona Tucson'da yaşıyordu. Bana öyküsünü şöyle anlatmıştı:

"Çok yoğun bir yaşantım vardı. Arizona Üniversitesi'nde org dersleri alıyor, kasabada güzel konuşma, kaldığım yerde de müzik dersleri veriyordum. Bu arada partilere, danslara, ay ışığında atla gezintilere katılıyordum. Bir sabah rahatsızlandım. Kalbimden hem de! Doktor bir yıllık bir yatak istirahati gerektiğini söyledi. Bir daha eski gücüme kavuşabileceğim konusunda da hiçbir umut vermedi.

"Bir yıl yatakta kalmak! Hiçbir şey yapamamak, hatta belki de ölmek! Korkudan ölüyordum. Bu neden benim başıma gelmişti? Bunu hak etmek için ne yapmıştım? Durmadan ağlıyordum. Çok mutsuzdum ve isyan ediyordum. Yine de doktorun söylediklerini yaptım. Bir sanatçı olan komşum Bay Rudolf bana şunları söylemişti: 'Bir yıl yatakta kalma düşüncesi şimdi sana bir trajedi gibi geliyor, ama öyle olmayacak. Düşünmek ve kendinle baş başa kalmak için bol bol zamanın olacak. Bu birkaç ay içinde ruhsal açıdan tüm yaşamında olduğundan daha çok gelişeceksin.' Sakinleşmiştim, yeni değer yargıları geliştirmeye çalıştım. Bol bol kitap okudum. Bir gün bir radyo yorumcusunun 'Ancak bilincinizle var olan şeyleri ifade edebilirsiniz,' dediğini duydum. Daha önce de buna benzer sözler duymuştum, ama bu kez bu sözler beni etkilemişti. Sadece yaşamak istediğim şeyleri düşünmeye başladım; neşe, sağlık, mutluluk gibi şeyleri. Kendimi her sabah uyandığımda sahip olduğum şeylere şükretmeye zorladım. Hoş bir genç kızdım ben. Gözlerim görüyordu. Kulaklarım duyuyordu. Radyoda çok hoş bir müzik vardı. Okuyacak zamanım vardı. Güzel yiyecekler yiyebiliyordum. Dostlarım vardı. Öyle neşeliydim ve öyle çok ziyaretçim geliyordu ki doktor bir anda yalnızca bir ziyaretçi kabul edeceğimi, bunun da belli saatlerde olacağını söylemek zorunda kaldı.

"Bu olayın üzerinden yıllar geçti. Şimdi mutlu, hareketli bir yaşantım var. Yatakta geçirmek zorunda kaldığım o bir yıla çok şey borçlu olduğumu düşünüyorum. Arizona'da geçirdiğim en değerli ve en mutlu yıldı o. Her sabah, sahip olduğum şeylere şükretme alışkanlığımı hâlâ koruyorum. Bu benim en değerli alışkanlığım. Ölmekten korkmaya başlayana dek yaşamın ne demek olduğunu anlayamadığımı görüyor ve bundan utanıyorum."

Sevgili Lucile, belki farkında değilsin ama sen de Dr. Samuel Johnson'ın iki yüzyıl önce aldığı dersi almışsın. "Her olayın iyi yönünü görebilmek," diyor Dr. Johnson, "yılda bin pound kazanmaktan iyidir."

Bu sözlerin gerçek bir iyimser tarafından söylenmemiş olduğuna dikkatinizi çekerim. Bu adam yirmi yıl boyunca açlık, sefalet ve gerilim içinde yaşamıştı. Sonunda kendi çağının en iyi yazar ve konuşmacılarından biri olup çıkmıştı.

Logan Pearsall Smith, "Hayatta iki hedef vardır; istediklerini elde etmek ve elde ettiklerinin tadını çıkarmak. Ancak akıllı insanlar ikinci hedefe de ulaşabilirler," diyerek önemli bir hayat felsefesini birkaç sözcüğe sığdırmıştır.

Bulaşık yıkamayı bile bir zevk haline getirmeyi öğrenmek ister miydiniz? O halde Borghid Dahl'ın I Wont To See (Görmek İstiyorum) adlı kitabı tam size göre. Dahl yarım yüzyıl boyunca hiçbir şeyi doğru dürüst göremeden yaşadı. "Yalnızca bir gözüm vardı," diyor Dahl, "ama o da korkunç bir biçimde hasara uğradığından yalnızca küçük bir delikten görebiliyordum. Bir kitabı görebilmek için yüzüme iyice yaklaştırıyordum, gözümü de olabildiğince sola kaydırıyordum."

Ama Dahl, insanların kendisine acımasını ya da farklı davranmasını istemiyordu. Küçükken, diğer çocuklarla birlikte seksek oynamak istemiş ama çizgileri göremediğinden bunu yapamamıştı. Bu yüzden diğer çocuklar evlerine gittikten sonra, tek gözü ile çizgileri görebilmek için yerde emeklemişti. Okula gitmiyor, evde eğitim görüyordu. Bu arada Minnesota'daki A. B. Üniversitesi'nden mezun oldu, Columbia Üniversitesi Sanat Okulu'nda da master yaptı.

Daha sonra Twin Valley köyünde ders vermeye başladı, Augustana Fakültesi'nde gazetecilik ve edebiyat profesörlüğüne kadar yükseldi. Aynı fakültede on üç yıl ders verdi, çeşitli kadın kulüplerinde ve radyolarda kitaplar ve yazarlar hakkında konuşmalar yaptı. Dahl şöyle söylüyordu: "Bilinçaltımda her zaman tamamen kör olma korkusu vardı. Bundan kurtulmak için neşeli, dolu dolu bir hayat yaşamaya çalıştım."

1942 yılında, Dahl elli iki yaşındayken bir mucizeyle karşılaştı ve Mayo Clinic'te bir ameliyat geçirdi. Şimdi eskiye oranla kırk kat daha iyi görebiliyor.

Önünde, yepyeni, heyecan dolu ve çok güzel bir dünyanın kapıları açıldı. Artık bulaşık yıkamaktan bile zevk alıyor. "Beyaz köpüklerle oynamaya başladım artık," diyor Dahl. "Elimi daldırıyorum ve bir baloncuk yakalıyorum. Baloncuğu ışığa tutuyorum ve beliren muhteşem gökkuşağı renklerini inceliyorum."

Artık lavaboda bulaşık yıkarken bir yandan da mutfak penceresinden dışarı bakıyor ve bir serçenin gri kanatlarıyla bembeyaz karların arasında uçtuğunu görebiliyor.

Sabun köpükleri ve serçeler ona öylesine büyük bir coşku verdi ki kitabını şu sözlerle bitirdi: "Tanrım diye fısıldıyorum, sana şükürler olsun! Sana şükürler olsun!"

Bulaşık yıkadığınız ve sabun köpüklerini ya da karlarda uçan serçeleri görebildiğiniz için Tanrı'ya şükrettiğinizi düşünebiliyor musunuz?

Bizler kendimizden utanmalıyız. Aslında gözlerimizi sayısız güzellikle dolu bir dünyada geçiriyoruz, ama bunları göremeyecek kadar körüz; bunların tadını çıkarmayı beceremiyoruz.

Eğer üzüntüyü bırakıp yaşamaya bakmak istiyorsak, işte dördüncü kural:

Sahip olduğunuz şeyleri görün, sorunları değil!

16

KENDİNİZİ KEŞFEDİN VE KENDİNİZ OLUN

Kuzey Carolina, Mount Airy'de yaşayan Bayan Edith Allred'in gönderdiği mektupta şunlar yazıyordu: "Ben son derece hassas ve utangaç bir çocuktum. Oldukça şişmandım, tombul yanaklarım da beni olduğumdan daha şişman gösteriyordu. Güzel giyinmenin aptalca olduğunu düşünen eski kafalı bir annem vardı. Beni de bu düşüncesi doğrultusunda giydiriyordu elbette. Partilere gidemiyordum, eğlenemiyordum, okula gittiğimde de spor gibi açık hava aktivitelerine katılamıyordum. Çok utanıyordum. Kendimi son derece 'tuhaf' ve istenmeyen biri gibi görüyordum.

"Kendimden büyük biriyle evlendim, ama bende hiçbir değişiklik olmadı. Eşimin ailesi kendine oldukça güvenen, güçlü insanlardı. Onlarda benim sahip olmak istediğim her şey vardı. Onlar gibi olabilmek için elimden geleni yaptım, ama başaramadım. Onlar beni dışadönük biri yapmaya çalıştıkça ben daha fazla kabuğuma çekiliyordum. Sinirli ve huzursuz biri olup çıkmıştım. Bütün arkadaşlarımdan uzaklaşmıştım. Öyle kötü bir haldeydim ki kapı zili bile beni çileden çıkarmaya yetiyordu. Ben tam bir başarısızlık örneğiydim, bunu biliyordum ve eşimin de bunu anlamasından korkuyordum. Bu yüzden toplum içine çıktığımızda abartılı davranıyordum. Böyle davrandığımın farkındaydım. Bundan sonraki birkaç gün mutsuz oluyordum.

Sonunda tüm yaşama sevincimi kaybettim ve boşu boşuna yaşadığımı düşünmeye başladım. İntihar etmeyi bile düşünüyordum."

Bu mutsuz kadının hayatını değiştiren şey neydi biliyor musunuz? Tesadüfen duyduğu birkaç söz!

"Tesadüfen duyduğum birkaç söz," diye devam ediyordu Bayan Allred, "bütün hayatımı değiştirdi. Kayınvalidem bir gün bana çocuklarını nasıl büyüttüğünü anlatıyordu ve şöyle dedi: 'Ne olursa olsun, onların hep kendileri olmalarını sağlamaya çalıştım.' Kendin olmak! Bu sözler işe yaramıştı! Ben kendimden farklı davranarak, kendimi bir kılıfa sokmaya çalışarak kendi kendimi mutsuz ediyordum.

"Bir gecede değiştim. Kendim olmaya başladım. Kendi kişiliğimi bulmaya çalışıyordum. Kim olduğumu anlamaya çalışıyordum. Güçlü yönlerimi keşfediyordum. Renkler ve stiller hakkında pek çok şey öğrendim ve bana uyan tarzda giyinmeye başladım. Arkadaşlar edindim. Önce küçük bir organizasyona katıldım. Bana bir programda görev verdiklerinde korkudan kaskatı olmuştum, ama her konuşmamda daha fazla cesaret kazandım. Bütün bunlar zaman aldı elbette; ama bugün baktığımda hayal edebileceğimden çok daha mutlu olduğumu görüyorum. Çocuklarıma da benim hayatımı değiştiren şu sözleri aşılamaya çalışıyorum: 'Ne olursa olsun kendiniz olun!'"

"İnsanın kendisi olması sorunu tarih kadar eski ve insan hayatı kadar evrenseldir," diyor Dr. James Gordon Kilkey. Birçok nevroz ve psikoz vakasının ardında insanın kendisi olmaktan kaçması yatar. Çocuk yetiştirme konusunda on üç kitap ve binlerce makale yazan Angelo Patri şöyle demektedir: "İnsanı, kendinden başka biri olmaya çalışmak ve zihninde ve bedeninde var olan kişiyi reddetmek kadar üzen bir şey yoktur."

Olduğundan farklı görünme çabası özellikle Hollywood'da

çok yaygındır. Ünlü yönetmen Sam Wood en büyük sıkıntısının işe yeni başlayan genç aktörlerin kendileri olmalarını sağlamaya çalışmak olduğunu söylüyor. "Bütün yeni aktörler Lana Turner'ların ya da Clark Gable'ların yeni versiyonları olmak istiyorlar; ama toplum bunu zaten yaşadı," diyor Sam Wood, "onlar artık yeni bir şey istiyor."

Sam Wood Hoşça Kal, Bay Chips ve Çanlar Kimin İçin Çalıyor gibi filmleri yönetmeden önce emlakçilik yapıyor, satış temsilcileri yetiştiriyordu. İş dünyasındaki prensiplerin sinema dünyasında da geçerli olduğunu söyleyen Wood, "Şimdi sinemada bir maymunu oynayarak hiçbir yere varamazsınız. Asla bir papağan olmazsınız," diyor ve ekliyor: 'Deneyimlerim sonucunda, yapılacak en akıllıca işin kendinden başka biri olmaya çalışan kişilerden hemen vazgeçmek olduğunu gördüm."

Ünlü bir petrol firmasında insan kaynakları müdürü olan Paul Boynton'a, insanların işe başvururken yaptıkları en büyük hatanın ne olduğunu sordum. Bunu bilmesi gerekiyordu, çünkü altmış binden fazla adayla görüşme yapmış ve İş Bulmanın Altı Yolu adında bir kitap yazmıştı. Bana şu karşılığı verdi: "İnsanların bir işe başvururken yaptıkları en büyük hata kendileri olmamaları. Şapkalarını önüne koyup olabildiğince dürüst davranmak yerine size beklediğiniz cevapları vermeye çalışıyorlar. Bu elbette bir işe yaramıyor, çünkü hiç kimse bir sahtekârla çalışmak istemez. Geçmeyen parayı kim kabul eder?"

Tramvay kondüktörünün kızı bu dersi oldukça güç deneyimler sonucunda aldı. Bu kızın tek amacı şarkıcı olmaktı. Ancak çirkin yüzü onun için bir talihsizlikti. Kocaman bir ağzı ve tavşan dişleri vardı. Hayatında ilk kez bir gece kulübünde topluluk içinde şarkı söylerken bütün gece üst dudağıyla dişlerini örtmeye çalıştı. Çarpıcı görünmek istiyordu. Sonuç mu? Kendini gülünç duruma düşürdü ve başarısızlığa uğradı.

Ancak o sırada kulüpte bulunan bir adam onu dinledi ve yetenekli buldu. "Bakın," dedi ona, "sizi izledim ve neyi saklamaya çalıştığınızı biliyorum. Dişlerinizden utanmadığınızı gördüklerinde insanlar sizi daha çok seveceklerdir. Üstelik beğenmeyip sakladığınız dişleriniz hayatınızı değiştirebilir."

Cass Daley bu adamın öğüdünü tuttu ve dişlerini unuttu. O günden sonra yalnızca izleyicileri düşünmeye başladı. Ağzını kocaman açarak öyle büyük bir coşku ve keyifle şarkı söyledi ki bir yıldız oldu. Diğer şarkıcılar onu taklit etmeye çalıştılar.

William James ortalama bir insanın zihinsel yeteneklerinin ancak yüzde onunu kullandığını söylerken kendini keşfedememiş insanlardan söz ediyordu. "Olmamız gerekenin yarısını olabiliyoruz," diyordu James. "Fiziksel ve zihinsel potansiyelimizin küçük bir bölümünü kullanabiliyoruz. Başka bir deyişle insanlar sınırlarıyla yaşarlar. Oysaki kullanmamayı alışkanlık haline getirdikleri pek çok güçleri vardır."

Bizim de böyle yeteneklerimiz var, o halde bir dakikamızı neden başkalarına benzemiyoruz diye üzülerek harcamayalım. Siz dünyada yeni bir varlıksınız. Dünyada bugüne dek size tıpatıp benzeyen biri yaşamadı ve yaşamayacak. Genetik bilimine göre, insan babadan ve anneden gelen yirmi dörder kromozomun ürünüdür. Bu kırk sekiz kromozom genetik özellikleri belirler. Amram Scheinfeld her kromozomdaki yüzlerce genden birinin bile bireyin hayatını değiştirebileceğini söylemektedir. Doğrusunu söylemek gerekirse bizler "şaşırtıcı ve mucizevi" bir biçimde yaratılmışız.

Annenizle babanızın karşılaşıp birleşmesinden sonra bile doğma şansınız 300 milyarda birdi. Başka bir deyişle eğer 300 milyar kardeşiniz olsaydı her biri sizden farklı olabilecekti. Tüm bunlar varsayımdan mı ibaret? Hayır, bu bilimsel bir gerçek. Bu konuda daha fazla bir bilgi edinmek için genetik bilimi ile ilgili kitaplara başvurabilirsiniz.

İnsanın kendisi olması gerektiği konusunda size pek çok şey anlatabilirim, çünkü bu konuya inancım sonsuz ve ne söylediğimi biliyorum. Bunu acı deneyimler sonucunda öğrendim. Missouri'deki mısır tarlalarını bırakıp New York'a geldiğimde Dramatik Sanatlar Akademisi'ne başvurdum. Amacım aktör olmaktı. Bu düşüncemin son derece akıllıca olduğuna inanıyordum, başarıya giden kestirme yolu bulmuştum, üstelik binlerce kararlı ve hırslı insanın daha önce bunu nasıl keşfetmemiş olduğunu anlayamıyordum. O günün ünlü aktörlerini, John Drew, Walter Humpden ve Otis Skinner'ı taklit edecektim. Ne kadar komik! Ne kadar aptalca! Kendim olmam gerektiğini, başkası olamayacağımı kalın kafama sokana kadar başkalarını taklit ederek harcayacaktım zamanımı.

Bu deneyim bana asla unutamayacağım bir ders vermeliydi, ama öyle olmadı. Ben o kadar akıllı değildim. Her şeyi yeniden öğrenmem gerekiyordu. Birkaç yıl sonra işadamlarına toplum içinde konuşmayı öğretecek, dünyanın bu konuda yazılmış en iyi kitabını yazmaya karar verdim. Aktörlük konusunda yaptığım aptalca hatayı burada da yaptım. Başka yazarların kitaplarından fikirler alacak ve bunları bir kitapta toplayacaktım. Bu kitapta her şey olacaktı. Böylece bütün kitapları topladım ve yaptığım alıntıları derlemeye başladım. Bir kez daha yaptığım aptallığı fark ettim. Bu doğallıktan uzak, yapay bir kitap olacaktı ve hiçbir işadamı bununla ilgilenmeyecekti. Bir yıllık çalışmamı çöpe attım ve yeniden işe koyuldum. Bu kez kendi kendime, "Sen Dale Carnegie olmak zorundasın, bütün hataları ve bütün sınırlarıyla! Başkası olamazsın," dedim. Diğer insanların fikirlerini toplamaktan vazgeçtim, bir konuşmacı ve bir öğretmen olarak kendi deneyimlerimi ve gözlemlerimi yazmaya başladım. Ben de Sir Walter Raleigh'in aldığı dersi almıştım (Ceketini, kraliçenin üzerine basıp geçmesi için çamura atan Sir Walter Raleigh'den değil, 1904'te Oxford Üniversitesi'nde İngiliz Edebiyatı Profesörü olan Walter Raleigh'den söz ediyorum). Sir Raleigh şöyle diyordu: "Ben Shakespeare gibi yazamam. Ben ancak kendim gibi yazabilirim."

Kendiniz olun. Irving Berlin'in George Gershwin'e verdiği öğüdü tutun. Berlin ve Gershwin ilk kez karşılaştıklarında Berlin ünlüydü. Gershwin ise haftada otuz beş dolara çalışan ve ünlü bir besteci olmak için mücadele veren genç bir besteciydi. Berlin, Gershwin'in yeteneğinden etkilenip ona aldığı maaşın üç katını teklif ederek sekreteri olmasını önermişti. "Ben senin yerinde olsam işi kabul etmezdim," demişti Berlin daha sonra. "Bunu yaparsan, ikinci bir Berlin olabilirsin. Kendin olursan, gerçekten çok büyük biri olursun."

Gershwin bu sözleri dinledi ve kuşağının en büyük bestecilerinden biri oldu.

Charlie Chaplin, Will Rogers, Mary Margaret McBride, Gene Autry ve daha milyonlarca insan benim bu bölümde size anlatmaya çalıştığım dersi almak için pek çok acı deneyim yaşamak zorunda kaldı.

Charlie Chaplin film çevirmeye başladığında, yönetmen onun ünlü bir Alman komedyeni taklit etmesi konusunda diretmişti. Chaplin kendisi gibi olana kadar hiçbir ilerleme kaydedemedi. Bob Hope da benzer bir deneyim yaşamıştı.

Mary Margaret McBride önceleri İrlandalı bir komedyen gibi olmaya çalışmış ve başarısızlığa uğramıştı. Sonra, Missouri'den gelen taşralı kız olunca, yani kendi gibi davranınca, New York'un en ünlü radyo yıldızlarından biri oldu.

Gene Autry, Teksas aksanından kurtulmaya, bir şehirli gibi

giyinmeye ve New Yorklu olduğunu ispatlamaya çalışıyordu. İnsanlar da arkasından gülüyorlardı. Sonunda kovboy şarkıları söylemeye ve kovboy gibi giyinmeye başlayınca hızla yükseldi.

Siz dünyada yepyeni bir varlıksınız. Bunun için mutlu olun. Doğanın size verdiklerini değerlendirin. Sanatınız sizi yansıtır. Olduğunuz gibi şarkı söylersiniz. Olduğunuz gibi resim yaparsınız. Sizi oluşturan şey deneyimleriniz, çevreniz ve genetik özelliklerinizdir. İyi ya da kötü, kendi küçük bahçenizi ekip biçmeniz, hayat denen orkestrada kendi küçük enstrümanınızı çalmanız gerekir.

Emerson, "Kendine Güvenmek" adlı yazısında şöyle diyor: "Herkes bir gün imrenmenin kendini aşağılamak, taklidin intihar olduğunu anlar. Kendisini iyi ya da kötü, olduğu gibi görmesi gerektiğini öğrenir."

Gelin Douglas Malloch'un şiirine kulak verelim:

Eğer zirvede çam olamazsan,
Vadide bir çalı ol ama ol.
Derenin yanındaki en güzel çalı sen ol,
Ağaç olamazsan küçücük bir çalı ol.
Çalı olamazsan bir parça çimen ol,
Süsle, şenlendir bir yol kenarını.
Balina olamazsan küçücük bir balık ol,
Ama göldeki balıkların en kıvrak olanı.
Hepimiz kaptan olamayız, tayfalar da olacak,
Hepimiz için yapacak şey var dünyada.
Büyük işler de var, küçük işler de,
Yapmamız gereken şey yanı başımızda
Anayol olamazsan ol bir patika,
Güneş olamazsan ol bir yıldız,
İster büyük ol ister küçük,

Her zaman en iyi ol yalnız.

Kendinizi huzurlu ve özgür hissetmenizi sağlayacak zihinsel bir tutum geliştirmek istiyorsanız, beşinci kuralı unutmayın:

Başkalarını taklit etmeyin.
Kendinizi keşfedin ve kendiniz olun!

17

LİMONUNUZ VARSA LİMONATA YAPIN

Bu kitabı yazarken bir gün yolum Chicago Üniversitesi'ne düştü. Dekan Maynard Hutchins'e üzüntüden nasıl uzak durduğunu sordum. Bay Hutchins bana kendisine Sears Roebuck Firması'nın sahibi Julius Rosenwald'ın verdiği şu öğüdü tuttuğunu söyledi: "Limonun varsa limonata yap."*

İyi bir eğitimcinin yaptığı şey budur. Bir aptal ise bunun tam tersini yapar. Hayatın kendisine bir limon verdiğini gördüğünde, "Ne kadar bahtsızım!" diye düşünür. "Kötü kader işte! Artık hiç şansım kalmadı!" Sonra dünyaya küser ve kendisine acımaya başlar. Oysaki akıllı biri herhangi bir talihsizlik yaşadığında, "Bu talihsizlikten nasıl bir ders alabilirim? Durumumu nasıl düzeltebilirim? Elimdeki limonu nasıl limonata haline getirebilirim?" diye düşünecektir.

Ünlü psikolog Alfred Adler uzun süre insanlar ve insanların gizli kalmış güçleri konusunda çalışmalar yaptıktan sonra insanoğlunun en önemli gücünün "eksileri artılara dönüştürebilme yeteneği" olduğunu fark etmişti. Şimdi size böyle bir şeyi başardığını bildiğim bir kadının öyküsünü anlatacağım. Bu kadının adı Thelma Thompson idi. Thelma bana şunları anlatmıştı:

---

* İngilizcede "limon" sözcüğünün karşılığı olan "lemon" argoda "kötü, değersiz şey" anlamına gelmektedir. Burada kullanılan "Limonunuz varsa limonata yapın" ifadesi "Kötü şeyleri iyi şeylere dönüştürün" anlamında da kullanılmaktadır.

"Savaş sırasında kocam Kaliforniya'daki Mojave Çölü'ne, eğitim kampına gönderildi. Kocama yakın olmak için gidip ben de orada yaşamaya başladım, ama oradan nefret ediyordum. Daha önce hiç bu kadar mutsuz olmamıştım. Kocamı bir manevraya gönderdiler, artık küçücük bir kulübede tek başıma kalmıştım. Sıcaklık dayanılmazdı; ısı gölgede 125 dereceyi buluyordu. Konuşacak bir tek kişi yoktu. Üstelik havada müthiş bir rüzgâr vardı; yediğim yemekler kum dolu oluyordu, soluk alıp verirken bile bir sürü kum yutmak zorunda kalıyordum.

"Artık dayanamaz hale gelmiştim. Kendime çok acıyordum. Aileme bir mektup yazdım. Orada kalmaktan vazgeçtiğimi, eve döneceğimi söyledim. Orada bir dakika bile kalamazdım artık. Hapiste olmayı bile tercih ederdim! Yanıt olarak babam bana iki satırlık bir mektup yazdı. Bu iki satır beynime kazındı ve hayatımı değiştirdi:

Hapishanenin parmakları arasından iki adam dışarı baktı,
Biri çamuru gördü; diğeri yıldızları.

"Bu satırları tekrar tekrar okudum. Kendimden utanıyordum. Aklımı başıma topladım; artık içinde bulunduğum durumun güzel yönlerini görmeye çalışacaktım. Yıldızları aramaya başlamalıydım artık.

"Oranın yerlileriyle arkadaş oldum. Aldığım tepkiler beni çok mutlu etti. Ben onlarla ilgilenince onlar da turistlere satmaktan kaçındıkları en değerli parçaları bana hediye ettiler. Kaktüsleri ve Joshua ağaçlarını inceledim. Çevredeki köpeklerle ilgilendim, günbatımını izledim ve binlerce yıl öncesinden, henüz çölün oluşmadığı ve okyanusun bulunduğu zamanlardan kalma denizkabuklarını topladım.

"Bendeki bu müthiş değişikliğe neden olan şey neydi? Mojave Çölü değişmemişti. Değişen bendim. Tutumumu ve düşünce biçimimi tamamen değiştirmiştim. Böylece oldukça kötü bir deneyimi hayatımın en heyecan verici serüveni haline dönüştürmeyi başarmıştım. Keşfettiğim bu yeni dünya beni heyecanlandırıyordu. Öylesine heyecanlıydım ki oturup bir kitap yazdım. Kitabım daha sonra Bright Ramparts (Parlak Surlar) adıyla yayımlandı. Kendi yaratmış olduğum hapishaneden çıkmış ve yıldızları görmeye başlamıştım artık."

Thelma Thompson, Yunanlıların İsa'nın doğumundan beş yüz yıl önce oluşturdukları bir düşünceyi keşfetmişti: "En iyi şeyler, en zor olan şeylerdir."

Yirminci yüzyılda Harry Emerson Fosdick de aynı düşünceyi tekrarladı: "Mutluluk sadece bir zevk değildir, mutluluk kazanılmış bir zaferdir!" Evet, mutluluk başarı duygusunun, limonları limonataya dönüştürmenin insana kazandırdığı zafer duygusudur.

Bir kez, Florida'da zehir gibi bir limonu limonataya dönüştürmeyi başaran yaşlı bir çiftçiyi ziyaret etmiştim. Bu çiftçi, tarlasını ilk satın aldığı zaman oldukça büyük bir hayal kırıklığı yaşamıştı. Toprak öylesine kötüydü ki ne bir meyve yetişiyor ne de domuz beslenebiliyordu. Çıngıraklıyılanlar dışında hiçbir canlının orada yaşaması mümkün değildi. Çiftçinin beyninde bir şimşek çaktı. Çıngıraklıysan besleyebilirdi. Herkesin şaşkın bakışları altında yılan etlerini konservelemeye başladı. Birkaç yıl önce onu ziyaret ettiğimde çıngıraklıyılan tarlasının turistlerin akınına uğradığını gördüm. İş gerçekten çok büyümüştü. Yılanlardan alınan zehir laboratuvarlarda antivenom toksin yapımında kullanılıyordu. Yılanların derisi de ayakkabı ve çanta yapımında kullanılmak üzere yüksek fiyatlarla satılıyordu. Konserve yılan eti ise neredeyse tüm dünyaya satılmaktaydı. Bu güzel yerin bir kartpostalını satın aldım ve köyün postanesinden postaladım. Bu köye, limonları limonataya dönüştürmeyi başaran değerli kişinin onuruna "Çıngıraklıyılan Köyü" adı verilmişti.

Ülkede oradan oraya dolaşırken "eksilerini artıya dönüştürme gücü" gösteren düzinelerce kişiyle karşılaştım. William Bolitho "Önemli olan kazançları değerlendirmek değildir," diyor. "Bunu bir aptal bile yapabilir. Gerçekte önemli olan kayıpları kazanca dönüştürebilmektir. Bunun için zekâ gereklidir; akıllıları aptallardan ayıran özellik de budur."

Bolitho bu sözleri bir bacağını tren kazasında kaybettikten sonra söylemişti. Ben iki bacağını da kaybettiği halde eksisini artıya dönüştürebilen bir adam tanıyorum. Bu adamın adı Ben Fortson idi. Onunla Atlanta'da bir asansörde karşılaşmıştım. Asansöre bindiğimde, köşedeki tekerlekli sandalyesinde oturan ve etrafına gülen gözlerle bakan bu adamı fark ettim. Asansör onun katına geldiğinde kibarca benden bir adım geri çekilmemi istedi, böylece sandalyesini daha rahat hareket ettirebilecekti. Bana "Sizi rahatsız ettiğim için özür dilerim," derken yüzünü sıcacık, içten bir gülümseme aydınlatmıştı.

Asansörden inip odama gittiğimde onun neşeli gülümsemesinden başka bir şey düşünemiyordum. Sonunda onu aradım ve bana öyküsünü anlatmasını rica ettim. "1929'da oldu," diyerek gülümsedi. "Bahçemdeki fasulyelere dikmek için sırık kesmeye çıkmıştım. Sırıkları arabama yükledikten sonra eve doğru yola çıktım. Sırıklardan biri arabamın altına düştü ve her dönüşte garip sesler çıkarmaya başladı. Biraz sonra arabayı ağaca çarptım. Omurgam zedelenmiş, bacaklarım felç olmuştu. O zamanlar yirmi dört yaşındaydım."

Yirmi dört yaşında bir tekerlekli sandalyeye mahkûm olmak! Ona, buna cesaretle katlanmayı nasıl başardığını sorduğumda, "Başaramadım!" dedi. Öfkelenmiş, isyan etmişti. Talihine lanetler yağdırmıştı. Ancak yıllar geçtikçe bu isyanın ona acıdan başka bir şey getirmediğini görmüştü.

"Sonunda insanların bana karşı ne kadar nazik ve anlayışlı olduğunu fark ettim," dedi bana. "Bu yüzden ben de onlara karşı nazik ve anlayışlı olmalıydım."

Ona geçen bunca yıldan sonra hâlâ kazanın başına gelen korkunç bir talihsizlik olduğunu düşünüp düşünmediğini sorduğumda "Artık öyle düşünmüyorum," dedi. "Bu kazayı geçirdiğim için memnunum." Bana, olayın şokunu atlattıktan sonra bambaşka bir dünyada yaşamaya başladığını söyledi. Bol bol kitap okumaya ve güzel bir kütüphane oluşturmayı hayal etmeye başlamıştı. On dört yıl içinde en azından bin dört yüz kitap okumuştu; bu kitaplar onun önünde yeni ufuklar açmış ve hayatını düşündüğünden çok daha zengin kılmıştı. Artık güzel müzikler dinliyordu; daha önce onu sıkan senfoniler şimdi içini coşkuyla dolduruyordu. Hayatındaki en büyük değişiklik ise artık düşünmek için zamanının olmasıydı. "Hayatımda ilk kez çevreme bakıyor ve her şeyin gerçekte ne kadar değerli olduğunu görüyordum," diyordu Ben. "Daha önce kafaya taktığım pek çok şeyin ise hiçbir önemi yoktu aslında."

Kitap okudukça politikayla ilgilenmeye başlamış, toplumsal sorunlarla ilgilenmiş ve konuşmalar yapmıştı. Artık o insanları, insanlar da onu tanıyordu. Sonunda Georgia Eyaleti Genel Sekreteri olmuştu!

New York'ta yetişkinlere ders verirken çoğunun en çok koleje gitmemiş olmaktan dolayı pişmanlık duyduğunu gördüm. Kolej eğitimi almamış olmanın bir dezavantaj olduğunu düşünüyorlardı. Ben bunun doğru olmadığını biliyorum çünkü liseye bile gitmediği halde başarılı olan pek çok kişi tanıyorum. Bu nedenle öğrencilerime ilkokula bile gitmeyen bir adamın öyküsünü anlatıyordum. Bu adam yoksulluk içinde büyümüştü.

Babası öldüğünde cenaze masraflarını ödemek için babasının arkadaşları aralarında para toplamak zorunda kalmışlardı. Annesi de günde on saat bir şemsiye fabrikasında çalışıyor, akşamları da eve iş getiriyordu.

Bu koşullarda büyüyen çocuk kilisede bir drama sergileyecek olan amatör bir gruba katılmıştı. Bu aktiviteden öylesine hoşlanmıştı ki toplum içinde konuşmalar yapmak istediğine karar verdi. Bu da onu politikaya itti. Otuz yaşına geldiğinde New York Eyalet Meclisi'ne seçilmişti. Ancak böyle bir sorumluluğu üstlenmeye henüz hazır değildi. Bütün bunların ne ifade ettiğini bile bilmediğini bana dürüstçe açıklamıştı. Henüz bir ormana ayak basmadan ormanlardan sorumlu bir komiteye seçildiğinde çok endişelenmişti.

Bankada hesabı olmadığı halde Eyalet Bankaları Komisyonu'na seçildiğinde çok şaşırmış ve tedirgin olmuştu. Eğer annesinin hayal kırıklığına uğrayacağını düşünmeseydi görevinden istifa edecekti. Sonunda günde on altı saat çalışmaya ve limonunu (cehaletini) limonataya (bilgiye) dönüştürmeye başladı. Sonuçta yerel bir politikacı olmaktan kurtulup ulusal alanda da önemli biri haline geldi. Öylesine başarılı olmuştu ki New York Times gazetesi onu "New York'un en sevilen kişisi" seçti. Al Smith'den söz ediyorum.

Al Smith politik eğitim programını tamamladıktan on yıl sonra New York Eyaleti'nin yaşayan en büyük otoritesi haline geldi. 1928'de Demokratlar'ın başkan adayı oldu. Columbia ve Harvard Üniversiteleri de dahil olmak üzere altı büyük üniversite, ilkokul mezunu bu adama onur ödülü verdi.

Al Smith daha sonra bana, günde on altı saat eksilerini artıya dönüştürmeye çalışmasaydı bunların hiçbirinin gerçekleşmeyeceğini söyledi.

Nietzsche "üstün kişi"yi "yalnızca zorunlu olduğu zamanlarda mücadele etmeyen, mücadele etmekten zevk alan kişi" olarak tanımlamıştır. Başarılı kişilerin yaşamöykülerini inceledikçe bu kişilerin büyük bir çoğunluğuna büyük başarılar ve ödüller kazandıran şeylerin yaşadıkları zorluklar olduğunu gördüm. William James'in söylediği gibi güçlükler bize en ummadığımız zamanlarda yardım etmekteydiler.

Belki de Milton kör olduğu için o kadar güzel şiirler yazıyordu. Ya da Beethoven sağır olduğu için o kadar güzel yapıtlar besteleyebiliyordu.

Helen Keller da kör ve sağır olduğu için o kadar başarılı bir kariyer yapmıştı. Çaykovski kendisini intiharın eşiğinden döndüren trajik evliliğini yapmasaydı senfonilerini besteleyebilir miydi? Dostoyevski veya Tolstoy zorlu yaşamlar sürmeseler ölümsüz romanlarını yazabilirler miydi?

"Eğer bu kadar ağır bir şekilde hastalanmasaydım, yaptıklarımın yarısını bile yapamazdım," diyor dünyada yaşam kavramına yeni bir bakış açısı getiren bilim adamı Charles Darwin.

Darwin'in İngiltere'de doğduğu gün Kentucky Ormanlarında bir başka bebek dünyaya gelmişti. O bebek de güçlüklere katlanmak zorunda kalmıştı. Bebeğin adı Abraham Lincoln'dü. Eğer Lincoln aristokrat bir ailede doğsaydı, Harvard'da hukuk eğitimi görseydi belki de yüreğinden gelen ve Gettysburg'da ölümsüzleştirdiği sözcükleri hiç düşünmeyecek, insanlık tarihinin en güzel dizelerini yazamayacaktı: "Kötülükler herkesten uzak dursun, herkesin kalbi iyilikle dolsun!"

Harry Emerson Fosdick de The Power To See It Through (Görme Gücü) adlı kitabında şöyle diyor: "Hepimizin yaşam felsefesi haline getirmemiz gereken bir İskandinav deyişi vardır: 'Kuzey rüzgârı Vikingleri doğurmuştur.' Güvenli, rahat, zorlukların olmadığı, herkesin son derece rahat olduğu bir yaşamın insanları mutlu ettiği düşüncesi de nereden çıktı? Tam tersine, kendine acıyan insanlar kuştüyü yastıklarda da yatsalar kendilerine acımaya devam ederler. Hayatta her türlü şey yaşayan, iyiliklerle, kötülüklerle karşılaşan ve sorumluluk üstlenen insanlar ise daha kişilikli ve mutlu olmaktadır. Yani Vikingleri gerçekten de kuzey rüzgârı doğurmuştur."

Tüm umutlarımızı yitirdiğimizi ve limonları asla limonataya dönüştüremeyeceğimizi düşünelim. Yine de mutlaka denememiz, kazanacağımız çok şeyin olduğuna ve kaybedecek hiçbir şeyimizin olmadığına inanmak için iki nedenimiz vardır: Birincisi, başarabiliriz.

İkincisi, başarılı olamasak bile eksileri artıya dönüştürmeye çalışmamız bizim geriye değil ileriye bakmamızı sağlayacaktır. Olumsuz düşüncelerin yerini olumlu düşünceler alacaktır. Yeniden enerji kazanıp yeni şeylere yöneleceğimizden geçmişi düşünüp üzülecek zamanımız kalmayacaktır.

Bir gün, dünyanın en ünlü kemancısı Ole Bull Paris'te bir konser verecekti. Birden kemanındaki yaylardan biri koptu. Ancak Ole Bull melodiyi üç telle tamamlamayı başardı. "Hayat bu işte," diyordu Harry Emerson Fosdick, "bir telin kopması ve üç telle devam edebilmek."

Bu hayat değil. Hayattan da öte! Bu gerçek bir mucize!

Eğer yapabilseydim, William Bolitho'nun sözlerini bronz tabelalara yazdırıp bütün okullara asardım:

Önemli olan şey kazançları değerlendirmek değildir. Bir aptal bile bunu yapabilir. Önemli olan, kayıpları kazanca dönüştürebilmektir. Bunun için zekâ gereklidir. Akıllıları aptallardan ayıran özellik de budur.

Bu yüzden, huzurlu ve mutlu olmamızı sağlayacak bir zihinsel tutum geliştirebilmek için altıncı kuralı uygulayalım.

Kader size bir limon verdiğinde
bundan limonata yapmaya çalışın.

18

ON DÖRT GÜNDE DEPRESYONDAN KURTULMANIN YOLLARI

Bu kitabı yazmaya başladığımda, "Üzüntüyü Nasıl Yendim" konulu en güzel ve en ders verici gerçek öyküyü anlatacak kişiye iki yüz dolarlık bir ödül vermeyi vaat etmiştim. Jüriyi Eastern Hava Yolları Müdürü Eddie Rickenbaer, Lincoln Memorial Hastanesi Müdürü Dr. Stewart W. McClelland ve radyo haberleri yorumcusu H. V. Kaltenborn oluşturuyordu. Jüri, iki öykü arasında seçim yapamadı ve ödülü bu iki öykü arasında paylaştırdık.

Aşağıda bu iki öyküden birini okuyacaksınız. Öyküyü Missouri'de Whizzer Motorlarında çalışan C. R. Burton anlatıyor:

"Dokuz yaşındayken annemi, on iki yaşındayken de babamı kaybettim. Babam öldü. Annem ise on dokuz yıl önce bir gün evden ayrıldı ve bir daha geri dönmedi. Onu ve beraberinde götürdüğü iki küçük kız kardeşimi bir daha hiç görmedim. Annem yedi yıl boyunca bana bir mektup bile yazmadı. Onun evden ayrılmasından üç yıl sonra babam bir kazada öldü. Kendisi, ortağıyla birlikte küçük bir lokanta almıştı. O bir iş için şehir dışına çıktığında ortağı lokantayı satıp ortadan kayboldu. Bu olayı bir arkadaşından duyan babam aceleyle eve dönmeye çalışırken geçirdiği kazada öldü. "Yaşlı ve fakir olan halalarım üç kardeşimi yanlarına aldılar. Beni ve erkek kardeşimi kimse istemedi. Sokakta kalmıştık. Bize öksüzler denmesinden hiç hoşlanmıyorduk, ama herkes bizi böyle çağırıyordu.

"Ben bir süre fakir bir aileyle birlikte yaşadım. Çok zor geçiniyorduk. Çok geçmeden evin reisi işten atıldı. Artık bana bakacak durumları kalmamıştı. Sonra Bay ve Bayan Loftin beni yanlarına aldılar. Loftin'lerin kasabaya on bir mil uzaklıkta bir çiftlikleri vardı. Bay Loftin yetmiş yaşındaydı ve yatalak hastaydı. Bana 'yalan söylemediğim, hırsızlık yapmadığım ve itaat ettiğim sürece' onlarla birlikte kalabileceğimi söyledi. Bunlar İncil'in üç emriydi. Bunlara uydum. Okula başladım, ama ilk hafta okuldan bir bebek gibi ağlayarak döndüm. Çocuklar iri burnumla alay etmişler ve bana 'öksüz velet' adını takmışlardı. Gerçekten çok incinmiştim. Onlarla kavga etmek isterdim, ama Bay Loftin bana 'Unutma, asıl marifet kalıp kavga etmek değil, oradan uzaklaşabilmektir,' demişti. Bir gün okuldaki çocuklardan biri bahçeden tavuk pisliği alıp suratıma fırlatana kadar kimseyle kavga etmedim. O gün o çocuğa gününü gösterdim ve iki yeni arkadaş edindim. Onlar da çocuğun bu dayağı hak ettiğini söylüyorlardı.

"Bay Loftin'in bana aldığı yeni şapkamla gurur duyuyordum. Bir gün büyük kızlardan biri şapkayı kafamdan çekip aldı ve içini suyla doldurdu. Zavallı şapkam mahvolmuştu. Kız 'şapkamı suyla doldurduğunu çünkü suyun kalın kafamı ıslatacağını ve bir patlamış mısır olan beynimi patlamaktan kurtaracağını' söylemişti.

"Okulda asla ağlamıyordum, ama eve gelince avazım çıktığı kadar ağlamaya başlıyordum. Bir gün Bayan Loftin bana, bütün üzüntülerimden kurtulmamı ve bütün düşmanlarımı birer dosta dönüştürmemi sağlayan bir öğüt verdi. 'Ralph,' dedi Bayan Loftin bana, 'eğer o çocuklarla ilgilenirsen ve onlar için neler yapabileceğini gösterirsen sana bir daha öksüz velet demeyecekler ve seninle alay etmeyeceklerdir.' Bayan Loftin'in öğüdünü tuttum. Çok çalıştım ve sınıfın birincisi oldum. Kimse beni kıskanmadı, çünkü bir yandan da arkadaşlarıma yardım etmeye çalışıyordum.

"Bazı arkadaşlarımın ödevlerini yapmalarına yardım ediyordum. Bazılarının kompozisyonlarını yazıyordum. Çocuklardan biri ailesine ödevine benim yardım ettiğimi söylemekten korkuyordu. Bu yüzden de onlara opossum* avlamaya gittiğini söylüyordu. Sonra Bay Loftin'in evine geliyor, köpeklerini bahçeye bağlıyordu. Birlikte ödevlerini yapıyorduk.

"Bu arada komşumuz olan iki çiftçi öldü, bir kadın da kocası tarafından terk edildi. Ben artık dört ailenin tek erkeğiydim. İki yıl boyunca, dul kalan bu kadınlara yardım ettim. Okula gidip gelirken çiftliklerine uğrayıp odun kesiyor, ineklerini sağıyor, tarlalarını suluyordum. Artık bana küfür değil, dua ediyorlardı. Herkes beni bir arkadaş gibi görüyordu. Askerden döndüğümde benim için neler hissettiklerini gösterdiler. Eve döndüğüm gün iki yüzden fazla çiftçi beni ziyarete geldi. Bazıları seksen millik yoldan gelmişti. Başkalarına yardım etmekle öylesine meşgulüm ki üzülecek vaktim yok. Üstelik on üç yıldır kimse bana öksüz velet demiyor."

Yaşasın C. R. Burton! Nasıl dost kazanması gerektiğini çok iyi biliyor! Üzüntülerinden nasıl kurtulması ve yaşamdan nasıl zevk alması gerektiğini de çok iyi biliyor üstelik!

Washington'dan Dr. Frank Loope de bunu iyi bilen insanlardan biri. Dr. Loope yirmi üç yıldır romatizma yüzünden yataklaktı. Seattle Star'dan Stuart Whithouse bana şunları yazmıştı: "Dr. Loope ile birkaç kez görüştüm. Amerika'da yaşayan ben-

---

*Amerika'da yaşayan memeli bir hayvan

cillikten uzak ve yaşamdan onun kadar zevk alan birini daha gördüğümü hatırlamıyorum."

Yatağa mahkûm olan bu adam hayattan nasıl zevk alıyordu? Bunu şikâyet edip yakınarak mı yapıyordu? Hayır. Kendine acıyor ve herkesin ilgisini çekmeyi mi bekliyordu? Hayır. O bunu Büyük Britanya Veliahtı'nın sözlerini benimseyerek başarmıştı: "Leh dien!", yani "Hizmet ediyorum!" Dr. Loope kendisi gibi yatalak kişilerin isim ve adreslerini toplamıştı. Onlara mektup yazarak hem kendisini hem de onları mutlu ediyordu. Onun sayesinde yatalak hastalar arasında bir mektup ağı oluştu. Hatta sonunda ulusal bir organizasyon bile oluşmuştu. Dr. Loope yattığı yerde, yılda ortalama bin dört yüz mektup yazıyordu.

Dr. Loope'u diğer insanlardan ayıran özellik neydi? Dr. Loope bir misyon üstlenmiş olmanın zevkini yaşıyor ve Shaw'un söylediği gibi "dünyanın kendisini ona adamadığından şikâyet edecek kadar benmerkezci" olmayıp kendisinden çok daha önemli olan bir amaca hizmet etmenin tadını çıkarıyordu.

Şimdi size bir psikiyatrın etkileyici sözlerini aktaracağım. Bu sözler Alfred Adler'ın kaleminden çıkmıştı. Alfred Adler melankoli hastalığına yakalanan hastalarına şunları söylüyordu: "Her gün birisini nasıl mutlu edeceğinizi düşünün! Bu reçeteyi uygularsanız on dört günde iyileşebilirsiniz."

Buna inanmak size güç gelebilir. Bu yüzden burada Adler'ın What Life Should Mean To You (Hayat Size Ne İfade Etmeli) adlı kitabından birkaç sayfaya yer vereceğim:

Melankoli, ilgi çekme ve anlayış görme amacına karşın insanlardan uzun süreli bir uzaklaşmadır. Bir melankoliğin hatırlayacağı ilk şey şöyle olacaktır:

"Kanepeye uzanmak istemiştim. Ancak oraya kardeşim uzanmıştı. Öyle çok ağladım ki kalkmak zorunda kaldı."

Melankolik kişiler intikam almak için intihara kalkışabilirler. Doktorun yapması gereken ilk şey, intihar bahanesi olabilecek şeyleri ortadan kaldırmaktır. Ben de gerilimi yok etmek için onlara ilk olarak şunu söylüyorum: "Asla yapmak istemediğiniz bir şeyi yapmayın." Bu oldukça basit görünüyor, ama sorunun kökenini oluşturan şeyin bu olduğunu söyleyebiliriz. Eğer bir melankolik, yapmak istediği her şeyi yaparsa kimi suçlayabilir? Neden intikam almak isteyebilir? Onlara "Tiyatroya ya da tatile gitmek istiyorsanız gidin. Hiçbir şeyin sizi engellemesine izin vermeyin," diyorum. Yapılabilecek en iyi şey bu. Hastanın egosunu tatmin etmesini sağlıyor. Hasta kendisini Tanrı gibi hissediyor ve istediği her şeyi yapıyor. Diğer yandan bu onun yaşam stiline pek de uymuyor. Kişi baskın gelmek ve diğerlerini suçlamak istiyor, ama herkes onun söylediklerini kabul edince suçlayabileceği kimse kalmıyor. Bu uygulama hastanın gerçekten rahatlamasını sağlıyor. Şu ana kadar benim hastalarım arasında intihar eden kimse olmadı.

Hasta genellikle "Ama benim yapmaktan hoşlandığım hiçbir şey yok!" diye karşılık veriyor. Bu cevaba karşı hazırlıklıyım çünkü bunu sık sık duyuyorum. "O zaman yapmaktan hoşlanmadığın şeylerden uzak dur!" diyorum. Bazen de "Ben bütün gün yataktan çıkmadan yatmak istiyorum," diyen hastalar oluyor. Ona bunu yapması için izin verdiğim takdirde bir süre sonra bunu yapmak istemeyeceğini biliyorum. Ancak onu engellersem bir savaş başlatacağını da biliyorum. Bu yüzden de onun söylediği şeyi kabul ediyorum.

Birinci kural bu. Diğer kural hastaların yaşamına daha doğrudan müdahale ediyor. Onlara "Bu reçeteyi uygularsanız on dört günde iyileşebilirsiniz. Her gün birini nasıl mutlu edebileceğinizi düşünün," diyorum. Onların zihinleri, "Birisini nasıl üzebilirim?" düşüncesiyle meşgul oluyor. Çok ilginç cevaplar veriyorlar. Bazıları, "Bu benim için çok kolay olacak. Hayatım boyunca bunu yaptım zaten!" diyor. Oysaki bunu asla yapmadıklarını biliyorum. Düşünmelerini istiyorum. Dü-

şünmüyorlar. "Uyuyamadığınız zamanlar, zamanınızı bir başkasını nasıl mutlu edebileceğinizi düşünerek değerlendirebilirsiniz, bu sağlığınız için de çok yararlı olacaktır," diyorum. "Ertesi sabah onları gördüğümde, "Size önerdiğim şeyi düşündünüz mü?" diye soruyorum. "Dün gece yatar yatmaz uyudum," diye karşılık veriyorlar. Elbette bütün bunların içtenlikle, dostça bir tavırla ve üstünlük taslamaya çalışmadan yapılması gerekiyor.

Bazıları da "Bunu yapamam çünkü çok üzgünüm!" diyor. Onlara üzülmeye devam edebileceklerini, ama bu arada diğerlerini de düşünebileceklerini söylüyorum. Onların ilgilerini başka insanlara yöneltmelerini sağlamaya çalışıyorum. "Neden başkalarını mutlu etmeye çalışayım ki? Onlar beni mutlu etmeye çalışıyorlar mı?" diyenler oluyor. "Kendi sağlığınızı düşünmelisiniz," diye yanıtlıyorum onları. "Diğerleri bunun acısını daha sonra çekecekler." "Sizin önerdiğiniz şeyi düşündüm," diyen hastalarla çok ender olarak karşılaşıyorum. Bütün çabalarım hastalarımın sosyal ilgilerini artırmaya yönelik. Sorunun işbirliği eksikliği olduğunu biliyorum ve bunu hastalarımın da görmesini istiyorum. Onların diğer insanlarla işbirliği yapmaları ve kendilerini diğer insanlara yakın hissetmeleri halinde iyileşeceklerini biliyorum. Dine göre en önemli şeylerden biri komşuyu sevmektir. Bireyler hayatı güçlüklerle geçen diğer insanlarla ilgilenmiyorlar ve insanları incitiyorlar. Bu hatalar giderek yayılıyor. İnsanlardan beklediğimiz en önemli şey, iyi bir iş arkadaşı, iyi bir dost, iyi bir sevgili ve iyi bir eş olmaları.

Dr. Adler bizi her gün bir iyilik yapmaya çağırıyor. Hz. Muhammed de iyiliği şöyle tanımlıyor: "İyilik, bir başkasının yüzünde gülümseme yaratan şeydir."

Neden iyilikler bunları yapan kişinin üzerinde büyük etkiler bırakırlar? Çünkü başkalarına yardım ederken kendimizi düşünmekten vazgeçeriz. Bu da bizim üzüntülere ve melankoliye kapılmamızı engeller.

Moon Sekreterlik Okulu'nun sahibi Bayan William T. Moon, melankoliden kurtulmak için bir başkasını nasıl mutlu edebileceğini iki hafta boyunca düşünmek zorunda kalmadı. Bunun yerine Alfred Adler'a gitti. Melankoliden de on dört günde değil, bir günde kurtuldu. Çünkü iki öksüz çocuğa nasıl yardım edebileceğini düşünmeye başlamıştı.

"Beş yıl önce aralık ayında," diyor Bayan Moon, "müthiş bir üzüntü yaşıyor ve kendi kendime acıyordum. Birkaç yıl süren mutlu bir evliliğin ardından kocamı kaybetmiştim. Noel tatili yaklaşırken üzüntüm daha da arttı. Hayatım boyunca hiçbir Noel'i yalnız geçirmemiştim, bu yüzden Noel'in gelmesini hiç istemiyordum. Arkadaşlarım beni davet ediyorlardı, ama ben gitmek istemiyordum. Bu partilere uyum sağlayamayacağımı biliyordum. Noel Yortusu yaklaştıkça kendime daha da fazla acımaya başladım. Aslında şükretmem gereken pek çok şeyim vardı; herkesin şükretmesi gereken pek çok şeyi vardır. Noel'den bir gün önce işten saat üçte çıktım ve Beşinci Cadde boyunca amaçsızca yürümeye başladım. Üzülmekten ve kendime acımaktan biraz olsun vazgeçebilmeyi umuyordum. Sokaklar neşeli insanlarla doluydu; her şey bana eski mutlu Noel tatillerini anımsatıyordu. Tek başıma ıssız evime gitme düşüncesinden nefret ediyordum. Çok kötüydüm, ne yapacağımı bilmiyordum. Gözyaşlarıma engel olamıyordum. Bir saat kadar yürüdükten sonra kendimi bir otobüs terminalinde buldum. Kocamla birlikte hiçbir plan yapmadan yola çıktığımızı ve önümüze çıkan ilk otobüse bindiğimizi hatırladım. Ben de önüme çıkan ilk otobüse bindim. Hudson Nehri'ni geçtikten sonra kondüktörün 'Son durak bayan!' diye seslendiğini duydum. Otobüsten indim. Geldiğim yerin adını bile bilmiyordum. Burası sessiz, sakin bir yerdi. Evime giden otobüsü beklerken caddede yürümeye başladım. Kilisenin önünden geçerken 'Sessiz

Gece' ilahisinin tatlı melodisini duydum. İçeri girdim. Kilisede orgcudan başka kimse yoktu. Sessizce yürüyüp sıralardan birine oturdum. Süslenmiş çam ağacından gelen ışıklar, ay ışığında dans eden yıldızları andırıyordu. Müziğin etkisiyle ve sabahtan beri hiçbir şey yememiş olmanın verdiği bitkinlikle uyuyakalmışım.

"Uyandığımda, birden nerede olduğumu hatırlayamadım. Çok şaşırmıştım. Sonra hemen önümde, Noel ağacını seyretmeye gelen iki çocuk gördüm. Küçük kız parmağıyla beni göstererek, 'Acaba onu Noel Baba mı getirdi?' diye sordu. Benim uyandığımı gören çocuklar korkmuşlardı. Onlara kendilerine zarar vermeyeceğimi söyledim. Çocukların üstleri başları perişandı. Anne ve babalarının nerede olduğunu sordum. 'Bizim annemiz ve babamız yok,' diye karşılık verdiler. Bu çocukların durumu benden çok daha kötüydü. Kendim için üzüldüğümü, kendime acıdığımı düşününce çok utanmıştım. Çocuklara Noel ağacını gösterdim. Sonra onları bir pastaneye götürdüm ve bir şeyler atıştırdık. Onlara şeker ve çeşitli hediyeler aldım. Sanki sihirli bir değnek bir anda yalnızlığımı yok etmişti. Bu öksüz çocuklar benim yeniden mutlu olmamı sağlamışlardı. Onlarla konuşurken ne kadar şanslı olduğumu fark ettim. Çocukluğumda bütün Noel tatillerini ailemle birlikte, sevgi ve şefkat dolu yuvamda geçirdiğim için Tanrı'ya şükrettim. Bu çocuklar bana, benim onlara yaptığımdan çok daha büyük bir iyilik yapmışlardı. Bu deneyim bana, mutlu olabilmek için önce başkalarını mutlu etmemiz gerektiğini gösterdi. Mutluluğun bulaşıcı olduğunu düşünmeye başlamıştım. Ne kadar verirseniz o kadar alıyordunuz. Çocuklara yardım edip sevgi gösterince bütün üzüntümden ve kendime acımaktan kurtulmuş, yepyeni bir insan olmuştum. Daha sonra da hep öyle kaldım."

Size buna benzer yüzlerce öykü anlatabilirim. Örneğin

Amerika Birleşik Devletleri Donanması'nın en popüler kadınlarından biri olan Margaret Tayler Yates'in durumunu ele alalım.

Bayan Yates bir roman yazarıydı, ama yazdığı hiçbir öykü Pearl Limanı'na Japonların yaptığı saldırı sırasında onun başından geçenler kadar ilginç değildi. Bayan Yates, kalp hastasıydı ve bir yıldır yatalaktı. Günde yirmi iki saatini yatakta geçiriyordu. En fazla bahçeye kadar çıkabiliyordu ve o zaman bile hizmetçisinin koluna girip yürümek zorunda kalıyordu. Bana o zamanlar ömrünün geri kalanını yatalak biri olarak geçireceğini düşündüğünü söylemiş ve "Japonlar o saldırıyı yapmasalardı bir daha asla yürüyemezdim," demişti.

"Saldırıdan sonra her yere tam bir kargaşa hâkim oldu," diyordu Bayan Yates. "Evimin yakınlarına da bir bomba düştü. Sarsıntının etkisiyle yatağımdan yuvarlandım. Ordunun arabaları etrafta dolaşıyor, kadınları ve çocukları okullara taşıyordu. Kızılhaç, evinde fazla odası olanların ihtiyacı olan kişileri evlerine almasını söylüyordu. Kızılhaç yetkilileri, benim yatağımın başucunda bir telefonumun olduğunu biliyorlardı. Bu yüzden evimi haberleşme merkezi olarak kullanmaya karar verdiler. Ordu ve donanmanın çocukları ve kadınları nereye götürdüğünü öğrenip kaydedecektim. Ordudaki ve donanmadaki adamlar da beni arayıp ailelerin nerede olduğunu öğreneceklerdi.

"Çok geçmeden kocam Robert Yates'in güvende olduğunu öğrendim. Kocalarının sağ olup olmadığını bilmeyen kadınları neşelendirmeye, kocasının öldüğünü öğrenenleri de teselli etmeye çalıştım. 2117 asker ölmüştü, 960 asker de kayıptı.

"Başlangıçta gelen telefonları yattığım yerden cevaplıyordum. Sonra yatağımın içine oturdum. En sonunda o kadar heyecanlandım ki yataktan kalktım ve bir masaya oturdum. Benden çok daha kötü durumda olan kişilere yardım etmek bana kendimi unutturmuştu. Bu olaydan sonra sekiz saatlik günlük uykumun dışında hiç yatmadım. Şimdi düşünüyorum da, eğer Japonlar o saldırıyı yapmasalardı, hayatımı yarı yatalak olarak geçirmeye devam edecektim. Yatakta rahattım ve kendimi tedavi etmeyi akıl etmiyordum bile.

"Bu saldırı Amerika tarihinin en trajik olaylarından biridir, ama benim başıma gelen en iyi şeylerden biri oldu. Çünkü o korkunç olay bana düşünemeyeceğim kadar büyük bir güç kazandırdı. İlgimi başka insanlar üzerinde yoğunlaştırmamı sağladı. Artık kendimi düşünecek, kendim için üzülecek zamanım yoktu."

Yardım almak için psikologlara koşan insanlar Bayan Yates'in yaptıklarını yapsalar, yani başkalarına yardım etmeye çalışsalar, eminim kendi kendilerini tedavi edebilirler. Bu benim düşüncem mi? Hayır. Bunları Carl Jung söylüyor. Jung şöyle diyor: "Hastalarımın üçte biri klinik olarak teşhis edilemeyen ve yaşamlarındaki boşluk ve yalnızlık duygusundan kaynaklanan nevroz hastası." Başka bir deyişle bu insanlar anlamsız hayatlarıyla başa çıkabilmek için tedaviye ihtiyaç duyuyorlardı. Limanda durup kaçırdıkları gemiye bakarken kendileri hariç herkesi suçluyor, dünyanın onların benmerkezci isteklerini yerine getirmesini bekliyorlardı.

Kendi kendinize şöyle diyor olabilirsiniz: "Bu öyküler beni etkilemiyor. Ben de iki öksüze yardım edebilirim. Bayan Yates'in yerinde olsam ben de aynı şeyleri yapardım.. Ama benim durumum farklı. Ben çok sıradan, sıkıcı bir hayat yaşıyorum. Günde sekiz saat can sıkıcı bir işte çalışıyorum. Hiçbir değişiklik olmuyor. Başkalarına nasıl yardım edebilirim? Hem neden yardım edeyim ki? Bu benim ne işime yarayacak sanki?"

Güzel bir soru. Cevaplamaya çalışacağım. Hayatınız ne kadar sıkıcı olursa olsun, her gün birkaç kişiyle karşılaşıyorsunuzdur. Onlar hakkında ne biliyorsunuz? Onlarla ilgileniyor musunuz? Örneğin postacı her gün yüzlerce mil yol yürüyor ve mektuplarınızı getiriyor. Hiç onun nerede oturduğunu, eşinin ve çocuklarının nasıl olduğunu düşünme zahmetine katlandınız mı? Ona yorulup yorulmadığını, sıkılıp sıkılmadığını sordunuz mu? Peki ya manavın çırağını, gazete dağıtıcısını, ayakkabılarınızı boyayan çocuğu hiç düşündünüz mü? Onlar da insan; onların da sorunları, düşleri, arzuları, amaçları var. Onlar da bunları bir başka insanla paylaşmak istiyorlar. Onların bunu yapmasına fırsat tanıyor musunuz? Onlarla gerçekten ilgilendiğinizi gösteriyor musunuz? Dünyayı geliştirip güzelleştirmek için Florance Nightingale ya da bir sosyal yardım sorumlusu olmanız gerekmiyor. İşe, yarın sabah ilk karşılaştığınız insanla başlayabilirsiniz.

Bu size ne mi sağlayacak? Çok büyük bir mutluluk! Kendinizle gurur duyacaksınız! Aristo bu duruma "aydınlanmış bencillik" adını veriyordu. Zerdüşt ise şunları söylemişti: "Başkalarına iyilik yapmak bir görev değildir. Bu, insanın sağlıklı olmasını sağlayan ve ona mutluluk getiren bir zevktir." Benjamin Franklin de durumu şöyle özetliyordu: "Başkalarına karşı iyi olursanız, kendinize karşı da iyi olursunuz."

New York'ta Psikolojik Hizmet Merkezi'nin yöneticisi olan Henry C. King bir makalesinde şu sözlere yer vermişti: "Bana göre çağdaş psikolojinin hiçbir bulgusu, insanın kendisini ve kendi mutluluğunu keşfetmek için kendi kendini disipline etmesi kadar önemli değildir."

Başkalarını düşünmek, sizi kendiniz için üzülmekten alıkoymakla kalmaz; aynı zamanda pek çok arkadaş edinmenizi ve eğlenceli bir hayat sürmenizi de sağlar. Nasıl mı? Bir kez Profesör William Lyon Phelps'e bunu nasıl yaptığını sorduğumda aldığım cevabı size aktarayım:

"Hiçbir otele, berbere ya da mağazaya içerideki kişiye selam vermeden girmem. Onları bir makine olarak görmediğimi, onların bir birey olduğunu gösterecek bir şey mutlaka söylerim. Bazen dükkândaki kıza saçlarının ya da gözlerinin ne kadar güzel olduğunu söyleyerek iltifat ederim. Berbere bütün gün ayakta durmaktan yorulup yorulmadığını sorarım. Berberliğe nasıl başladığını, bu işi kaç senedir yaptığını, şimdiye kadar kaç kişinin saçını kestiğini öğrenmek isterim. Kendileriyle ilgilenilmesinin insanları mutlu ettiğini biliyorum. Eşyalarımı taşıyan kişinin elini mutlaka sıkarım. Bu o kişinin kendisini gün boyu iyi hissetmesini sağlar. Çok sıcak bir yaz günü, New Haven Demiryolları'nda küçük bir lokantaya yemek yemeye gitmiştim. İçerisi çok kalabalıktı. Servis de oldukça ağırdı. Garson bana mönüyü uzattığında 'Arkada yemek pişiren çocuklar bu sıcak havada oldukça bunalmış olmalılar,' dedim. Garson birden mırıldanmaya başladı. Önce onun küfrettiğini zannettim. 'Aman Tanrım,' diyordu, 'insanlar buraya geliyor ve yemekten şikâyet edip duruyorlar. Servisin ağır, fiyatların pahalı olduğundan yakınıyorlar. On dokuz yıldır onların eleştirilerini dinliyorum. Siz fırın gibi mutfakta çalışan çocuklarla ilgilenen ilk kişisiniz. Keşke herkes sizin gibi olsa!'

"Garson şaşırmıştı çünkü ben aşçıları birer insan gibi görüyordum; birer makine gibi değil. Onların istediği tek şey, biraz olsun ilgi görebilmek. Yolda yürürken yanında köpeğiyle yürüyen bir insan gördüğümde mutlaka köpeğe iltifat ederim. Sonra geri dönüp baktığımda adamın da köpeğine hayranlık dolu sözler söylediğini görürüm. Ben köpeğini takdir edince o da takdir etmeyi akıl etmiştir çünkü.

"Bir gün İngiltere'de bir çobanla karşılaştım ve onun büyük, zeki çoban köpeğini ne kadar beğendiğimi belirttim. Bana köpeğini nasıl eğittiğini anlatmasını istedim. Yoluma devam ederken geri dönüp baktım ve köpeğin patilerini çobanın omzuna dayadığını, çobanın da onu okşadığını gördüm. Çobanla ve köpeğiyle ilgilenerek çobanı mutlu etmiştim. Köpek mutlu olmuştu, ben de mutlu olmuştum."

Eşyalarını taşıyan hamallarla el sıkışan, sıcak mutfakta çalışan aşçılar için üzüldüğünü söyleyen, karşılaştığı kişinin köpeğine iltifat eden bir adamın üzüldüğünü, bunaldığını ve psikolojik yardıma ihtiyaç duyduğunu düşünebilir misiniz? Düşünemezsiniz değil mi? Ünlü bir Çin atasözü şöyle der: "Gülün kokusu onu veren elde kalır."

Bunu Yale'den Billy Phelps'e söylemeye gerek yoktu. O bunu zaten biliyordu. Üstelik bunu yaşıyordu.

Eğer bir erkekseniz, bu paragrafı okumadan geçebilirsiniz. Sizi ilgilendirmeyecektir, çünkü mutsuz, üzgün bir kızın birçok erkeğin kendisine nasıl evlenme teklif etmesini sağladığını anlatıyor. Bunu yapan kız şu anda bir büyükanne. Birkaç yıl önce, onların evine konuk olmuştum. Kasabaya bir konferans vermeye gitmiştim. Ertesi sabah onunla birlikte New York'a giden treni yakalamak üzere yola çıktık. Yolda dost kazanmaktan söz etmeye başladık. "Bay Carnegie," dedi bana, "size daha önce hiç kimseye itiraf etmediğim bir şeyi itiraf edeceğim. Bunu kocama bile söylemedim. Benim gençliğim yoksulluk içinde geçti. Biz, yaşıtımız genç kızlar gibi eğlenemiyorduk. Hiçbir zaman güzel kıyafetlerim olmadı. Eski püskü, üzerime olmayan, modası geçmiş şeyler giyiyordum. Öylesine utanıyordum ki her gece yatağımda gizli gizli ağlıyordum. O kadar büyük bir umutsuzluğa kapılmıştım ki son çare olarak birlikte yemeğe gittiğim kavalyelerime deneyimleri, fikirleri ve geleceğe ilişkin planlarına dair sorular sormaya başladım. Bunları, cevaplarını merak ettiğim için sormuyordum. Tek amacım kavalyemin benim eski püskü giysilerime bakmasını engellemeye çalışmaktı. Ancak garip bir şey oldu; ben bu genç adamların konuşmalarını dinleyip onlar hakkında daha fazla şey öğrendikçe söyledikleri şeylerle gerçekten ilgilenmeye başladım. Hatta öylesine ilgilenmeye başladım ki giysilerimi kendim bile unuttum. Beni asıl şaşırtan şey ise şuydu; benim iyi bir dinleyici olmam ve onları konuşmaya teşvik etmem genç adamları mutlu ediyordu. Yavaş yavaş grubumuzun en popüler kızı ben olmuştum. Genç adamların üçü de bana evlenme teklif etmişlerdi."

Bu bölümü okuyan bazı kişiler şöyle diyebilirler: "Bütün bu başkalarıyla ilgilenme meselesi saçmalıktan başka bir şey değil! Bunlar beni hiç ilgilendirmiyor! Beni cüzdanıma giren para ilgilendirir! Ben paramı kazanmaya bakarım. Gerisi bana vız gelir!"

Evet, siz böyle düşünüyor olabilirsiniz. Ama eğer siz haklıysanız, tarihteki bütün filozof ve öğretmenler -İsa, Konfüçyüs, Buda, Plato, Aristo, Sokrat yanılıyor demektir. Eğer dini liderlerin sözlerini önemsemiyorsanız, gelin iki ateistin sözlerine kulak verelim. Önce Cambridge Üniversitesi'nden A. E. Housman'ın sözlerini ele alalım. Housman 1936 yılında Cambridge Üniversitesi'nde "Şiir ve Doğası" başlıklı bir konuşma yapmış ve şöyle demişti: "Şimdiye kadar söylenmiş en büyük sözler İsa'nın şu sözleridir: 'Yaşamı arayan kişi onu kaybeder. Yaşamını kaybeden kişi ise aslında onu bulmuş demektir.'"

Housman bir ateist ve pesimistti, intiharı düşünebiliyordu, ama yine de yalnızca kendisini düşünen birinin yaşamda hiçbir şey elde edemeyeceğine inanıyordu. Başkalarına yardım etmek uğruna kendini unutan kişi ise yaşamdan gerçekten zevk alabilirdi.

Eğer Housman'ın sözleri sizi etkilemiyorsa, bir de yirminci yüzyılın en ünlü Amerikalı ateisti Theodore Dreiser'i dinleyin.

Dreiser dinlerin birer masal olduğunu söylüyor ve yaşamı "bir aptalın anlattığı, hiçbir anlamı olmayan bir hikâye" olarak görüyordu. Ama o da başkalarına yardım etmenin önemine değinmişti. "Eğer kişi hayattan zevk almak istiyorsa, bazı şeyleri yalnızca kendisi için değil, başkaları için de nasıl daha iyi hale getireceğini düşünüp planlamalıdır," diyordu Dreiser. "Çünkü insanın mutluluğu, diğerlerinin mutluluğuna bağlıdır."

"Bazı şeyleri diğerleri için de daha iyi hale getirmek" istiyorsak çabuk olmalıyız. Geçen her dakikanın büyük bir önemi var. "Bu dünyaya bir kere geleceğim. Bu yüzden yapabileceğim bütün iyilikleri bir an önce yapmalıyım."

Üzüntüden kurtulmak, mutlu ve huzurlu olmak istiyorsanız, işte yedinci kural:

Başkalarıyla ilgilenerek kendinizi unutun.
Her gün bir iyilik yapın ve birinin yüzünü güldürün.

DÖRDÜNCÜ BÖLÜMÜN ÖZETİ

MUTLU VE HUZURLU OLMANIZI SAĞLAYACAK ZİHİNSEL BİR TUTUM GELİŞTİRMENİN YEDİ YOLU

Birinci Kural: Zihnimizi huzur, cesaret, sağlık ve umut dolu düşüncelerle dolduralım. Çünkü hayat düşüncelerimizden oluşuyor.

İkinci Kural: Düşmanlarımıza karşı kin tutmayalım.

Eğer kin tutarsak onlara değil kendimize zarar vermiş oluruz. General Eisenhower'ın yaptığını yapalım; sevmediğimiz insanları düşünerek bir dakikamızı bile harcamayalım.

Üçüncü Kural: 1. Nankörlüklerin bizi üzmesine izin vermeyelim; hatta bunlara karşı hazırlıklı olalım. Unutmayın, İsa bir günde on kişiye iyilik yapmıştı, ama yalnızca bir kişi ona teşekkür etmişti. Biz neden farklı bir şey bekleyelim?

2. Mutluluğa giden en önemli yolun iyilik yaptığımız kişilerden minnet beklememek olduğunu unutmayalım. Yalnızca vermenin zevkini almak için verelim.

3. Minnetin "öğrenilebilir" bir şey olduğunu unutmayalım. Çocuklarımızın minnet duymasını bilmelerini istiyorsak bunu onlara öğretelim.

Dördüncü Kural: Sahip olduğumuz şeyleri önemseyelim; sorunları değil!

Beşinci Kural: Diğerlerini taklit etmeyelim. Kendimizi keşfedelim ve kendimiz olalım. Taklit, intihar gibidir.

Altıncı Kural: Kader bize bir limon verdiğinde limonata yapalım.

Yedinci Kural: Başkalarının mutlu olmasını sağlayarak kendi mutsuzluğumuzu unutalım. Başkalarına karşı iyi olursak, kendimize karşı da iyi oluruz.

BEŞİNCİ BÖLÜM

ELEŞTİRİLER NEDENİYLE ÜZÜLMEKTEN KAÇINMANIN YOLLARI

19

UNUTMAYIN, MEYVE VEREN AĞACI TAŞLARLAR!

1929 yılında eğitim çevrelerinde ulusal sansasyon yaratan bir olay oldu. Amerika'nın her yöresinden aydınlar olaya tanık olmak için Chicago'ya koştular.

Birkaç yıl önce Robert Hutchins adında bir genç adam, garsonluk, kereste işçiliği, ev öğretmenliği, konfeksiyon satıcılığı yaparak Yale Üniversitesi öğrenciliğine kadar yükselmişti. Şimdi, sekiz yıl sonra Amerika'nın en iyi üniversiteleri arasında dördüncü sırada olan Chicago Üniversitesi'nin rektörlüğüne getirilmişti. Yaşı mı? Henüz otuzdu! İnanılır gibi değildi! Yaşlı öğretim üyeleri olamaz anlamında başlarını iki yana sallıyorlardı. Her yönden gelen eleştiriler, bu "harika çocuk"un üzerine yağmur gibi yağıyordu. Çok gençti, deneyimsizdi, eğitime ilişkin düşünceleri aykırıydı. Basın bile bu saldırıya katıldı.

Rektörlük görevine getirildiği gün, bir arkadaşı Robert Maynard Hutchins'in babasına, "Bu sabah gazetede oğlunuzu aşağılayan yazıları okuduğum zaman şok geçirdim," demişti.

Yaşlı Hutchins, "Evet, çok sert bir eleştiriydi, ama unutmayın, meyve veren ağacı taşlarlar," diye yanıtlamıştı.

Evet, ağaç ne kadar verimliyse, onu taşlayan insanlar o kadar mutlu olurlar. Daha sonra VIII. Edward unvanıyla tahta geçen Galler Prensi de bu olaydan payına düşeni almıştı. Prens, Deniz Harp Okulu'nun dengi olan Devonshire'daki Dartmouth Koleji'nde öğrenim görüyordu. Henüz on dört yaşındaydı. Görevliler bir gün onu ağlarken buldular ve ne olduğunu sordular. Prens ilk önce konuşmak istemedi, ama sonra gerçeği itiraf etti: Öğrenciler onu pataklamıştı. Okulun komutanı öğrencileri topladı ve onlara prensin ne yaptığını öğrenmek istediğini söyledi.

Başlarını eğip, gözleriyle ayak parmaklarını inceledikten, biraz kem küm ettikten sonra öğrenciler sırf ileride kralın donanmasında birer subay olduklarında, "Kralı pataklamıştık!" diyebilmek için bu işe kalkıştıklarını itiraf ettiler!

Bu nedenle saldırıya uğrayıp eleştirildiğinizde, bunu yapanın, kendini önemli biri sanarak büyük keyif aldığı için bu işi yaptığını aklınızdan çıkarmayın. Çoğunlukla eleştirinin nedeni dikkat çekecek kadar büyük bir iş başarmanızdır. Pek çok kişi kendisinden daha iyi eğitim görmüş veya daha başarılı olan birini suçlayıp eleştirerek bundan tuhaf bir keyif alır. Örneğin ben bu bölümü yazdığım sırada, bir kadından Kurtuluş Ordusu'nun kurucusu General William Booth'u suçlayan bir mektup aldım. General Booth'u öven bir radyo yayını yapmıştım, kadın bu nedenle bana yazmıştı. General Booth'un, fakirler için topladığı paranın sekiz milyon dolarını çaldığını söylüyordu. Suçlama hiç kuşkusuz saçmaydı, ama kadın aslında gerçeğin peşinde değildi. Kendisinden çok yüksekte olan birine çamur atarak acımasız bir yöntemle kendini tatmin ediyordu. Bu zehirli mektubu çöpe attım ve bu kadınla evli olmadığım için Tanrı'ya şükrettim. Mektup benim General Booth hakkındaki kanımı değiştirmemişti; ama o kadın hakkında çok şey öğrenmeme yardımcı olmuştu. Schopenhauer, "Bayağı insanlar, büyük insanların yanlışlıklarından büyük keyif alırlar," demişti.

Yale Üniversitesi'nin rektörünün bayağı bir insan olduğu söylenemez. Bununla birlikte, bu üniversitenin eski rektörlerinden Timothy Dwight'ın, Amerika Birleşik Devletleri'nin başkanlığına koşan adama aşağılayarak saldırmaktan büyük keyif aldığı açıkça görülmekteydi. Yale'in rektörü, "Bu adam başkan seçilecek olursa karılarımızın, kızlarımızın fuhuşa sürükleneceklerini, iffetlerini yitireceklerini, ırzlarına geçileceğini, erdemlerini yitirerek Tanrı'nın ve insanların gazabına uğrayacaklarını" söyleyerek seçmenleri uyarıyordu.

Sanki Hitler suçlanıyormuş gibi, değil mi? Ama hayır, suçlanan Thomas Jefferson'dı. Elbette, Hürriyet Beyannamesi'nin yazarı ölümsüz Thomas Jefferson olamaz diye düşünüyorsunuz. Ama evet, ta kendisi!

Hangi Amerikalı "riyakâr", "düzenbaz", "katilden bir gömlek üstün" denilerek suçlandı sizce? Bir gazete karikatüründe bu adamın kafası giyotinde kesiliyordu. Sokaktan atıyla geçerken halk onu yuhalayıp ıslıklamıştı. Kimdi bu adam? George Washington!

Ancak bütün bunlar yıllar önce olmuştu. Belki de insan doğası o günden beri değişip gelişmiştir. Görelim bakalım.

6 Nisan 1909'da, köpeklerin çektiği kızakla, uğruna yüzyıllar boyunca pek çok cesur insanın acı çekip aç kalarak öldüğü hedefe, Kuzey Kutbu'na vararak dünyayı şaşırtıp heyecanlandıran kâşif Amiral Peary olayını ele alalım. Peary de soğuk ve açlıktan ölmek üzereydi, ayak parmaklarının sekiz tanesi donduğundan kesilmek zorunda kalmıştı. Peş peşe gelen felaketlerden yılmış, aklını yitirmekten korkar olmuştu. Washington'daki üst rütbeli deniz subayları içten içe kaynamaya başlamışlardı; çünkü Beary çok fazla reklam ediliyor, alkış topluyordu. Onu bilimsel araştırmalar için para toplamak, sonra da Kuzey Kutbu bölgesinde tembelce gezinip yan yatmakla suçladılar. Belki de buna gerçekten inanıyorlardı; çünkü insanlar inanmak istediklerine inanırlar. Peary'yi aşağılayıp onun yolunu kesme konusunda öylesine

kararlıydılar ki onun Peary'nin Kuzey Kutbu'ndaki çalışmalarını yürütebilmesi, Başkan McKinley'den aldığı doğrudan emir sayesinde oldu.

Eğer Washington'da, Denizcilik Bakanlığı'nda bir masa başı işinde çalışsaydı Peary böyle bir suçlama ile karşılaşacak mıydı? Hayır, çünkü o zaman kıskançlık yaratacak kadar önemli bir konumda olmayacaktı.

General Grant ise Amiral Peary'den çok daha kötü bir deneyim yaşamıştı. 1862 yılında General Grant o güne kadar Kuzey'in yaşadığı en büyük zaferi kazanmıştı. Bir öğleden sonra elde edilen zafer, General Grant'ı bir gecede milli kahraman yapmış ve Grant'ın zaferinin yankıları Avrupa'nın en uzak köşelerine kadar uzanmıştı. Zaferi kutlamak için kilise çanları çalıyor, yakılan zafer ateşleri Paine'den Mississippi'nin sahillerine kadar alev alev yanıyordu. Ne var ki büyük zaferden altı hafta sonra Kuzey'in büyük kahramanı General Grant tutuklandı ve ordusu elinden alındı. Grant aşağılandığı için umutsuzca ağlıyordu.

General Grant böylesine büyük bir zafer kazanmışken niçin tutuklanmıştı? Son derece kibirli, üst rütbeli generallerin kıskançlık duygularını uyandırdığı için.

Eğer haksız eleştiriler nedeniyle üzüntü duyuyorsanız: Haksız eleştirilerin aslında maskelenmiş bir övgü olduğunu aklınızdan çıkarmayın. Unutmayın; meyve veren ağacı taşlarlar.

20

BUNLARI YAPARSANIZ ELEŞTİRİLER SİZİ İNCİTMEYECEKTİR

Bir kez Orgeneral Smedley Butler, yani ihtiyar "Keskin Göz" ile bir röportaj yapmıştım. Yaşlı "cehennem zebanisi" Butler! Onu hatırladınız mı? Amerika Birleşik Devletleri donanmasının gelmiş geçmiş en renkli kişilikli, en kabadayı generaliydi o.

Bana gençliğinde herkesi etkilemek ve popüler biri olmak için can attığını anlatmıştı. O günlerde en küçük bir eleştiri bile insana batardı. Fakat Butler deniz piyadeleri ile geçirdiği otuz yılın onu katılaştırıp güçlendirdiğini itiraf etti. "Aşağılandım, azarlandım; bana sarı köpek, yılan, kokarca dendi," diye anlattı Butler. "İngiliz dilinde var olan ama yazılamayan küfürlerin tümünün her türlü türetilmiş şekli bana söylendi. Bunlar canımı mı sıktı? Hah! Şimdi birinin bana küfrettiğini duyduğumda kim olduğunu görmek için başımı bile çevirmiyorum."

Belki yaşlı "Keskin Göz" eleştiriye karşı fazla ilgisizdi, ama kesin olan bir şey varsa o da çoğumuzun bize fırlatılan taşları, küçük dokundurmaları çok fazla ciddiye aldığımız. Yıllarca önce bir gün yetişkinler sınıfında bir toplantıya katılan Sun gazetesi muhabirinin beni ve işimi küçümseyerek hicvettiğini hatırlıyorum. Kızmış mıydım? Bunu kişiliğime bir hakaret olarak görmüştüm. Hemen The Sun'ın Yönetim Kurulu Başkanı Gil Hodges'ı aradım ve bu maskaralık yerine gerçekleri anlatan bir makale yayımlamasını istedim. İşlenen suçun cezasını vermeye kararlıydım.

Şimdi o zamanki bu davranışımdan utanıyorum. Gazeteyi okuyan insanların yarısının bu makaleyi hiç görmediğini şimdi anlıyorum. Okuyanların yarısı bu yazının masum bir espri olduğunu düşünmüştür. Ciddiye alıp keyiflenen diğer yarısı ise bir iki hafta içinde okuduklarını unutmuştur.

Şimdi insanların bizi düşünmediğini veya hakkımızda ne söylendiğini umursamadığını biliyorum. Onlar sabahları kahvaltıdan önce, kahvaltıdan sonra, gün boyu ve gece yarısından on dakika sonra, hep kendilerini düşünüyorlar. Başlarındaki şiddetli bir ağrı onları sizin veya benim ölüm haberimizden bin kere fazla ilgilendiriyor.

Bizler hakkında yalanlar söylense, gülünç duruma düşürülsek, aldatılsak, arkamızdan bıçaklansak, en yakın altı arkadaşımızdan birinin ihanetine uğrasak bile ne kendimize acımalı ne de bir yaygara koparmalıyız. Bunun yerine kendimize aynı durumun İsa'nın başına gelmiş olduğunu hatırlatmalıyız. En yakın on iki arkadaşından biri bugünkü para ile on dokuz dolar tutacak bir rüşvet için İsa'ya ihanet etti. Yine en yakın on iki arkadaşından bir diğeri İsa'nın başı derde girdiği anda onu terk etti ve hatta üç kere İsa'yı tanımadığını söyledi, üstelik buna yemin etti. Altıda bir! Eğer İsa'nın başına bunlar geldiyse neden bizler daha iyi bir sonuç elde edelim?

Yıllar önce, eğer insanların beni haksız yere eleştirip suçlamasını engelleyemiyorsam, bundan çok daha önemli bir şey yapabileceğimi fark ettim: Haksız suçlama ve hükümlerin beni etkileyip etkilememesi konusunda kararı kendim verebilirdim.

Bir konuya açıklık getirelim: Hiçbir eleştiriye kulak asmamanızı önermiyorum, kastetmek istediğim bu değil. Ben sadece haksız eleştiriye aldırış etmemek gerektiğini anlatmaya çalışıyorum. Bir keresinde Eleanor Roosevelt'e haksız eleştirilere nasıl tepki verdiğini sormuştum. Kim bilir Bayan Roosevelt ne kadar çok eleştiriyle karşı karşıya kalıyordu! Beyaz Saray'da yaşamış olan diğer tüm kadınlardan çok daha fazla candan dostu vardı belki, ama çok daha fazla acımasız düşmanı da vardı.

Bayan Roosevelt bana genç kızken son derece utangaç olduğunu ve başkalarının kendisi hakkında söyleyebileceklerinden çok çekindiğini anlattı. Eleştirilmekten öyle çok korkuyordu ki bir gün halasından (Theodore Roosevelt'in kız kardeşi) kendisine akıl vermesini rica etmiş, "Bye Teyze, ben bunları yapmak istiyorum, ama eleştirilmekten korkuyorum," demişti.

Teddy Roosevelt'in kız kardeşi onun gözlerinin içine bakmış ve "Sen doğru yaptığına yürekten inanıyorsan başkalarının sözlerinin seni rahatsız etmesine asla izin vermemelisin," diye karşılık vermişti. Eleanor Roosevelt bana, bu minicik öğüdün yıllar sonra Beyaz Saray'da otururken kendisine ne denli destek olduğunu anlattı. Eleştiriye hedef olmamak için tek yapılacak işin narin bir porselen biblo gibi rafta durmak olduğunu söyledi. "Doğruluğuna yürekten inandığınız şeyi yapın, çünkü nasıl olsa eleştirileceksiniz. Yapsanız da size lanet okuyacaklar, yapmasanız da..." dedi. Bize verdiği öğüt buydu.

Matthew C. Brush Amerika Uluslararası Şirketi'nin başkanı iken ona eleştiriye karşı duyarlı olup olmadığını sormuştum. Bana, "Evet, ilk günlerde çok duyarlıydım," diye karşılık vermişti. "Şirketteki tüm işgörenlerin ne kadar mükemmel olduğumu düşünmelerini istiyordum. Böyle düşünmemeleri beni kaygılandırıyordu. İlk yaptığım işlerden biri bana cephe alan kişiyi mutlu etmeye çalışmak oluyordu, ama bunu yaptığımda bir diğer kişiyi öfkelendiriyordum. O kişiyi yatıştırmaya uğraştığımda, bu sefer başka bir çift eşekarısını kışkırttığım için onların vızıldayıp iğnelerini batırmalarına neden oluyordum. En sonunda eleştiriden kaçınmak için incittiğim, kırdığım insanları yatıştırmaya uğraştıkça düşmanlarımın sayısında belirgin bir artış olduğunu fark ettim. Sonuç olarak kendi kendime, "Eğer kalabalığın arasından sıyrılıp kendini gösterirsen eleştiriden kaçamayacaksın, bu nedenle bu fikre alışsan iyi olur," dedim. Bu karar bana son derece yardımcı oldu. O andan itibaren elimden gelenin en iyisini yapmayı kendime ilke edindim, ama yapacak bir şey kalmadığında da şemsiyemi açtım, eleştiri yağmurunun ensemden içeri süzülmesindense üzerimden akıp gitmesini sağlamaya çalıştım.

Deens Taylor bir adım daha ileri gitti: Hem eleştiri yağmurunun ensesinden içeri süzülmesine izin verdi hem de herkesin önünde bu duruma kahkahalarla güldü. New York Filarmoni, Senfoni Orkestrası'nın pazar günü öğleden sonra yayımlanan radyo konserinde verilen ara sırasında yorum yaparken bir kadın ona, "yalancı, hain, yılan, kişiliksiz" sıfatlarını sıraladığı bir mektup göndermişti. Bay Taylor Of Men and Music (İnsanlar ve Müzik) adlı kitabında, "O kadının ne söylediğinin farkında bile olmadığını düşünüyorum," diyor. Bay Taylor bu mektubu milyonlarca dinleyicinin önünde okumuş ve birkaç gün sonra aynı hanımdan bir mektup daha almıştı. Bay Taylor, "Kadın değiştirmediği kanısını bir kere daha yineliyor ve benim hâlâ bir yalancı, bir hain, bir yılan ve ahmak olduğumu yazıyordu," diyor. Eleştiriye bu şekilde tepki veren bir adama hayran olmamak elde değil.

Onun asaletine, sarsılmayan özgüvenine ve mizah anlayışına hayranlık duyuyorum.

Charles Schwab, Princeton'da bir grup öğrenci ile konuşurken o güne kadar aldığı en iyi dersin kendisine Schwab Çelik Fabrikası'nda çalışan yaşlı bir Alman tarafından verildiğini söylemişti. Bu yaşlı Alman diğer çelik işçileri ile savaş dönemine ilişkin hararetli bir tartışmaya girişince adamlar onu nehre atmışlardı. Bay Schwab, üstü başı çamur içinde, her yerinden sular süzülerek ofisine gelen Alman'a onu nehre atan adamlara ne dediğini sormuştu. "Sadece güldüm!" diye karşılık vermişti Alman.

Bay Schwab, yaşlı Alman'ın "Sadece güldüm!" sözlerini kendisine yaşam felsefesi olarak aldığını söylüyordu.

Bu felsefe, özellikle haksız eleştiriye uğradığınızda son derece yararlı olacaktır. Size sert bir biçimde karşılık veren insana ne yapabilirsiniz?

Lincoln, kendisine yönelik tüm acımasız eleştirilere gülüp geçmeyi öğrenmemiş olsaydı, içsavaşın baskısı altında eriyip giderdi. Oysaki onun yaptığı eleştiri tanımı literatüre geçti ve bir hazine gibi değer kazandı. General MacArthur bu sözlerin bir kopyasını savaş sırasında karargâhtaki masasının üstüne asmıştı. Winston Churchill ise yine sözlerin bir kopyasını çerçeveletip Chartwell'deki çalışma odasının duvarına astı. Sözler şöyleydi:

"Eğer tüm saldırılara karşılık vermeye kalksaydım, her şeye veda etmek zorunda kalırdım. Elimden geleni, doğru bildiğimi yapıyorum; sonsuza dek de yapacağım. Doğruya ulaşırsam söylenenlerin önemi kalmaz. Yanlış yaparsam, on melek haklı olduğumu söylese de farkı olmaz."

Haksız bir eleştiri ile karşılaştığınızda şunu aklınızdan çıkarmayın:

Elinizden geleni yapın; sonra şemsiyenizi açın ve eleştiri yağmurunun ensenizden içeri süzülmesini engelleyin.

21

YAPTIĞIM APTALCA ŞEYLER

Dosyalarımı sakladığım çekmecede, "YAŞ" yani "Yaptığım Aptalca Şeyler" adında özel bir dosyam var. Bu dosyaya yaptığım ve kendimi suçladığım aptalca şeyleri kaydediyorum. Bazen bunları sekreterime dikte ediyorum. Bazen de bunlar çok özelse ve başkalarına söylemekten utanacağım kadar aptalca şeylerse oturup kendim yazıyorum.

Bundan on beş yıl önce dosyama kaydettiğim bazı Dale Carnegie eleştirilerini bugün bile anımsıyorum. Eğer kendime karşı tam anlamıyla dürüst olabilseydim, bugün böyle pek çok dosyam olurdu. Kral Saul'un otuz asır önce söylediklerini ben de tekrarlayabilirim sanırım: "Aptallık ettim ve çok fazla hata yaptım."

"YAŞ" dosyalarını çıkarıp okumak benim en büyük sorunumla, Dale Carnegie'yi idare etme sorunuyla başa çıkmamı kolaylaştırıyor. Önceleri sorunlarım yüzünden başkalarını suçlardım. Büyüyüp olgunlaştıkça başıma gelen tüm kötü olaylardan benim sorumlu olduğumu fark ettim. Birçok insan bunu fark ediyor. "Düşüşümden hiç kimse sorumlu değil," demişti Napolyon. "Bunun sorumlusu benim. Kendi kendimin en büyük düşmanı oldum ben. Kendi sonumu kendim hazırladım."

Size, kendini takdir edip yönetme konusunda gerçek bir sanatçı olan birinden söz edeceğim. Bu kişinin adı H. P. Howell idi. Howell'ın Ambassador Oteli'nin eczanesinde öldüğü haberi tüm ülkede bomba gibi patladı. Wall Street allak bullak olmuştu, çünkü Howell Ulusal Ticaret Bankası'nın ve Trust Firması'nın başkanıydı. Çeşitli kuruluşların da yönetim kurulundaydı. Çok az eğitim almış, iş hayatına tezgâhtarlık yaparak atılmış, ABD Çelik'in kredi müdürü olmuş ve giderek büyük bir güç ve para kazanmıştı.

"Yıllarca bütün günlük randevularımı deftere kaydettim," demişti Howell kendisine başarısının sırrını sorduğumda, "ailem cumartesi planlarına beni hiç dahil etmez, çünkü cumartesi günlerini benim bir haftayı gözden geçirmeye ayırdığımı bilirler. Yemekten sonra odama çekilir, defterimi açar, pazartesiden itibaren yaptığım bütün görüşmeleri, toplantıları, aldığım kararları gözden geçiririm. Kendi kendime ne gibi hatalar yaptığımı, neleri doğru yaptığımı, performansımı nasıl yükseltebileceğimi, bu deneyimlerden ne gibi dersler alabileceğimi sorarım. Bazen bu gözden geçirmelerin beni mutsuz ettiği olur. Yaptığım hatalar beni çok şaşırtır. Elbette yıllar geçtikçe bu hatalar azalıyor. Yıllardır yaptığım bu analizlerin büyük yararını gördüm."

Belki de H. P. Howell bu fikri Benjamin Franklin'den almıştı. Ancak Franklin cumartesi günlerini beklemiyordu. O her gece kendini sorguluyordu. On üç önemli hatası olduğunu keşfetmişti. Bunlardan üçü zaman kaybetmek, olur olmaz şeyler için endişelenmek ve insanlarla çekişip kavga etmekti. Yaşlı bilge Franklin bunlardan kurtulmadığı sürece ilerleme kaydedemeyeceğini anlamıştı. Bu yüzden her gün, kusurlarından biriyle mücadele etmiş ve bu mücadeleyi kimin kazandığını defterine kaydetmişti. Ertesi hafta diğer bir kötü alışkanlığına sıra geliyor, Benjamin Franklin de boks eldivenlerini giyip ringe çıkıyordu. Bu tam iki yıl sürdü.

Benjamin Franklin'in ulusunun en sevilen ve insanları en fazla etkileyen kişilerinden biri olmasına şaşmamak gerek!

Elbert Hubbard şöyle demişti: "Her insan günün en az beş dakikasını aptallık yaparak geçirir. Akıllılık, bunu aşabilmektir."

Sıradan insan en küçük bir eleştiri karşısında öfkelenir; akıllı insan ise bu eleştirilerden, kendisini engelleyen, onaylamayan şeylerden ders almayı bilen kişidir. Walt Whitman "Size hayran olan ve size yumuşak bir tavırla yaklaşan kişilerden mi yoksa size karşı gelenlerden mi ders alırsınız?" diye sormaktadır. Siz de fikirlerinize katılmayan, size karşı çıkan ve sizinle tartışan kişilerden ders almadınız mı hiç?

Düşmanlarımızın bizi ya da yaptığımız işleri eleştirmelerine fırsat veren kusurlarımızı düzeltmeye çalışalım. Kendimizin en iyi eleştirmeni olalım. Düşmanlarımız tek söz edemeden kendi güçlüklerimizi yenelim. Charles Darwin de öyle yapmıştı; hatta tam on beş yılını eleştiri yaparak geçirmişti. Darwin ölümsüz kitabı The Origin Of The Species'ı (Türlerin Kökeni) tamamladığında, evrim konusunda devrim yaratacak bu kitabın tüm entelektüel dünyayı ve din dünyasını sarsacağını anlamıştı. Bu yüzden kendi eleştirmeni olmuş, on beş yıl boyunca verilerini kontrol etmiş, vardığı sonuçları eleştirmişti.

Biri size tam bir aptal olduğunuzu söylese ne yapardınız? Kızar mıydınız? Lincoln'ün Savaştan Sorumlu Sekreteri Edward M. Stanton bir kez Lincoln'ün tam bir aptal olduğunu söylemişti. Lincoln işlerine karıştığı için Stanton çok öfkeliydi. Lincoln bencil bir politikacıyı memnun etmek için bazı belgeler imzalamıştı. Stanton, Lincoln'ün emirlerine karşı gelmekle kalmamış, bu imzaları attığı için onun tam bir aptal olduğunu da söylemişti. Lincoln bunu duyduğunda sakin bir tavırla şu yanıtı vermişti: "Stanton benim aptal olduğumu söylediyse demek ki ben bir aptalım. Çünkü Stanton hemen hemen her zaman haklıdır. Bunu düşüneceğim."

Daha sonra Lincoln, Stanton'u görmeye gitmişti. Stanton,

onun bu belgeleri imzalamaması gerektiğini söylemiş, Lincoln de bunun doğru olduğunu kabul etmişti. Lincoln iyi niyetli ve samimi olduğunu ve yardım amacıyla yapıldığını bildiği eleştiriyi büyük bir hoşgörüyle karşılamıştı.

Bizler de bu tür eleştirileri hoşgörüyle karşılamalıyız, çünkü hiçbirimizin her zaman haklı olması mümkün değil. En büyük bilginlerden Einstein bile vardığı sonuçların yüzde doksanının yanlış olduğunu söylemişti!

"Düşmanlarımızın fikirleri," diyordu La Rochefoucauld, "bizi doğrulara yaklaştırır." Bu sözün doğru olduğunu biliyorum, ama ne zaman biri beni eleştirmeye başlasa, bu kişinin ne söyleyeceğini bile doğru dürüst dinlemeden hemen savunmaya geçiyorum. Böyle yaptığım için kendime çok kızıyorum. Bir yergiyle karşılaştığımızda hemen alınırız, övgüyle karşılaştığımızda ise bunun doğru olup olmadığına bakmaksızın büyük bir mutlulukla bu övgüyü kabulleniriz. Bizler mantıklı yaratıklar değiliz. Duygularımızla hareket ediyoruz. Mantığımız, fırtınalı duygu denizinde güçlükle ilerleyebilen bir tekneden farksız değil.

Birisinin hakkımızda kötü şeyler söylediğini duyarsak hemen savunmaya geçmeyelim. Ancak bir aptal bunu yapar. Biz farklı ve akıllıca davranalım. Eleştiriyi kabul edelim ve kendi kendimize şunu söyleyelim: "Eğer bu eleştiriyi yapan kişi benim diğer hatalarımı da bilseydi, beni çok daha katı bir biçimde eleştirirdi."

Daha önceki bölümlerde, haksız bir biçimde eleştirildiğinizde neler yapmanız gerektiğinden söz etmiştik. Şimdi size yeni bir öneride bulunacağım. Haksız bir eleştiriye uğradığınızda çok öfkelendiğinizi hissederseniz, "Dur bir dakika! Ben kusursuz değilim. Eğer Einstein olayların yüzde doksanında hatalı davrandığını söylüyorsa, ben de en azından yüzde sekseninde hatalı davranıyorumdur. Belki de bu eleştiriyi hak ediyorum. Eğer ediyorsam, eleştirildiğim için şükretmeli ve bu eleştirinin tadını çıkarmalıyım," deyin.

Pepsodent Firması'nın eski yöneticilerinden Charles Luckman, Bob Hope'u yayına sokmak için yılda bir milyon dolar harcamıştı. Daha sonra programı öven değil, eleştiren mektupları okudu. Çünkü bunlardan çok şey öğreneceğini biliyordu.

Ford Firması yetkilileri de çalışanlarının firmanın yönetimini ve işleyişini eleştirmesini isterlerdi.

Karşısındaki kişilerden özellikle kendisini eleştirmelerini isteyen eski bir sabun satıcısı tanıyorum. Bu kişi Colgate için sabun satmaya başladığında çok az sipariş alıyordu. Bu yüzden işini kaybetmekten korkuyordu. Sabunda ve satış fiyatında bir sorun olmadığına göre, sorun kendisinden kaynaklanıyordu. Satış yapamadığı zamanlar oturup nerede hata yaptığını düşünüyordu. Yeterince açık konuşmamış mıydı? Yeterince coşkulu görünmemiş miydi? Sonunda müşterilere geri dönüp "Bu kez sabun satmaya gelmedim. Öğütlerinizi ve eleştirilerinizi dinlemeye geldim. Birkaç dakika önce gelip size sabun satmaya çalıştığımda neyin yanlış olduğunu söyler misiniz? Siz benden daha başarılı ve daha deneyimli birisiniz. Lütfen açık konuşun. Beni eleştirin. Çekinmeden yapın bunu!" demeye başladı. Onun bu tavrı pek çok dost edinmesini ve değer biçilemez öğütler almasını sağladı.

Sonra ne olduğunu tahmin edebilir misiniz? Sabun satıcısı, dünyanın en büyük sabun firmalarından biri olan Colgate-Palmolive Firması'nın yöneticiliğine kadar yükseldi. Bu kişinin adı E. H. Little'dı.

H. P. Howell'ın, Ben Franklin'in, E. H. Little'ın yaptıklarını ancak akıllı bir insan yapabilir. Şimdi neden kimse görmeden aynaya bakmıyor ve sizin de böyle akıllı bir insan olup olmadığınızı düşünmüyor musunuz?

Eleştirilerin sizi üzmesini istemiyorsanız, üçüncü kuralı uygulayın:

Yaptığımız aptalca şeyleri bir deftere kaydedelim ve kendimizi eleştirelim. Kusursuz olmayı bekleyemeyeceğimize göre, E. H. Little'ın yaptığını yapalım; karşımızdaki kişilerin bize yardım etmeyi amaçlayan, yapıcı, iyi niyetli eleştirilerine kulak verelim.

BEŞİNCİ BÖLÜMÜN ÖZETİ

ELEŞTİRİLERİN SİZİ ÜZMESİNİ ENGELLEMENİN YOLLARI

Birinci Kural: Haksız eleştiri aslında gizli bir iltifattır. Bu, sizi kıskananlar ve sizi çekemeyenler olduğunu gösterir. Unutmayın, meyve veren ağacı taşlarlar.

İkinci Kural: Elinizden geleni yapın; şemsiyenizi açın ve eleştiri yağmurunun ensenizden içeri süzülmesini engelleyin.

Üçüncü Kural: Yaptığınız aptalca şeyleri bir deftere kaydedin ve kendinizi eleştirin. Kusursuz olmayı bekleyemeyeceğinize göre, E. H. Little'ın yaptığını yapın; karşınızdaki kişilerin yardım etmeyi amaçlayan, yapıcı, iyi niyetli eleştirilerine kulak verin.

ALTINCI BÖLÜM

YORGUNLUKTAN VE ÜZÜNTÜDEN UZAK DURUP MORALİNİZİ VE ENERJİNİZİ YÜKSEK TUTMANIN ALTI YOLU

22

HER GÜN UYANIK GEÇİRDİĞİNİZ ZAMANA BİR SAAT EKLEMENİN YOLU

Neden üzüntüden kurtulmanın yollarını anlatan bir kitapta, yorgunluktan kurtulmanın yolları hakkında bir bölüm yazıyorum? Çok basit; çünkü yorgunluk üzüntüye neden olur, en azından üzüntüye karşı direncinizi yitirmenize yol açar. Herhangi bir tıp öğrencisi size yorgunluğun insanı soğuk algınlığına ya da diğer pek çok hastalığa karşı dirençsizleştirdiğini söyleyecektir. Bir psikiyatr da kendinizi yorgun hissettiğiniz zaman, korku ya da üzüntü gibi duygulara karşı daha hassas olduğunuzu söyleyebilir. Bu yüzden yorgunluğu önlemek, üzüntüyü önlemeniz anlamına gelebilir.

Anlamına gelebilir mi dedim? Sanırım olayı biraz hafife almışım. Dr. Edmund Jacobson bundan çok daha fazlasını söylüyor. Chicago Üniversitesi'nde Klinik Psikoloji Laboratuvarı'nda yöneticilik yapan ve gevşeme konusunda iki de kitap yazan Dr. Jacobson, tıbbi bir yöntem olarak gevşemenin önemi konusunda iki yıl boyunca araştırma yapmış ve "Tam bir gevşeme durumunda hiçbir duygusal veya sinirsel sorun yaşanmaz," sonucunu ortaya koymuştu. Başka bir deyişle, Jacobson "Tam anlamıyla gevşer ve rahatlarsanız, üzüntüden kurtulursunuz," demek istiyordu.

O halde yorgunluğu ve üzüntüyü önlemek için birinci kural şu: Sık sık dinlenin. Hatta yorulmayı beklemeden dinlenin. Bu neden bu kadar önemli? Çünkü yorgunluk seviyesi şaşırtıcı bir hızla yükselir. Amerika Birleşik Devletleri Ordusu'nun yaptığı testler, ordu tarafından eğitilen genç erkeklerin bile her saat başı çantalarını bırakıp on dakika dinlendiklerinde daha dayanıklı olduğunu ve daha iyi yürüdüğünü ortaya koymuştur. Ordu, askerleri bunu yapmaya zorlamıştır. Kalbiniz de ordu kadar akıllıdır. Bu kalp her gün vücudunuza bir tankeri dolduracak kadar kan depolar. Yirmi dört saatte bir yirmi ton kömürü bir metre yüksekliğinde bir platforma kürekle atabilecek kadar enerji verir. Bu görevi elli, yetmiş, hatta doksan yıl boyunca yerine getirir. Buna nasıl dayanır? Harvard Üniversitesi Tıp Fakültesi'nden Dr. Walter B. Cannon bunu şöyle açıklamaktadır: "Birçok insan kalbin hiç durmadan çalıştığını düşünür. Aslında kalp her kasılmadan sonra bir süre dinlenmektedir. Dakikada yetmiş kez atan bir kalp aslında yirmi dört saatin dokuzunu çalışarak geçirmektedir. Kalbin toplam dinlenme süresi on beş saattir."

İkinci Dünya Savaşı sırasında yetmişli yaşlarının başında olan Winston Churchill günde on altı saat çalışabiliyordu. Peki sırrı neydi? Sabah on bire kadar yatağında oturuyor, raporları okuyor, emirler veriyor, telefon görüşmeleri yapıyor ve önemli görüşmeler gerçekleştiriyordu. Öğle yemeğinden sonra yine bir saat uyuyordu. Akşam yemeğinden önce de saat sekize kadar iki saatini uykuya ayırıyordu. Churchill'in yorgunluktan kurtulmaya çalışmasına gerek yoktu. Çünkü kendisini yorulmaktan alıkoyuyordu. Düzenli olarak sık sık dinlendiği için gece yarısına kadar dinç bir biçimde çalışabiliyordu.

John. D. Rockefeller de olağanüstü iki rekor kırmıştı. Hem dünyanın en büyük servetlerinden birine sahip olmuş hem de doksan sekiz yaşına kadar yaşamıştı. Bunu nasıl yapmıştı? En önemli neden, uzun yaşama özelliğinin kalıtımsal bir özellik olmasıydı. Ayrıca Rockefeller her öğlen ofisinde yarım saat kadar uyuyordu. Bu uyku sırasında ABD Başkanı bile onu uyandıramazdı!

Why Be Tired? (Neden Yoruluruz) adlı kitabında Daniel W. Josselyn'in yazdıklarına kulak verelim: "Dinlenmek, hiçbir şey yapmamak anlamına gelmez. Dinlenmek, kendini yenilemektir." Beş dakikalık bir uyku bile yorgunluğunuzu atıp kendinizi yenilemenize yetecek gücü kazanmanızı sağlayabilir. Eski ünlü beysbolculardan Connie Mack, her maçtan önce bir süre kestirmezse beşinci vuruştan sonra yorulduğunu söylemişti.

Eleanor Roosevelt'e beş yıl boyunca Beyaz Saray'da yaşamanın yükünü nasıl taşıyabildiğini sorduğumda, kendisi bana topluluk önüne çıkmadan ya da konuşma yapmadan önce rahat bir sandalyeye oturduğunu, gözlerini kapatıp beş dakika süreyle dinlendiğini anlatmıştı.

Gene Autry ile de onun Madison Square Garden'daki odasında görüşmüştüm. Gene, Dünya Rodeo Şampiyonası'nın ilgi odağıydı. Gözüm birden odadaki portatif karyolaya takıldı. "Her gün öğleden sonra orada uyuyorum," dedi Gene. "Gösterilerin arasında da bir saat kestiriyorum. Hollywood'da film çevirirken de büyük, rahat bir sandalyeye oturur, günde iki ya da üç kez onar dakika şekerleme yapardım. Bu şekerlemeler kendimi çok daha zinde hissetmemi sağlardı."

Edison da bitmek tükenmek bilmeyen enerjisini ve dayanıklılığını uyku alışkanlığına bağlıyordu.

Henry Ford'la sekseninci doğum gününden birkaç gün önce görüşmüştüm. Onun o kadar dinç ve sağlıklı görünmesine şaşırıp kendisine bunun sırrını sorduğumda "Eğer oturabileceksem ayakta durmam. Uzanabileceksem oturmam," demişti.

"Modern eğitimin babası" Horace Mann da yaşlandıkça aynı şeyi yapmaya başlamıştı. Antioch Koleji'nde yöneticilik yaparken, öğrencileriyle bir divana uzanarak görüşüyordu.

Hollywood'da bir film yönetmenini benzer bir tekniği uygulama konusunda ikna ettim. Kendisi daha sonra bu yöntemin mucizeler yarattığını söyledi. Hollywood'un en önemli yönetmenlerinden biri olan Jack Chertock'tan söz ediyorum. Jack birkaç yıl önce bana geldiğinde, M-G-M'nin kısa metrajlı filmler bölümünün başında bulunuyordu. Kendisini çok yorgun ve bitkin hissediyordu. Her şeyi denemişti; tonikler, vitaminler, ilaçlar... Hiçbir şeyin faydası olmamıştı. Ona her gün tatil yapmasını önerdim. Nasıl mı? Ofisinde yazarlarla görüşürken bir yere uzanarak. İki yıl sonra onunla tekrar karşılaştığımda "Bir mucize oldu," dedi. "Bunu ben söylemiyorum, doktorlarım bunun bir mucize olduğuna inanıyorlar. Eskiden yaptığım görüşmeler sırasında bir sandalyenin üzerinde dimdik otururdum. Şimdi bu toplantılar sırasında uzanıyorum. Kendimi son yirmi yıldır hissetmediğim kadar iyi hissediyorum. Günde iki saat fazla çalışabiliyorum, çünkü yorulmuyorum."

Bu sizin için de uygun mu? Eğer bir sekreterseniz ofisinizde şekerlemeler yapamazsınız. Bir muhasebeciyseniz, patronunuzla finansal sorunları görüşürken bir divana uzanmanız olanaksızdır. Ama eğer küçük bir kentte yaşıyorsanız ve öğle yemekleri için eve gidiyorsanız, yemekten sonra on dakika kestirebilirsiniz. General George C. Marshall da bunu yapıyordu. Savaş sırasında ABD ordusunu yönetmekten öylesine yorgun düşüyordu ki öğlenleri uyumak zorunda kalıyordu.

Eğer öğlenleri dinlenme fırsatınız yoksa, akşam yemeklerinden önce bir saat uyumayı deneyebilirsiniz. Eğer akşam saat beş altı civarında bir saat uyuyabilirseniz, uyanık geçirdiğiniz saatlere bir saat ekleyebilirsiniz. Neden mi? Nasıl mı? Çünkü akşam bir saat, gece de altı saat uyumak size aralıksız sekiz saat uyumaktan daha iyi gelecektir.

Beden gücüyle çalışan bir kişi ne kadar çok dinlenebilirse o kadar fazla iş yapabilir. Frederick Taylor, bunu, Bethelem Çelik Firması'nda bilimsel yönetim mühendisi olarak çalışırken fark etmişti. Taylor, işçilerin her birinin nakliye kamyonlarına günde 125 ton dökme demir yüklediğini ve öğlen olmadan hepsinin yorulduğunu gözlemledi. Oturup yorgunluğa neden olan bütün faktörleri dikkate aldığı bilimsel bir çalışma yaptı ve bu adamların günde 12.5 değil tam kırk yedi ton demir yükleyebileceklerini keşfetti. Kronometreyle çalışması için Bay Schmidt adında birini seçti. Elinde saatle Schmidt'in başında duran adam ona "Şimdi otur... Dinlen... Yürü... Şimdi dinlen..." gibi uyarılarda bulunuyordu.

Sonuçta ne mi oldu? Diğer adamlar günde 12.5 ton demir yüklerken Schmidt tam 47 ton demir yükledi. Frederick Taylor'ın Bethelem'de çalıştığı üç yıl boyunca da aynı performansı korudu. Schmidt bunu yapabiliyordu, çünkü yorulmadan dinleniyordu. Bir saatin 24 dakikasını çalışarak, 36 dakikasını dinlenerek geçiriyordu. Çalıştığından daha uzun bir süre dinlenmesine karşın diğerlerinin dört katı iş yapabiliyordu.

Gelin bir kez daha tekrar edelim: Hepimiz Ordu'nun yaptığını yapalım ve sık sık dinlenelim. Kalbimizi örnek alalım ve yorulmadan dinlenelim. Böylece uyanık geçirdiğimiz saatlere bir saat daha ekleyebiliriz.

23

SİZİ YORAN ŞEY NEDİR VE BU KONUDA NE YAPABİLİRSİNİZ

İşte size şaşırtıcı ama önemli bir gerçek: Zihinsel çalışma tek başına sizi yormaya yetmez. Kulağa tuhaf geliyor değil mi? Birkaç yıl önce bilim adamları, insan beyninin yorgunluğun bilimsel tarifi olan "çalışma kapasitesinin en aza inmesi" durumuna gelmeden ne kadar uzun süre çalışabileceğini bulmaya çalıştılar. Çalışma halindeki bir beyinden geçmekte olan kanda hiçbir yorgunluk belirtisi görülmediğini bularak çok şaşırdılar. Oysa çalışmakta olan bir gündelikçinin damarlarından kan örneği alacak olursanız, bu kanın "yorgunluk toksinleri" ile dolu olduğunu görebilirsiniz, Albert Einstein'ın beyninden bir günün sonunda bir damla kan alsaydınız, bu kanda hiçbir yorgunluk toksini bulamazdınız.

Beyin, "sekiz veya on iki saatlik bir çalışmanın sonunda ilk andaki kadar süratli ve mükemmel bir şekilde çalışabilir." Beyin kesinlikle yorulmaz. O halde sizi yoran şey nedir?

Psikiyatrlar, yorgunluğumuzun büyük bir bölümünün zihinsel ve duygusal tutumunuzdan kaynaklandığını bildiriyorlar. İngiltere'nin en ünlü psikiyatrlarından J. A. Hadfield, The Psychology of Power (Güç Psikolojisi) adlı kitabında "Yorgunluk çoğunlukla zihinsel nedenlerden kaynaklanır. Salt fiziksel nedenlerden kaynaklanan yorgunluğa pek az rastlanır," demektedir.

Amerikalı ünlü psikiyatr Dr. A. A. Brill, daha da ileri gidiyor ve "Sağlığı yerinde olan bir masa başı işçisinin yorgunluğunun yüzde yüzü psikolojik faktörlerden kaynaklanır ve biz bunlara duygusal faktörler deriz," diyor.

Masa başı işçisinin yorgunluğuna neden olan duygusal faktörler nelerdir? Neşe mi? Memnuniyet mi? Elbette hayır! Can sıkıntısı, gücenme, takdir edilmeme, boşa kürek çekme, acelecilik, anksiyete, kaygı... İşte bunlar masa başı işçisini bitkinleştiren, onun soğuk algınlıklarına karşı bile duyarlı olmasına neden olan, enerjisini tüketip verimini azaltan ve sinirsel bir baş ağrısı ile evinin yolunu tutmasına yol açan faktörlerdir. Bu duygular bedenimizde sinirsel gerilimlere neden olduğu için yoruluruz.

The Metropolitan Hayat Sigortası Şirketi, yorgunluk konulu broşüründe bu konuya dikkat çekiyor. "Ağır işçilik uyku ve dinlenme ile bile geçirilmeyecek bir yorgunluğa pek ender olarak neden olur. Üzüntü, gerginlik, duygusal karmaşalar yorgunluğun en büyük üç nedenidir," diyen bu büyük sigorta şirketi şöyle devam ediyor: "Hem bedensel hem zihinsel yorgunluk görüldüğünde bunun sorumlusu bu üçlüdür. Kasların gergin olduklarında çalıştıklarını aklınızdan çıkarmayın. Gevşeyin! Enerjinizi daha önemli işler için saklayın."

Şimdi olduğunuz yerde durun ve kendinize bir check up yapın. Bu satırları okurken kaşlarınızı çatıyor musunuz? Gözlerinizin arasında bir gerginlik var mı? Koltuğunuzda otururken rahat mısınız, yoksa boynunuz omuzlarınızın arasına gömülmüş mü? Yüz kaslarınız gergin mi? Eğer tüm bedeniniz bir bez bebek gibi gevşek ve rahat değilse, şu anda siz sinirsel gerilim ve sinirsel yorgunluğa neden oluyorsunuz.

Zihinsel çalışmalar sırasında niçin bu gereksiz gerilimleri yaşıyoruz? Daniel W. Josselyn, "'Çok çalışmak için çok güç sarf etmek gerekir, aksi halde ortaya iyi bir iş çıkmaz,' şeklinde uluslararası bir kanının yaygınlığı önümüzdeki en büyük engel," diyor. Bu nedenle dikkatimizi bir şeye yönelttiğimizde kaşlarımızı çatarız, omuzlarımızı yukarı kaldırırız, efor sarf etmek için kaslarımızı işbaşına çağırırız, oysaki bütün bunların beynimizin işleyişine hiçbir katkısı yoktur.

Çok şaşırtıcı ve trajik bir gerçek var. Birkaç dolar harcamaktan bile köşe bucak kaçınan milyonlarca insan, enerjisini Singapur'daki yedi sarhoş denizci gibi umarsızca harcıyor.

Bu sinirsel yorgunluğun çözümü nedir? Yanıt basit! Gevşeyip rahatlayarak dinlenin! Dinlenin! Dinlenin! Çalışırken dinlenmesini öğrenin!

Bunu yapmak çok mu kolay? Hayır. Bunun için ömrünüz boyunca edindiğiniz tüm alışkanlıkları değiştirmeniz gerekebilir. Ancak yaşamınızda meydana gelen müthiş değişiklik tüm çabalara değer. William James, The Gospel of Relamtion (Rahatlamanın Temel Gerçeği) adlı deneme kitabında; "Amerikalıların yüksek tansiyonları, sinirli hareketleri, nefes darlıkları, gerginlikleri ve ifade zorlukları hiç kuşkusuz kötü bir alışkanlıktan başka bir şey değildir," diyor. Gerilim bir alışkanlıktır. Dinlenmek de bir alışkanlıktır. Kötü alışkanlıklardan kurtulabilir, iyi alışkanlıklar edinebiliriz.

Nasıl dinlenirsiniz? Önce zihninizi dinlendirmekten mi başlarsınız, yoksa sinirlerinizi mi gevşetirsiniz? İkisi de değil. Öncelikle kaslarınızı gevşeterek dinlenmeye çalışırsınız.

Gelin, nasıl yapıldığını deneyelim ve gözlerden başlayalım. Paragrafı sonuna kadar okuyun, sonra arkanıza yaslanarak gözlerinizi kapatın ve sessizce gözlerinize komut verin. "Gevşe gevşe, kendini sıkmayı bırak, kaş çatmayı da bırak." Bu komutu ağır ağır bir dakika kadar tekrarlayın.

Birkaç saniye sonra göz kaslarınızın itaat etmeye başladığını fark ettiniz mi? Sanki bir elin geriliminizi silip attığını hissetmiyor musunuz? Size mucize gibi görünse de bir dakika içinde esrarengiz dinlenme sanatının anahtarını elinize geçirdiniz. Aynı işlemi; çenenize, boynunuza, omuzlarınıza, tüm bedeninize uygulayabilirsiniz. Fakat bütün organların içinde en önemlisi gözlerdir. Chicago Üniversitesi'nden Dr. Edmund Jacobson, eğer göz kaslarınızı tamamen gevşetip dinlendirebilirseniz diğer sorunlarınızın tümünü unutabileceğinizi söylemiştir. Sinirsel gerilimin giderilmesinde gözlerin önemli olmasının sebebi, beden tarafından tüketilen sinirsel enerjinin dörtte birinin gözler tarafından yakılarak harcanmasıdır. Hiçbir görme bozukluğu olmayan pek çok kişinin "göz yorgunluğu"ndan söz etme nedeni budur. Bu kişiler gözlerini baskı altında bırakmaktadırlar.

Ünlü roman yazarı Vicki Baum küçük bir çocukken tanıştığı yaşlı bir adamın ona yaşamının en önemli dersini verdiğini anlatıyor. Vicki düşmüş, dizini yaralamış ve bileğini incitmişti. Yaşlı bir adam da gelip onu ayağa kaldırmıştı. Bir zamanlar bir sirkte palyaçoluk yapmış olan yaşlı adam, Vicki'nin üstündeki başındaki toz toprağı silkelerken, "Canını acıtmanın sebebi nasıl gevşeyeceğini bilmemenden kaynaklanıyor," demişti. "Kendini bir çuval gibi düşünmelisin. Eski püskü, oraya atılıvermiş bir çuval gibi. Gel, sana bunun nasıl yapılacağını göstereyim."

Yaşlı adam, Vicki ve arkadaşlarına nasıl yere düşüleceğini, yerde nasıl yuvarlanılıp takla atılacağını göstermişti. Bir yandan da, "Kendinizi tıpkı fırlatıp atılmış eski bir çuval gibi hissedin. Böylece gevşeyebilirsiniz," deyip duruyordu.

Nerede olursanız olun, her fırsat yakaladığınızda gevşeyip dinlenebilirsiniz, ama bunun için kendinizi zorlayıp efor sarf etmeyin. Gevşeyip dinlenmek, tüm gerilim ve eforu bir yana bırakmaktır. Gevşeyip rahatlamayı düşünün. İlk önce göz ve yüz kaslarınızın gevşediğini düşünün ve kendinize tekrar tekrar, "Gevşe... Gevşe... Gevşe ve rahatla!" komutunu verin. Enerjinin yüz kaslarınızdan bedeninizin merkezine aktığını hissedin. Bir bebek gibi gerilimden uzak olduğunuzu düşünün.

Büyük soprano Galli-Curci böyle yapıyordu. Helen Jepson, Galli-Curci'nin sahneye çıkmadan önce bir sandalyeye oturarak kaslarını dinlendirdiğini, hatta çenesi açılıp düşecek kadar gevşediğini gördüğünü söylemişti. Bu mükemmel alışkanlık, sahneye çıkmadan önce Galli-Curci'nin sinirlerinin gerilmesini önlediği gibi yorulmasını da engelliyordu.

Aşağıda gevşeyip dinlenmenize yardımcı olacak dört öneri bulacaksınız:

1. Her fırsat bulduğunuzda gevşeyin. Bedeniniz boş bir çuval gibi olsun. Çalışma masamın üzerinde bordo renkli boş bir kese durur ve bana gevşeyip dinlenmeyi hatırlatır. Eğer bir keseniz yoksa bir kedi de aynı görevi görebilir. Hiç güneşin altında uyuyan bir kedi yavrusunu elinize aldınız mı? Aldınızsa hem başının hem kuyruğunun ıslak bir gazete kâğıdı gibi sarktığını görmüşsünüzdür. Hindistan'daki yogiler gevşeme sanatında başarılı olmak için bir kediyi izlemenizi öneriyorlar. Ben hiç yorgun, sinir krizi geçiren veya uykusuzluk çeken, kaygılanan, midesi ülser olan bir kedi görmedim. Eğer bir kedi gibi gevşeyip dinlenmeyi öğrenirseniz, sizin de bu tür sorunlarınız olmayacaktır.

2. Olabildiğince rahat bir pozisyonda çalışın. Bedensel gerginliğin omuz ağrılarına, tutulmalara ve sinirsel yorgunluğa neden olduğunu unutmayın.

3. Günde iki üç kez kendinize zaman ayırarak şu soruları sorun: "İşimi olduğundan daha mı güçleştiriyorum? Yaptığım

işle hiç ilgisi olmayan kaslarımı mı kullanıyorum?" Bu size dinlenme alışkanlığı kazandıracaktır. Dr. Harold Finks'in dediği gibi, "Psikolojiyi iyi bilen iki kişiden biri alışkanlıklarının farkındadır."

4. Günün sonunda bir kere daha kendinize yönelip şu soruları sorun: "Ne kadar yorgunum? Eğer yorgunsam bu zihnimi fazla çalıştırdığımdan değil, bu işi yapış biçimimden kaynaklanıyor." Daniel W. Josselya, "Başarılı bir iş çıkarıp çıkarmadığımı, günün sonunda ne kadar yorgun olduğumla değil, ne kadar yorgun olmadığımla ölçerim," diyor. "Eğer bir günün sonunda belirgin bir şekilde yorgunsam veya sinirlerim yorulduğu için huzursuzsam, o gün hem nicelik hem nitelik yönünden verimsiz bir gün olmuş demektir." Eğer Amerika'daki her işadamı bu dersi iyi öğrenmiş olsaydı, hipertansiyon nedeniyle ölüm oranı bir gecede düşerdi. Sena- toryumlarımız ve akıl hastanelerimiz yorgunluk ve kaygı nedeniyle tükenmiş insanlarla dolup taşmazdı.

24

YORGUNLUKTAN KAÇINMANIN VE GENÇ KALMAYI BAŞARMANIN YOLLARI

Geçen sonbahar, yardımcım dünyanın en sıradışı tıp gruplarından birine katılmak üzere Boston'a gitti. Bu grup haftada bir kez Boston Dispanseri'nde toplanıyordu ve bu gruba katılan hastalar oraya kabul edilmeden önce tıbbi muayenelerden geçiyorlardı. Aslında burası bir psikoloji kliniğiydi. Resmi adı "Uygulamalı Psikoloji Dersleri" olan (daha çok Düşünce Kontrol Sınıfı olarak biliniyordu) toplantıların gerçek amacı "üzüntüden hasta olan" insanlarla ilgilenmekti. Hastaların birçoğu da sıkıntı çeken ev hanımlarıydı.

Bu toplantılar nasıl mı başlamıştı? 1930 yılında, Sir William Osler'ın bir öğrencisi olan Dr. Joseph H. Pratt, Boston Dispanseri'ne ayakta tedavi olmak için gelen hastaların birçoğunun gözle görülür bir fiziksel probleminin olmadığını, ama yine de bazı semptomlar gösterdiklerini gözlemlemişti. Bir kadının elleri "eklem iltihabı" nedeniyle öylesine mahvolmuştu ki kadıncağız ellerini güçlükle kullanıyordu. Bir diğer hasta "mide kanseri" belirtileri gösteriyordu. Baş veya sırt ağrısı çeken, kendini sürekli yorgun hisseden ya da tarif edemedikleri ağrılara katlanmak zorunda kalan hastalar vardı. Bu acıları gerçekten de çekiyorlardı; hastalık hastası değildiler. Ancak yapılan muayenelerde bu insanlarda herhangi bir fiziksel soruna rastlanmıyordu. Geri kafalı bazı doktorlar bunların "hayali ağrı ve acılar" olduğunu söylüyor, bu insanların hastalık hastası olduğunu iddia ediyorlardı. Dr. Pratt ise bu hastalara "Evinize gidin ve dinlenin," demenin bir yararının olmayacağını anlamıştı. Bu insanların birçoğunun hasta olmak istemediğini biliyordu. Ağrıları unutmak bu kadar kolay olsa, bunu kendileri de yapabilirlerdi. O halde ne yapmak gerekiyordu? Sonunda Dr. Pratt asıl mesleği doktorluk olmayan kişilerin katıldığı bu toplantıları düzenlemeye başladı. Toplantılar mucizeler yarattı. Bu toplantılara katılan binlerce hasta iyileşti. Bazı hastalar bu toplantıya yıllardır katılıyorlar ve sanki kiliseye gider gibi, hep aynı düzenle yapıyorlar bunu. Yardımcım dokuz yıldır neredeyse tek bir dersi bile kaçırmayan bir kadınla konuşmuş. Kadın, toplantıya ilk kez katıldığında, böbreklerinden ve kalbinden rahatsız olduğunu düşünüyormuş. Öylesine üzülmüş ve sıkılmış ki görme yetisini kaybetmeye başlamış. Bugün ise son derece sağlıklı, mutlu ve keyifliymiş. Kucağında torunu olmasına karşın en fazla kırk yaşında gösteriyormuş. "Ailemin sorunları beni öylesine üzüyordu ki ölmek istiyordum," demiş yardımcıma. Sonra bu kliniğe gelmeye başlamış ve üzüntülerinden kurtulmuş. Artık hayatından çok memnunmuş.

Toplantıların tıbbi danışmanlığını üstlenen Dr. Rose Hilferding "Üzüntülerden kurtulmanın en iyi yolu bunları güvendiğiniz biriyle paylaşmaktır," diyor. Dr. Hilferding şöyle devam ediyor: "Biz buna boşalma diyoruz. Buraya gelen hastalar dertlerini uzun uzun, bunları kafalarından silip atıncaya kadar anlatabiliyorlar. Üzüntülerin içe atılması, insanda gerilim yaratır. Hepimiz sorunlarımızı paylaşmak zorundayız. Üzüntülerimizi paylaşmalıyız. Dünyada bizi dinleyecek ve anlayacak birilerinin olduğunu hissetmek zorundayız."

Yardımcım, üzüntülerinden bahsetme şansına erişen bir kadının ne kadar rahatladığına şahit olmuştu. Kadının eviyle ilgili sorunları vardı ve konuşmaya başladığında yay gibi gergindi. Konuştukça sakinleşmeye başlamıştı. Konuşma bittiğinde ise gülümsüyordu.

Problem çözülmüş müydü? Hayır, elbette bu o kadar da kolay değildi. Değişikliğe neden olan şey kadının birilerinden destek ve ilgi görmesiydi. En değerli hazinemiz olan "sözcükler" yine zoru başarmışlar ve büyük bir değişiklik sağlamışlardı.

Psikanalizin temeli de büyük ölçüde sözcüklere dayanır. Freud'dan bu yana bütün psikanalistler, insanların yalnızca konuşarak, yaşadıkları iç gerilimden ve sorunlarından kurtulabileceğine inanmaktadırlar. Çünkü konuşurken, sorunlarımızı daha yakından inceleme fırsatı bulur ve yeni bir bakış açısı kazanırız. Kimse cevabın ne olduğunu tam olarak bilmiyor. Ancak hepimizin bildiği bir şey var; rahatlamanın en iyi yolu içini dökmektir.

O halde bizler de yeni bir sorunla karşılaştığımızda bunu biriyle paylaşmaya çalışalım. Elbette karşılaştığımız her kişiye dert yanalım demiyoruz. Güvenebileceğimiz birini seçelim ve onunla bir görüşme ayarlayalım. Bu kişi bir akraba, bir doktor, bir avukat ya da bir arkadaş olabilir. Bu kişiye şunları söyleyelim: "Tavsiyene ihtiyacım var. Benim bir sorunum var ve bunu sana anlatmak istiyorum. Beni dinlersen sevinirim. Bana öğüt verebilirsin. Olayı benim göremediğim açılardan görebilirsin. Bunu yapmasan bile, yalnızca oturup beni dinlemen bile bana çok yardımcı olacak, emin ol."

"İçini dökmek", Boston Dispanseri toplantılarında kullanılan en temel tekniklerden biriydi. Şimdi size yine bu toplantılardan aldığımız ve evde kendi kendinize de uygulayabileceğiniz diğer düşüncelerden örnekler vereceğiz.

1. "İlham verici" okumalar için bir defter tutun. Bu deftere sevdiğiniz ve sizi etkileyen, moralinizi düzelten şiirleri, duala-

rı ya da alıntıları yapıştırabilirsiniz. Belki yağmurlu bir öğleden sonrada içiniz karardığında, bu defterde kasvetinizi dağıtacak bir şeyler bulabilirsiniz. Hastaların birçoğu yıllardır böyle defterler tutuyor ve bunun kendileri için çok yararlı olduğunu söylüyorlar.

2. Başkalarının kusurları üzerinde fazla durmayın. Sürekli dırdır eden, asık suratlı, sıkıcı bir eş haline geldiğini fark eden kadın, kendisine "Kocanız ölse ne yapardınız?" sorusu sorulduğunda şaşırıp kaldı. Bu düşünce onu öylesine etkilemişti ki hemen oturup kocasının olumlu özelliklerinin bir listesini yaptı. Neden siz de bir zorbayla evlendiğinizi düşünmeye başladığınızda aynı şeyi yapmıyorsunuz? Belki de bu olumlu özellikleri okuduktan sonra, tam aradığınız kişiyle evlendiğinizi düşünmeye başlarsınız.

3. İnsanlarla ilgilenin. Yaşamınızı paylaştığınız insanlara dostça ve sağlıklı bir ilgi gösterin. Hiç arkadaşı olmadığı için kendini çok yalnız hisseden bir kadından, karşılaştığı her kişi için bir öykü uydurması istendi. Kadın otobüste ya da herhangi bir yerde karşılaştığı kişilerin geçmişlerini, yaşadıkları ortamı hayal etmeye çalıştı. İnsanlarla konuşmaya başladı. Bugün çok mutlu ve neşeli biri, bütün "acılarından" da kurtuldu.

4. Gece yatmadan önce ertesi gün için bir plan yapın: İnsanların yapması gereken öyle çok şey var ki bu onları geriyor ve rahatsız ediyor. Plan yapamıyorlar ve işlerini de bir türlü bitiremiyorlar. Zamanla yarışmak zorundalar. Bu sıkıntıdan kurtulmanın tek yolu, her gece yatmadan önce ertesi gün yapılacak işlerin bir planını hazırlamak. Böylece daha fazla iş yapabilirsiniz ve daha az yorulursunuz ve kendinize eğlenmek ve dinlenmek için zaman bile ayırırsınız.

5. Son olarak; gerilimden ve yorgunluktan uzak durun.

Gevşeyin! Gevşeyin! Gerilim ve yorgunluk insanı çabuk yaşlandırır. Hiçbir şey canlılığınıza ve genç görünümünüze daha fazla zarar veremez! Yardımcımın toplantıda oturduğu bir saat boyunca yönetici Profesör Paul. E. Johnson, bizim bir önceki bölümde söz ettiğimiz prensiplerden, gevşeme tekniklerinden söz etmişti. Yardımcım da diğerleriyle birlikte bu teknikleri uygulamış ve sandalyenin üzerinde uyumamak için kendini güç tutmuştu. Neden psikolojik gevşemeye bu kadar önem veriliyor? Çünkü diğer doktorlar gibi bu klinikteki doktorlar da insanları üzüntü ve endişelerden kurtarmak için önce onları rahatlatmak gerektiğini biliyorlar.

Evet, gevşemek zorundasınız! Garip ama sert bir zeminde gevşemek, yaylı bir yatakta gevşemekten çok daha yararlıdır. Bu, omuriliğinize iyi gelir.

İşte size uygulayabileceğiniz birkaç egzersiz. Bunları bir hafta süreyle deneyin ve görünüşünüzün ve duruşunuzun ne kadar değiştiğini görün!

a. Yorulduğunuz zaman yere dümdüz uzanın. Esneyebildiğiniz kadar esneyin. İsterseniz yuvarlanın. Bunu günde iki kez yapın.

b. Gözlerinizi kapatın. Siz de Profesör Johnson'ın söylediği şu sözleri tekrarlayabilirsiniz: "Tam tepenizde güneş parlıyor. Gökyüzü masmavi ve pırıl pırıl. Doğa sakin ve dünyayı kontrolü altına almış. Ben de evrenle uyum içindeyim." Bunun yerine dua da edebilirsiniz.

c. Eğer yeterince vaktiniz olmadığı için yere uzanamıyorsanız, aynı etkiyi bir sandalyede oturarak da elde edebilirsiniz. Sert bir sandalye gevşemek için ideal olacaktır. Sandalyede bir heykel gibi dimdik oturun; ellerinizi avuçlarınız yere bakacak şekilde kalçalarınıza dayayın.

d. Önce parmaklarınızı gerin, sonra da gevşetin. Bacak kaslarınızı önce gerip sonra gevşetin. Tüm vücut kaslarınızı sırayla gerip gevşetin. Boynunuzu yavaş yavaş döndürün.

e. Yavaş yavaş soluk alıp vererek sinirlerinizi yatıştırın. Derin soluk alın. Hintliler doğru söylüyor; düzenli soluk alıp vermek sinirleri yatıştırmanın en iyi yolu.

f. Yüzünüzün kırıştığını ve kaşlarınızın çatıklığını düşünün ve bunları düzeltin. Ağzınızın kenarlarında ve kaşların arasında oluşan üzüntü çizgilerini gevşetin. Bunu günde iki kez yapın; sağlık kulübüne gitmenize gerek kalmayabilir. Belki de çizgiler birdenbire yok olurlar!

25

YORGUNLUĞA VE ÜZÜNTÜYE ENGEL OLABİLECEK DÖRT İYİ ÇALIŞMA ALIŞKANLIĞI

İYİ ÇALIŞMA ALIŞKANLIĞI NO: 1

Hemen çözümlenmesi gereken sorunlarla ilgili olanlar dışında tüm kâğıtları masanızdan kaldırın.

Chicago ve Northwestern Demiryolları Genel Müdürü Roland L. Williams bir kez şöyle demişti: "Masasının üzerinde çeşitli konulara ilişkin kâğıtlar tepeleme yığılı olan bir insan, acilen çözümlenmesi gereken sorunlarla ilgili olanlar dışında bütün kâğıtları kaldıracak olursa işinin daha kolay ve düzenli olacağını görecektir. Ben buna derlitopluluk derim ve bu, verimli çalışma yönünde atılmış ilk adımdır."

Eğer Washington'daki Milli Meclis Kütüphanesi'ni ziyaret edecek olursanız, tavanda yağlıboya ile yazılmış, şair Pope'ye ait şu dört kelimeyi göreceksiniz:

"Düzen, cennetin ilk yasasıdır."

Düzen, "iş" in de ilk yasası olmalıdır. Peki gerçekten öyle mi? Hayır. Sıradan bir işadamının masası haftalardır göz atmadığı kâğıtlarla darmadağınık bir durumdadır. Hatta bir keresinde New Orleans gazetesinin yayıncısı bana, sekreterinin onun yazı masalarından birini temizlediğini ve iki yıldan beri kayıp olan daktilosunu bulduğunu anlatmıştı.

Yanıtlanmamış mektuplar, raporlar ve notlarla dolu çöplüğe dönüşmüş bir masanın görüntüsü bile insanın aklını karıştırmaya, gerilime ve kaygılanmaya yeter. Durum bundan daha da vahimdir. "Yapılacak milyonlarca işin olduğu ve bunları yapmaya vaktinizin olmadığı" size sürekli hatırlatılırsa, bu sadece gerilim ve yorgunluğa neden olmakla kalmayıp yüksek tansiyon, kalp düzensizlikleri ve ülser gibi hastalıklara da yol açarak sizi üzebilir.

Pennsylvania Üniversitesi Tıp Fakültesi profesörlerinden Dr. John H. Stokes, Amerikan Tıp Birliği Kongresi'nde "Organik Hastalıkların Komplikasyonlarına Bağlı Fonksiyonel Nevrozlar" konulu bir rapor sunmuştu. Dr. Stokes bu raporunda, "Hastanın Ruhsal Durumunda Neler Aranmalı" başlığı altında on bir madde sıralamıştı. Bu maddelerin birincisi şudur:

Zorunluluk veya yükümlülük duygusu: İleriye yönelik, mutlaka yapılması gereken, uzayıp giden işler.

Nasıl olur da yazı masasını toplamak veya karar vermek gibi basit eylemler, yüksek tansiyonu önlemenizde, zorunluluk ve mutlaka yapılması gereken "uzayıp giden işler" hissini yenmenizde size yardımcı olabilir? Ünlü Psikiyatr Dr. William L. Sadler, bu basit yöntemi kullanarak bir hastanın sinirsel bunalımını engellediğini anlatıyor. Bu adam Chicago'da büyük bir firmada yöneticiydi. Dr. Sadler'ın muayenehanesine geldiğinde gergin, sinirli ve kaygılıydı. Bir sürmenaja doğru gittiğinin farkındaydı, ama işine ara veremeyeceğinden yardıma ihtiyacı vardı.

Dr. Sadler, "Bu adam bana hikâyesini anlatırken telefonum çaldı," diyor. "Hastaneden arıyorlardı. Biraz zamanım olmasına karşın, konuyu ertelemek yerine bir karara varıp bunu sonuçlandırdım. Ben daima sorunları, eğer mümkünse, anında çözümlerim. Telefon ben kapatır kapatmaz yeniden çaldı. Yine acil bir konu olduğundan zaman ayırıp görüştüm. Görüşmemiz üçüncü kez, bu defa durumu kritik olan bir hastası için akıl danışmak isteyen bir meslektaşımın muayenehaneme gelmesiyle kesildi. Onun sorununu çözdükten sonra konuğuma dönerek kendisini beklettiğim için özür diledim. O sırada adamın gözlerinin parladığını fark ettim, yüzüne tamamen farklı bir ifade yerleşmişti."

Adam, Sadler'a "Özür dilemenize gerek yok doktor," demişti. "Şu geçen on dakika içinde sanırım nerede yanlış yaptığımın farkına vardım. Şimdi ofisime geri dönerek çalışma alışkanlıklarımı gözden geçirip yeniden düzenleyeceğim. Gitmeden önce çekmecelerinize bir göz atmama izin verir misiniz?"

Dr. Sadler masasının çekmecelerini çekmişti. Çekmeceler bir iki şey dışında tamamen boştu.

Hasta, "Söyler misiniz, bitmemiş işlerinizi nerede saklarsınız?" diye sormuştu.

Sadler, "Bitmemiş işim yok," diye yanıtlamıştı.

Yönetici, "Peki yanıtlamadığınız mektupları nereye koyarsınız?" demişti merakla.

Sadler, "Hepsini hemen yanıtlarım!" diye karşılık vermişti. "Herhangi bir mektubu yanıtlamadan elimden bırakmam. Hemen sekreterime, göndereceğim mektubu dikte ederim."

Altı hafta sonra aynı yönetici, Dr. Sadler'ı ofisine davet etmişti. Hem kendisi değişmişti hem de yazı masası. Yarım kalmış hiçbir iş kalmadığını göstermek için çekmecelerini çekmişti. "Altı hafta önce iki değişik ofiste üç çalışma masam vardı," demişti. "Hepsinin üstü tepeleme kâğıt yığılı olduğundan bunların altında kaybolmuştum. Bu işleri bitirecek zaman ve fırsat bulamıyordum. Sizinle görüştükten sonra, döndüğümde bir araba dolusu eski kâğıt ve raporu atarak masaları temizledim.

Şimdi sadece bir masam var ve işleri geldikleri anda çözümlüyorum. Artık beni sıkıntıya sokan, gerilmeme ve kaygılanmama neden olan dağlar kadar bitmemiş işim yok. Üstelik artık sağlığımla ilgili hiçbir sorunum kalmadı."

Amerika Birleşik Devletleri eski başyargıcı Charles Evans Hughes, "Çok çalışmaktan kimse ölmemiştir," diyor. "İnsanlar, kendilerini boş yere harcarlar ve üzüntüden ölürler." Evet, insanlar enerjilerini boş yere harcadıklarından ve bitiremedikleri işleri için üzülmekten ölürler.

İYİ ÇALIŞMA ALIŞKANLIĞI NO: 2

İşleri Önem Sırasına Göre Yapın.

Tüm ülkeye hizmet götüren Şehirlerarası Hizmetler Şirketinin kurucusu Henry L. Doherty, ne kadar ücret öderse ödesin aradığı iki yeteneğe sahip hiç kimseyi bulamadığından yakınıyordu.

Bu paha biçilmez iki yetenek; düşünme yeteneği ve işleri önem sırasına göre yapma yeteneğiydi.

İşe sıfırdan başlayarak on iki yılda Pepsodent Şirketi'nin başkanlığına yükselen ve yıllık iki yüz bin dolarlık maaşının yanı sıra bir milyon dolar kazanan Charles Luckman; başarısını Henry L. Doherty'nin hiç kimsede göremediğini söylediği bu iki yeteneği geliştirmesine borçlu olduğunu anlatıyor. Charles Luckman, "Kendimi bildim bileli saat beşte kalkarım çünkü o saatlerde, diğer saatlere oranla daha iyi düşünebilirim. Bu yüzden o günün planını yaparım ve bu plana göre yapılması gereken işleri önemine göre sıralarım," diyor.

Amerika'nın en başarılı sigorta satıcılarından biri olan Frank Better, gününü planlamak için sabahın beşine kadar beklemiyordu. Bir gece önce planlarını yaparak ertesi gün için kendisine bir hedef belirliyordu. Belirli bir miktarda sigorta poliçesi satmayı planlıyor ve eğer bu rakama ulaşmayı başaramazsa eksik kalan sayıyı bir sonraki günün satışlarına ekliyordu.

Daha önceki deneyimlerine dayanarak insanın işleri önem sırasına göre yapmayı her zaman başaramadığını biliyorum. Fakat bildiğim bir şey daha var; öncelikli işi daha önce yapmayı planlamak, hazırlıksız yakalanmaktan çok daha iyidir.

Eğer Bernard Shaw öncelikli işi önce yapmayı kendine ilke edinmeseydi, bir yazar olarak başarıya ulaşamayacak ve yaşamı boyunca bir banka kasiyeri olarak kalacaktı. Yaptığı plana göre Shaw'un her gün beş sayfa yazması gerekiyordu. Dokuz yıl boyunca bu plana sadık kaldı ve günde bir peniden dokuz yılda toplam 30 dolar kazandı. Robinson Crusoe bile günün hangi saatinde hangi işi yapacağını gösteren bir çizelge hazırlamıştı.

İYİ ÇALIŞMA ALIŞKANLIĞI NO: 3

Bir problem ile karşılaştığınızda karar verebilecek kadar veriye sahipseniz, bu problemi hemen çözün. Kararlarınızı ertelemeyin.

Eski öğrencilerimden H. P. Howell, A.B.D. Çelik İşletmeleri Yönetim Kurulu üyesiyken yönetim kurulu toplantılarının çoğunlukla gereksiz konuşmalarla uzayıp gittiğini, pek çok sorunun tartışılıp çok azının karara bağlanabildiğini ve sonuç olarak üyelerin evlerinde incelemek üzere çantalar dolusu rapor götürmek zorunda kaldığını anlatmıştı.

Sonunda Bay Howell, yönetim kurulunu her oturumda bir sorunu ele almaya ve bunu sonuçlandırmaya ikna etmişti. Hiçbir konu ertelenmeyecek veya rafa kaldırılmayacaktı. Her iş yapılması, yapılmaması veya ek bilgi istenmesi yönünde mutlaka karara bağlanacak, ancak bundan sonra ikinci konuya geçilebilecekti. Bay Howell alınan sonucun son derece çarpıcı ve sağlıklı olduğunu, kısa zamanda ellerindeki işler listesinin sonuna geldiklerini bana bildirmişti. İş takviminde günü yakalamışlardı ve artık evlerine çantalar dolusu rapor taşımak zorunda değillerdi. Kısa sürede, çözümlenmeyen sorunlar nedeniyle duyulan üzüntü hissi ortadan kalkmıştı.

Bu sadece A.B.D. Çelik İşletmeleri Yönetim Kurulu için geçerli bir kural değil. Bu kuralı bizler de uygulamalıyız.

İYİ ÇALIŞMA ALIŞKANLIĞI NO: 4

Organize Etmeyi, Yetki Devretmeyi ve Yönetmeyi Öğrenin.

Pek çok işadamı, sorumlulukları başkalarına devretmeyi asla öğrenemediklerinden ve her işi kendileri yapmaya kalkıştıklarından kendi mezarlarını kazmaktadırlar. Sonuçta bu işadamları düzensizlik ve ayrıntılar altında boğulurlar. Telaş, endişe ve gerilim bu sonucun ortaya çıkış hızını artıran faktörlerdir. Yetki devredip sorumlulukları paylaşmak gerçekten zor. Kendi deneyimlerime dayanarak yetkinin yanlış kişilere verilmesinin ortaya çıkardığı kötü sonuçları da biliyorum. Ancak yetki devretmek zor bir iş olsa da yöneticiler, endişe, gerilim ve yorgunluktan kaçınmak istiyorlarsa bunu yapmak zorundalar.

Büyük işler kurup yönetmeyi, yetkiyi paylaştırmayı ve denetlemeyi öğrenemeyen yöneticiler, elli yaşına geldiklerinde gerilim ve endişenin neden olduğu kalp rahatsızlıklarıyla karşı karşıya kalırlar. Kanıt mı istiyorsunuz? Gazetelerdeki ölüm ilanlarına göz atmanız yeterli.

Yorgunluk ve endişeyi önleyebilmek için:

1. Hemen çözümlenmesi gereken sorunlarla ilgili olanlar dışında tüm kâğıtları masanızdan kaldırın.

2. İşleri önem sırasına göre yapın.

3. Bir sorun ile karşılaştığınızda, karar verebilmek için gerekli verilere sahipseniz bunu hemen o anda ve orada çözümleyin. Karar vermeyi ertelemeyin.

4. Organize etmeyi, yetki devretmeyi ve yönetmeyi öğrenin.

26

YORGUNLUĞA, ÜZÜNTÜYE VE ALINGANLIĞA NEDEN OLAN SIKINTI NASIL GİDERİLİR

Yorgunluğun belli başlı nedenlerinden biri de can sıkıntısıdır. Durumu açıklamak için, sokağınızda oturan ve bir şirkette işgören olarak çalışan Alice örneğini ele alalım. Bir akşam Alice eve son derece bitkin geldi. Hareketlerinden yorgun olduğu anlaşılıyordu. Gerçekten yorulmuştu. Başı ağrıyordu, sırtı tutulmuştu. O kadar bitkindi ki yemek saatini beklemeden gidip yatmak istiyordu. Tam o sırada telefon çaldı. Arayan erkek arkadaşıydı. Onu dansa davet ediyordu. Birden Alice'in gözleri parladı, canlanıvermişti. Merdivenleri koşarak çıktı, uçuk mavi elbisesini giydi ve sabahın üçüne kadar dans etti; sonunda eve döndüğünde yorgunluğundan eser kalmamıştı. O kadar mutlu ve coşku doluydu ki sabaha kadar uyuyamadı.

Alice, sekiz saat önce bitkin bir görünüm ve davranış içindeyken gerçekten yorgun muydu? Elbette yorgundu. Çünkü işinden ve belki hayatından bezmişti.

Her köşe başında milyonlarca Alice bulunmaktadır. Siz de onlardan biri olabilirsiniz.

Duygusal durumun fiziksel taşkınlık yerine yorgunluğa neden olduğu herkes tarafından bilinen bir gerçektir. Birkaç yıl önce Joseph E. Barmack, Archives of Psychology (Psikoloji

Arşivi) adlı dergide bazı deneyimlerine dayanan bir rapor yayımlayarak can sıkıntısının nasıl yorgunluğa neden olduğunu gösterdi. Dr. Barmack, hiç ilgi duymadıklarını bildiği bir konuda bir grup öğrenciye bir dizi test uygulamıştı. Sonuç? Öğrenciler kendilerini yorgun hissetmişlerdi, uykuları gelmişti, baş ağrısından ve gözlerindeki basınçtan yakınmışlardı; kısacası son derece huzursuz olmuşlardı. Hatta bazılarının midesi bulanıyordu. Bütün bunlar "hayal ürünü" müydü? Hayır. Öğrencilerin hepsinin metabolizmalarındaki değişiklikler ölçülmüştü ve yapılan testlerin sonucunda kan basınçlarının arttığı görülmüştü. Bundan şu sonuç çıkmıştı; canları sıkıldığında insanların oksijen tüketimi azalıyor, işlerinde keyifle çalıştıklarında ve ilgileri arttığında metabolizmada hemen olumlu bir değişim görülüyordu.

Heyecanlı ve ilginç bir işle uğraştığımızda çok ender olarak yoruluruz. Örneğin geçenlerde Lousie Gölü kenarında bir tatil yaptım. Günlerimi boyumdan büyük çalılıklar arasından kendime yol açarak, kütüklere ve devrik ağaçlara takılıp sendeleyerek, alabalık avlayarak geçirdim. Sekiz saatlik bu uğraş sonunda hiçbir yorgunluk hissetmedim. Niçin? Çünkü heyecan duyuyor, keyif alıyordum. İçimi büyük bir başarı duygusu kaplamıştı, çünkü tam altı tane iri alabalık yakalamıştım. Balık avında başarısız olsaydım ve canım sıkılsaydı, o zaman kendimi nasıl hissedecektim? İki bin rakımlı bu yerde çetin bir uğraştan sonra bitkin düşmem gerekirdi.

Bezginlik insanı dağa tırmanma gibi yorucu aktivitelerden ve çetin yolculuklardan daha fazla yorar. Örneğin, Minneapolis Farmers and Mechanics Savings Bankası'nın müdürü Bay S. H. Kingman, bana bu sözlerimi doğrulayan bir olay anlattı. 1953 yılı Temmuz ayında, Kanada Hükümeti, Kanada Alpine Kulübü'nden, Gal Prensliği Orman Muhafız Birliği'ni dağa tırmanma konusunda eğitmek üzere rehber temin etmesini istemişti. Kendisinin de aralarında olduğu, yaşları kırk iki ile kırk dokuz arasında değişen rehber grubunun bu genç ordu mensuplarını buzullara çıkardığını, on beş metrelik dimdik bir yarın tepesine tırmanmak için iplerle ve tehlikeli kancalarla uğraştıklarını anlattı. Michael Tepesi'ne, Vice President Tepesi'ne ve Kanada Kayalıkları yöresindeki Little Yoho Vadisi'nin isimsiz bir sürü tepesine tırmanmışlardı. On beş saatlik dağa tırmanış sonunda oldukça sağlıklı ve dinç olması gereken bu genç adamlar yorgunluktan bitkin düşmüşlerdi. Oysaki çok ağır bir komando eğitimi aldıkları altı haftalık bir kursu henüz bitirmişlerdi.

Onların bu yorgunluklarının nedeni komando eğitimleri sırasında geliştirip güçlendiremedikleri kaslarını kullanmaları mıydı? Komando eğitimi görmüş herkes bu saçma soruya alayla karşılık verecektir. Hayır, onların bitkin düşecek kadar yorulmalarının nedeni dağa tırmanmayı çok can sıkıcı bulmalarıydı. Öylesine yorulmuşlardı ki pek çoğu yemek bile yemeden yattı. Askerlerden oldukça yaşlı rehberlere gelince; onlar bitkin düşmemişlerdi, çünkü yaptıkları işe ilgi duyuyor, bu işi seviyorlardı.

Columbia Üniversitesi'nden Dr. Edward Thorndike yorgunluk konusunda bir dizi deney yaparken, bir grup genç adama sürekli olarak ilgilenecekleri birtakım şeyler vererek onları bir hafta uyanık tutmuştu. Bir dizi araştırmadan sonra Dr. Thorndike raporunda, "Can sıkıntısı, işgücünün azalmasının tek nedenidir," sonucuna varmıştı.

Eğer bir beyin işçisi iseniz, yaptığınız işin sizi yorma olasılığı çok azdır. Sizi yoran şey, yapamadığınız işlerin çokluğudur. Örneğin, geçen hafta çalışmalarınızın sürekli kesintiye uğradığı günü düşünün. Hiçbir mektubu yanıtlayamadınız. Randevular iptal edildi. Bir sürü sorun çıktı. O gün her şey ters gitti. Hiçbir şeyi yapıp bitiremediniz, ama eve gittiğinizde bitkin bir durumdaydınız ve başınız ağrıdan çatlayacak gibiydi.

Ertesi gün ofiste her şey rayına oturdu. Bir gün öncekine oranla kırk kat fazla çalıştınız, ama eve gittiğinizde yeni açmış kar beyazı bir gardenya kadar taptazeydiniz. Böyle bir deneyimi mutlaka yaşamışsınızdır. Ben de yaşadım.

Bundan alınması gereken ders nedir? Sadece şu: Çalıştığımız için yorulmalıyız; bizi yoran şey kaygı, işlerin bozulması ve hayal kırıklıklarıdır.

Bu bölümü yazdığım sırada Jerome Kern'in o keyifli müzikal komedisi Show Boat'u izlemeye gittim. Cottom Blossom adlı teknenin kaptanı Kaptan Andy; oyunun sahne aralarındaki felsefi tiratlarından birinde, "Yaptığı işten keyif alan insanlar şanslı kişilerdir," diyordu. Bu insanlar şanslıdırlar; çünkü daha çok enerjileri vardır, daha mutlu olurlar, daha az yorulurlar ve daha az üzülürler. Şehir içinde yanında dır dır eden karısı veya kocasıyla on blok yürüyen bir kişi; yanında taptığı sevgilisi ile on mil yürüyen bir insandan daha çok yorulur.

Öyleyse ne olacak? Bu konuda siz ne yapabilirsiniz? Aşağıda, Oklahoma'da, bir petrol şirketinde çalışan bir sekreterin bu konuda ne yaptığını okuyacaksınız. Bu sekreter her ayın pek çok gününü düşünebileceğiniz en sıkıcı işi yaparak geçiriyor. Petrol dağıtım formlarını dolduruyor, boşluklara rakamları, istatistikleri işliyordu. Bu iş o kadar sıkıcıydı ki sekreter kendini koruma güdüsüyle işi ilginçleştirmeye karar verdi. Nasıl mı? Her gün kendisi ile yarışmaya başladı. Her sabah kaç adet form doldurduğunu sayıyor ve öğleden sonraları da bu rekoru kırmaya çalışıyordu. Her akşam o günün toplamını alıyor ve ertesi gün daha iyi bir sonuca ulaşmak istiyordu. Böylece kısa zamanda diğer sekreterlerden daha çok form doldurur hale geldi. Peki bütün bunlar ne işine yaradı? Takdir mi edildi? Hayır. Ona teşekkür mü ettiler? Hayır. Terfi mi etti? Hayır. Maaşı mı arttı? Hayır. Fakat can sıkıntısı nedeniyle oluşan yorgunluğu önlemiş oldu, beyni daha iyi çalışmaya başladı. Sıkıcı bir işi ilginç hale getirdiği için daha enerjik, daha canayakın olup boş saatlerinin tadını çıkarmaya ve keyif almaya başladı.

Bu öykünün doğru olduğunu biliyorum, çünkü ben bu kızla evlendim.

Şimdi, işi ilginç hale getirmenin ödülünü alan bir başka sekreterin öyküsünü anlatacağım. Genç kız her gün işinde tam bir savaş veriyordu. Artık savaşmıyor. Genç kızın ismi Vallie G. Golden, kendisi Elmhurst'te çalışıyor. Aşağıda onun bana yazmış olduğu öyküsünü bulacaksınız:

"Çalıştığım ofiste dört sekreterdik ve her birimiz birkaç işadamının yazışmalarını yürütmekle görevlendirilmiştik. Zaman zaman işlere yetişemez oluyorduk. Bir gün bir departmanın müdür yardımcısı yazdığım uzun bir mektubu yeniden yazmamı isteyince isyan ettim. Mektubun yeniden daktilo etmeden de düzeltilebileceğini ona göstermek istediğimde; eğer yeniden yazmak istemiyorsam, bunu yapabilecek bir başkasını bulacağını sert bir şekilde söyledi! Burnumdan soluyordum. Mektubu yeniden yazmak için daktilomun başına oturduğumda birden yaptığım bu işi seve seve yapmaya hazır pek çok kızın olabileceği aklıma geliverdi. Zaten bana bu işi yapmam için bir aylık ödeniyordu. Kendimi daha iyi hissetmeye başladım. İşimi sevmiyorsam da seviyor gibi davranmaya karar verdim ve şu önemli sonucu keşfettim: İşimi seviyormuş gibi davrandığımda, yaptığım işten bir dereceye kadar keyif alabiliyordum. Yine işten keyif aldığımda daha hızlı çalışabildiğimin farkına vardım. Artık işimi tamamlayabilmek için fazla mesai yapmama pek gerek kalmıyor. Bu yeni tavrım, çalışkan biri olarak ün kazanmama neden oldu. Departman üst düzey yöneticilerinden biri özel sekretere ihtiyacı olduğunda görevi bana teklif etti ve benim ek işleri bile surat asmadan, istekle yürüttüğümü söyledi."

Bayan Golden mektubunu şöyle bitiriyor: "Olaylara bakış açımdaki değişikliğin verdiği güçle benim için son derece önem taşıyan bir şey keşfetmiş oldum. Bu benim yaşamımda mucizeler yarattı."

Bayan Golden, Profesör Hans Vaihinger'in mucizeler yaratan "sanki ....gibi" tekniğini kullanmıştı. Prof. Vaihinger bize, "sanki mutluymuşuz gibi" davranmamızı öğretmişti.

Eğer işinize ilgi duyuyor gibi davranırsanız, bu rolünüz gerçekten de işinize ilgi duymanızı sağlayacaktır. Yorgunluğunuzu, geriliminizi ve kaygılarınızı gidermenize de yardımcı olacaktır.

Birkaç yıl önce, Harlan A. Howard yaşamını tamamen değiştirecek bir karar verdi. Sıkıcı işini ilginç bir hale getirecekti. Gerçekten de sıkıcı ve renksiz bir işi vardı; bulaşıkları yıkıyor, tezgâhı ovuyor, diğer delikanlılar top oynayıp kızlarla şakalaşırken o, lisenin yemekhanesinde kâselere dondurma dolduruyordu. İşini sevmiyordu, ama yapabileceği başka şey de olmadığından dondurmayla ilgilenmeye karar verdi. Dondurma nasıl yapılıyordu, içine neler koyuluyordu? Niçin bazı dondurmalar öbürlerinden daha lezzetliydi? Harlan, dondurmanın kimyasal yapısını araştırırken lisenin açtığı kimya kursunu birincilikle bitirdi. Gıda kimyasına olan ilgisi öylesine artmıştı ki Massachusetts Eyalet Koleji'ne yazılarak gıda teknolojisi alanında uzmanlaştı. New York Kakao Endüstrisi'nin tüm öğrencilere açık "Çikolata ve Kakaonun Kullanımı" konulu yazı yarışmasının 100 dolar ödülünü kim kazandı dersiniz? Evet, bildiniz: Harlan Howard!

Harlan bir iş bulmanın çok zor olduğunu görünce Massachusetts, Amherst'teki evinin bodrum katında özel bir laboratuvar açtı. Bundan kısa bir süre sonra yeni bir kanun çıktı. Bu kanuna göre sütteki bakterilerin sayımı gerekiyordu. Harlan A. Howard çok geçmeden Amherst'teki on dört süt şirketinin bakteri sayımını yapmaya başladı ve kendine iki asistan tuttu.

Bundan yirmi beş yıl sonra Harlan nerede olacak? O zaman bugün gıda sektöründe işin başında olanlar ya emekli ya da ölmüş olacaklar. Harlan A. Howard da büyük bir olasılıkla mesleğinin liderlerinden biri durumuna gelecek. Bir zamanlar tezgâh arkasında dondurma sattığı okul arkadaşları ise işsiz güçsüz, ekşimiş suratlı, kendilerine hiçbir fırsat tanınmadığı için yakınarak hükümete lanetler yağdıran tipler olacaklar. Eğer Harlan A. Howard da sıkıcı bir işi ilginç hale getirmeye karar vermemiş olsaydı, onun da şansı olmayacaktı.

Yıllar önce yine sıkıcı bir işi olan bir başka genç adam vardı. Bir fabrikada torna arkasında durup cıvatalara diş açan bu gencin adı Sam'di. Sam işi bırakmak istiyor, ama başka bir iş bulamamaktan korkuyordu. Bu sıkıcı işi yapmak zorunda olduğuna göre, işi ilginç hale getirmeye karar verdi. Yanındaki makinenin operatörü ile aralarında bir yarış düzenledi. Operatör cıvatanın yüzeyindeki pürüzü düzeltecek, Sam de çapını ayarlayıp dişini açacaktı. Arada sırada makinelerini durdurup kimin daha fazla cıvata işlediğine bakacaklardı. Sam'in titiz ve hızlı çalışmasından etkilenen ustabaşı bir süre sonra ona daha iyi bir iş verdi. Bu bir dizi terfinin başlangıcı oldu. Otuz yıl sonra Sam, yani Samuel Vauclain, Baldwin Lokomotif Sanayii'nin başkanı olmuştu. Eğer sıkıcı bir işi ilginç hale getirmeye karar vermemiş olsaydı, hâlâ bir tornacı olarak kalacaktı.

Ünlü radyo haberleri yorumcusu H. V. Kaltenborn bir keresinde bana sıkıcı bir işi nasıl ilginç hale getirdiğini anlatmıştı. Yirmi iki yaşındayken sığır taşıyan bir şilepte çalışmış ve hayvanları sulayıp yemleme işini üstlenerek Atlantik Okyanusu'nu aşmıştı. Önce İngiltere'de bir bisiklet turu yaptıktan sonra Paris'e geldiğinde cebinde beş parası yoktu ve karnı açtı. Fotoğraf makinesini beş dolar karşılığı rehine verdikten sonra The New York Herald gazetesinin Paris baskısına bir ilan vererek stereoptik makinelerin satışına başlamıştı. Gözünüze dayayarak birbirinin aynı iki resme bakmamızı sağlayan o eski moda stereoskopları hatırlıyorum. Bakarken bir mucize oluyor, iki resim üç boyutlu tek bir resim haline geliyordu. Derinliği algılıyordunuz ve perspektif duygunuz uyarılıyordu.

Ne diyordum? Evet, Kaltenborn Paris'te kapı kapı dolaşarak bu makineleri satmaya başlamıştı, ama Fransızca bilmiyordu. Buna rağmen ilk yıl beş bin dolar komisyon kazanarak o yıl Fransa'nın en iyi ücret alan pazarlamacısı oldu. H. V. Kaltenborn, bu deneyimin ona Harvard Üniversitesi'nde bir yıllık eğitimin kazandıracağı kadar başarı ve yetenek kazandırdığını söyledi. Öyle ki bu deneyimin sonucunda Fransız ev hanımlarına Amerika Meclis Tutanaklarını bile satabileceğini söylüyordu.

Bu deneyim onun Fransız yaşantısını yakından tanımasını sağlamış ve radyoda Avrupa'da yaşanan olayları yorumlarken ona yardımcı olmuştu.

Kaltenborn, Fransızca konuşamadığı halde nasıl usta bir pazarlamacı olmuştu? Patronuna satış için gerekli olan cümleleri mükemmel bir Fransızca ile yazdırmış ve sonra onları ezberlemişti. Kapıyı çalıyor, karşısına çıkan Fransız ev hanımına son derece komik bir aksan ile ezberlediği satış cümlelerini sıralıyordu. Sonra resimleri gösteriyor, karşısındaki kişi bir soru sorarsa omuzlarını kaldırıp, "Amerikalı... Amerikalı..." diye yanıtlıyordu. Şapkasını çıkarıyor ve şapkasının tepesine yapıştırdığı, mükemmel bir Fransızca ile yazılmış olan satış metnini gösteriyordu. Ev hanımı gülüyordu; Kaltenborn da gülüyor ve birkaç resim daha gösteriyordu. H. V. Kaltenborn bana bunları anlatırken aslında işin göründüğü kadar kolay olmadığını itiraf etti. Bana bu işten başarı ile sıyrılmasının tek bir nedeni olduğunu, bunu işi ilginç bir hale getirme konusundaki kararlılığı ile gerçekleştirdiğini anlattı. Her sabah satış için dışarı çıkmadan önce aynaya bakıp kendisine bir moral nutku çekiyordu: "Kaltenborn, eğer karnını doyurmak istiyorsan bu işi yapmak zorundasın. Mademki bunu yapmak zorundasın, o halde niçin bu işi yaparken keyif almaya çalışmıyorsun? Her kapıyı çaldığında sahne ışıklarının önünde duran bir aktör olduğunu ve seyircilerinin seni izlediğini hayal et. Ne de olsa yaptığın iş sahnedeki bir komedyenin rolü kadar komik. Bu nedenle niçin elinden geldiği kadar canayakın ve coşkulu olmuyorsun?"

Bay Kaltenborn bana bir günlük moral nutuklarının onun sıkıcı bulduğu ve nefret ettiği işi bir serüven haline dönüştürerek yüksek kazanç elde etmesini sağladığını anlattı.

Bay Kaltenborn, kendisine başarıyı kucaklamak isteyen Amerikalı genç işadamlarına bir önerisi olup olmadığını sorduğumda, "Her sabah kendi kendinizle konuşun. Pek çoğumuzun gün boyu yarı uykulu dolaşmasını önlemek için sabahları bizi uyandıracak fiziksel egzersizlerin öneminden söz ederiz. Oysaki daha fazlasına ihtiyacımız vardır; ruhsal ve zihinsel egzersizler bizi canlandırır. Her sabah kendinize bir nutuk çekin," dedi.

Her sabah kendinizle konuşup nutuk çekmek size çok yapmacık veya çocukça mı geliyor? Aslında düşünülecek olursa bu, sağlıklı bir ruh halinin temel öğesidir. "Yaşam, onu şekillendiren düşüncelerinizden ibarettir." On sekiz yüzyıl önce olduğu gibi, bu sözler bugün de geçerlidir. Marcus Aurelius'un Meditations (Meditasyonlar) adlı kitabında yazdığı gibi:

"Yaşam onu şekillendiren düşüncelerimizden ibarettir."

Gün boyunca, her saat başı kendi kendinizle konuşarak kendinizi cesaret ve mutluluk veren düşüncelere yönlendirebilirsiniz. Elde ettiğiniz için şükretmeniz gereken şeyler konusunda kendi kendinizle konuşarak zihninizi sizi yücelten ve keyifle şakıyan düşüncelerle doldurabilirsiniz.

Doğruları düşünerek her işi daha zevkli bir hale getirebilirsiniz. Patronunuz sizin işinize ilgi göstermenizi, ona daha çok para kazandırmanızı beklemektedir. Patronunuzun ne istediğini bir tarafa bırakalım; siz sadece işinizin ilgi çekici bir duruma gelmesiyle neler kazanabileceğinizi düşünün. Uyanık olduğunuz saatlerin yarısını işte geçirdiğinize göre, yaşamdan elde edeceğiniz mutluluğun ikiye katlanacağını ve eğer işinizde mutlu olamazsanız başka hiçbir yerde mutlu olamayacağınızı kendinize hatırlatın. İşinize ilgi duyarsanız kaygılarınızdan kurtulacağınızı ve bir süre sonra işinizde yükseleceğinizi, gelirinizin artacağını unutmayın. Hiçbiri gerçekleşmese bile en azından yorgunluğunuz en alt düzeye inecek ve iş dışındaki saatleriniz keyifli geçecektir.

27

UYKUSUZLUK PROBLEMİNİN SİZİ RAHATSIZ EDİP ÜZMESİNE İZİN VERMEYİN

Bir türlü uyuyamamak sizi rahatsız eder mi? Cevabınız evet ise, dünyaca ünlü avukat Samuel Untermyer'in hayatı boyunca bir kez bile derin bir uyku uyuyamadığını bilmek ilginizi çekebilir.

Sam Untermyer koleje gittiği yıllarda iki sorun yaşıyordu: uykusuzluk ve astım. Uykusuzluğun tedavisi yoktu: başka çaresi kalmayan Untermyer bu durumdan yararlanmaya karar verdi. Uyuyamadığı zamanlar yatakta bir sağa bir sola dönüp sinir bozukluğu yaşamak yerine, kalkıp ders çalışmaya başladı. Sonuç mu? Bütün derslerde sınıfın en yüksek puanlarını aldı ve New York Şehir Koleji'nin gurur kaynağı oldu.

Hukuk okumaya başladığı yıllarda da uykusuzluk problemi devam etti. Fakat Untermyer üzülüp endişelenmedi. "Doğa benim için gerekeni yapacaktır," diyordu. Doğa bunu yaptı da. O kadar az uyumasına karşın Untermyer'in sağlığı bozulmadı. Untermyer, New York Barosu'ndaki bütün avukatlar kadar, hatta onlardan daha fazla çalışabiliyordu. Çünkü onlar uyurken de çalışıyordu!

Yirmi bir yaşına geldiğinde, Sam Untermyer yılda yirmi beş bin dolar kazanıyordu ve genç avukat adayları da onun yöntemlerini öğrenebilmek için mahkeme salonlarını dolduruyorlardı. Untermyer hâlâ uykusuzluk çekiyordu. Gecenin yarsını okuyarak geçiriyor, sabah beşte kalkıyor, mektuplarını yazmaya başlıyordu. Diğer insanlar işlerine yeni başladıklarında, o, işinin yarısını bitirmiş oluyordu. Hayatında bir kez olsun derin bir uyku çekememiş olan bu adam seksen bir yaşına kadar yaşadı. Eğer uykusuzluk sorununu kafaya takıp bunun için üzülmüş olsaydı, kuşkusuz hayatını mahvederdi.

Hayatımızın üçte birini uyuyarak geçiririz, ancak hiç kimse uykunun ne olduğunu bilmez. Uykunun bir alışkanlık ve fiziksel ve zihinsel dinlenme biçimi olduğunu biliyoruz, ama bir insanın günde kaç saat uyuması gerektiği sorusuna kesin bir yanıt veremiyoruz. Hatta gerçekten uyumak zorunda olup olmadığımızı bile bilmiyoruz!

İlginç değil mi? Birinci Dünya Savaşı sırasında, Paul Kern adlı Mısırlı bir asker, beyninin frontal lobuna bir kurşun yemişti. Askerin yarası iyileşti ama zavallı adamcağız, bir türlü uyuyamıyordu. Doktorlar her türlü yolu denediler; uyku hapları, uyuşturucular verdiler, hipnoza başvurdular. Hiçbiri fayda etmedi; Paul Kern uyuyamıyordu. Uyumak bir yana, gözünü bile kırpmıyordu!

Doktorlar onun fazla yaşamayacağını söylediler, ancak asker onları yalancı çıkardı. Kendine bir iş buldu ve hayatının geri kalan kısmını son derece sağlıklı geçirdi. Her gün uzanıyor, gözlerini kapatıyor ve dinleniyordu, ama uyumuyordu. Onun bu durumu, uykuyla ilgili bütün inançlara kuşkuyla bakılmasına neden olan tıbbi bir sır olarak kaldı.

Bazı insanların diğerlerine oranla daha fazla uykuya ihtiyacı vardır. Toscanini, her gece beş saat uyumaya ihtiyaç duyuyordu. Calvin Coolidge ise bunu iki katı uyumak zorundaydı; on bir saat uyuduğu bile oluyordu. Başka bir deyişle, Toscanini ömrünün beşte birini, Coolidge ise yarısını uyuyarak geçiriyordu.

Uykusuzluk probleminin kafaya takılması, insana uykusuzluğun kendisinden daha fazla zarar verir. Örneğin, New Jerseyli öğrencilerimden biri, Ira Sandner, kronik uykusuzluk yüzünden intiharın eşiğinden dönmüştü. "Artık delireceğimi düşünmeye başlamıştım," demişti Ira bana. "Eskiden tek sorun uykumun çok ağır olmasıydı. Çalar saat çaldığında bile uyanamıyor ve işe sürekli geç kalıyordum. Bu durum beni çok rahatsız ediyordu, patronum da beni işe zamanında gitmem konusunda uyarmıştı. Böyle uykucu olmaya devam edersem işimi kaybedeceğimi biliyordum.

"Bunu arkadaşlarıma anlattım ve biri bana uykuya dalmadan önce tamamen çalar saat üzerine konsantre olmamı önerdi. Böylece uykusuzluk problemim başladı! O lanet olası saatin tik takları benim için bir sabit fikir haline geldi. Bütün gece uyuyamaz olmuştum. Sabah olduğunda kendimi çok kötü hissediyordum. Hem bitkin hem sıkıntılı hem de üzgün oluyordum. Bu durum sekiz hafta devam etti. Yaşadığım işkenceyi size anlatamam. Delireceğimden emindim artık. Bazen saatlerce boş gözlerle yere bakıyor, camdan aşağı atlayıp her şeyden kurtulmayı düşünüyordum.

"Sonunda eskiden beri tanıdığım bir doktora gittim. Doktor bana, 'Ira, ben sana yardım edemem. Kimse sana yardım edemez, çünkü bu duruma neden olan kişi sensin. Yatağa yat ve uyuyamadığın zamanlar bunu unutmaya çalış. Kendine 'Uyuyamazsam uyuyamayayım. Sabaha kadar uyanık kalsan ne fark eder sanki! Burada böyle yatacağım ve üzülüp sıkılmayacağım. Bir güzel dinleneceğim,' de. Gözlerini kapat."

"Ben de bunu yaptım. İki hafta sonra uykuya dalmaya başladım. Bir aya kalmadan her gece sekiz saat uyumaya başlamıştım. Sinirlerim de düzelmişti."

Ira Sandner'ı ölümün eşiğine götüren şey uykusuzluk değildi; buna neden olan şey onun bu uykusuzluk problemini çok fazla kafaya takmasıydı.

Chicago Üniversitesi'nden Nathaniel Kleitman, dünyada uyku konusunda en çok araştırma yapan kişidir. Uyku konusunda bir uzman olan Kleitman dünyada hiç kimsenin uykusuzluktan ölmediğini söylemektedir. Uykusuzluğu kafaya takmanın insanın canlılığını ve direncini azalttığı doğrudur ama dikkat edin: buna neden olan şey uykusuzluk değil, uykusuzluğu kafaya takmaktır!

Dr. Klietman aynı zamanda uykusuzluk çektiğini düşünerek endişelenen kişilerin düşündüklerinden daha fazla uyuduklarını öne sürmüştür. "Dün gece gözümü bile kırpmadım," diyen kişi aslında farkında olmadan saatlerce uyumuştur. Örneğin on dokuzuncu yüzyılın en önemli düşünürlerinden biri olan Herbert Spencer yaşlı bir bekârdı; bir pansiyonda yaşıyor ve sürekli uykusuzluk problemi olduğunu anlatarak herkesin canını sıkıyordu. Spencer sesleri duymamak ve sinirlerini yatıştırmak için kulaklarına tıkaç bile tıkıyordu. Bazen uyumak için afyon içtiği bile oluyordu. Bir gece Spencer ve Oxford Üniversitesi'nden Profesör Sayce otelde aynı odayı paylaştılar. Ertesi sabah Spencer gece gözünü bile kırpmadığını söyledi. Aslında gözünü kırpmayan kişi Spencer değil, Sayce idi. Spencer öyle çok horlamıştı ki zavallı Sayce hiç uyuyamamıştı!

İyi bir uyku çekmenin ilk koşulu insanın kendisini güvende hissetmesidir. Büyük bir gücün bizi sabaha kadar koruyacağını hissetme ihtiyacı duyarız. Dr. Thomas Hyslop, İngiltere Tıp Kongresi'nden önce şunları söylemiştir: "Yıllardır yaptığım araştırmalar bana, iyi bir uyku çekmeye yardımcı olacak en önemli şeylerden birinin dua olduğunu gösterdi. Dua etmeyi alışkanlık haline getiren kişiler zihinlerini huzura kavuştururlar ve sinirlerini yatıştırırlar."

Ancak dindar biri değilseniz ve işleri zor yoldan halletmek zorundaysanız, o zaman fiziksel bazı yöntemleri deneyebilirsiniz. Release From Nervous Tension (Sinirsel Gerilimden Kurtulmanın Yolları) kitabının yazarı Dr. David Harold Fink, bunu yapmanın en iyi yolunun insanın vücuduyla konuşması olduğunu söylemiştir. Dr. Fink'e göre hipnozun anahtarı sözcüklerdir; sürekli uykusuzluk çekiyorsanız, kendi kendinize söylediğiniz sözcükler sizi uykusuzluğa itmiş demektir. Bu durumdan, vücut kaslarınıza "Gevşe ve rahatla!" deyip kendinizi hipnoz halinden çıkararak kurtulabilirsiniz. Kaslar gergin olduğunda zihnin ve sinirlerin gevşeyip rahatlayamayacağını biliyoruz, bu yüzden işe kaslarla başlamanız gerekir. Fink, gerilimden kurtulmak için kollarımızın ve bacaklarımızın altına yastıklar koymamızı önermektedir. Bunu yaptıktan sonra çenemize, kollarımıza ve bacaklarımıza gevşemelerini söyleyerek ne olduğunu bile anlamadan uykuya dalarız. Bunu ben denedim ve işe yaradığını biliyorum.

Uykusuzluk problemini çözmenin yollarından biri de bahçe işleriyle, yüzmeyle, tenisle, golfle, kayakla ya da herhangi bir fiziksel işle uğraşarak bedeni yormaktır. Theodore Dreiser bunu yapmıştır. Yazar olmak için mücadele eden Theodore, uykusuzluk probleminin sürekli hale geldiğini görünce demiryollarına girmişti. Çivi çakıp çakıl döşerken öylesine yoruluyordu ki akşam yemek bile yiyemeden uykuya dalmaya başlamıştı.

Eğer yeterince yorulursak doğal bir güç bizi uyumaya zorlar, hatta yürürken bile uyuyabiliriz. On üç yaşındayken babam beni Saint Joe'ya götürmüştü. O zamana kadar nüfusu dört bini aşan bir kasaba görmemiştim. Altı bin nüfuslu Saint Joe'yu gördüğümde çok heyecanlandım. Altı katlı bir gökdelen ve bir tramvay gördüm. Hâlâ gözlerimi kapattığımda o tramvayın sesini ve görüntüsünü hatırlayabiliyorum. Hayatımın en heyecan verici gününün ardından Ravenwood'a döndük. Çiftliğe varabilmemiz için dört mil yürümemiz gerekiyordu. Asıl söylemek istediğim şu, öylesine bitkin düşmüştüm ki yolda yürürken uyudum, hatta rüya bile gördüm. Ata binerken bile uyuduğum oluyordu. Buna yemin edebilirim.

İnsanlar gerçekten çok yorgun ve tükenmiş olduklarında savaşın korkusu, gürültüsü ve tehlikenin tam ortasında bile uyurlar. Ünlü nörolog Dr. Forster Kennedy, 1918'de İngiliz Ordusu geri çekilirken çok yorgun düşen askerlerin yere yığılıp komaya girmişçesine uyuduklarını söylemişti. Doktor gözkapaklarını kaldırdığında bile uyanmıyorlardı. Dr. Kennedy, askerlerin gözbebeklerinin yukarıya doğru baktığını fark etmiş ve şunları söylemişti: "Bunu gördükten sonra, uyumakta zorluk çektiğim zamanlar gözbebeklerimi o duruma getirmeye başladım. Böylece hemen esnemeye başlıyor ve uyuyakalıyorum. Bu benim kontrolümde olmayan, otomatik bir refleks."

Kimse uykuya direnerek intihar edemedi, bundan sonra da edemeyecek. Doğa, insanı tüm iradesine karşın uyumaya zorluyor. Bunun yanı sıra uykusuzluğa karşı dayanıklılığımız, açlık ve susuzluğa karşı dayanıklılığımızdan çok daha fazla.

İntihardan söz edince, Dr. Henry C. Link'in The Rediscovery Of Man (İnsanlığın Yeniden Keşfi) adlı kitabında sözünü ettiği bir olayı hatırladım. Dr. Link bir psikoloji kuruluşunda başkan yardımcısıydı ve üzüntü ve depresyon yaşayan birçok insanla görüşmüştü. Kitabının "Korku ve Üzüntülerin Üstesinden Gelmek" adlı bölümünde intihar etmeyi düşünen bir hastasından söz ediyordu. Dr. Link tartışmanın durumu daha da kötüleştireceğini biliyordu, bu yüzden adama şöyle demişti: "Eğer intihar etmek istiyorsan bunu kahramanca yapmalısın. Düşüp ölene dek şu blokun etrafında koş."

Hasta bunu denemiş, her seferinde yalnızca kaslarının değil, zihninin de rahatladığını hissetmişti. Üçüncü gecenin sonunda fiziksel olarak öylesine yorulmuştu ki (aynı zamanda rahatlayıp gevşemişti de) gece ölü gibi uyumuştu. Sonra bir spor kulübüne yazılıp çeşitli yarışmalara girmişti. Kendisini öyle iyi hissediyordu ki artık sonsuza dek yaşamak istiyordu!

O halde, siz de uykusuzluk sorununu kafanıza takmaktan vazgeçmek istiyorsanız işte kurallar:

1. Eğer uyuyamıyorsanız, Samuel Untermyer'in yaptıklarını yapın. Yataktan kalkın ve uykunuz gelene kadar çalışın ya da okuyun.

2. Uykusuzluk yüzünden kimsenin ölmediğini unutmayın. Uykusuzluk problemini kafaya takmak, insana uykusuzluğun kendisinden çok daha fazla zarar verir.

3. Dua edin.

4. Vücudunuzu gevşetip rahatlatmaya çalışın.

5. Egzersiz yapın. Kendinizi fiziksel olarak yorun ki hemen uykuya dalabilesiniz.

ALTINCI BÖLÜMÜN ÖZETİ

YORGUNLUKTAN VE ÜZÜNTÜDEN KAÇINMANIN, ENERJİ VE MORALİNİZİ YÜKSEK TUTMANIN YOLLARI

Birinci Kural: Yorulmadan dinlenin.
İkinci Kural: Çalışırken gevşeyip rahatlamayı öğrenmeye çalışın.
Üçüncü Kural: Evde gevşeyip rahatlamayı öğrenmeye çalışın.
Dördüncü Kural: Şu çalışma alışkanlıklarını edinmeye çalışın.

a. Masanızın üstündeki bütün gereksiz kâğıtları kaldırın. Yalnızca o an ilgilendiğiniz işle ilgili kâğıtlar kalsın.
b. İşleri önem sırasına göre yapın.
c. Bir sorunla karşılaştığınızda, eğer karar vermek için gerekli bilgiye sahipseniz bu sorunu hemen çözün.
d. Organize etmeyi ve yönetmeyi öğrenin.

Beşinci Kural: Üzüntüden ve yorgunluktan kaçınmak için işinizi coşkuyla yapın.
Altıncı Kural: Unutmayın, kimse uykusuzluktan ölmedi. İnsana zarar veren şey de uykusuzluk değil, uykusuzluğu kafaya takmaktır.

YEDİNCİ BÖLÜM

ÜZÜNTÜYÜ NASIL YENDİM GERÇEK ÖYKÜLER

BENİ BİR ANDA YIKAN ALTI BÜYÜK SORUN

C. I. BLACKWOOD ANLATIYOR

1943 yılı yazında, sanki tüm dünyanın problemlerinin yarısı benim omuzlarıma binmişti.

Kırk yıl boyunca, son derece normal, rahat bir yaşam sürdüm. Yalnızca bir eş, bir baba ve bir işadamı olmanın getirdiği olağan sorunlarım vardı. Bütün bunlara kolaylıkla göğüs gerebiliyordum ama birden BUM BUM BUM BUM! Altı büyük sorun patlak verdi. Her gece yatağımda dönüp duruyor, yarın olsun istemiyordum. Şu altı büyük üzüntüyü yaşıyordum:

1. İşletme kolejim mali problem yaşıyordu ve iflasın eşiğindeydi. Erkeklerin çoğu savaşa gidiyorlardı. Kızlar da eğitim almaya gerek duymuyorlardı, çünkü savaş tesislerinde çalışıyorlar ve eğitimlerinden sonra çalıştıkları işletmelerde kazandıklarından çok daha fazla para kazanıyorlardı.

2. Oğlum orduya katılmıştı ve çocuğu savaşa giden her anne baba gibi benim de kalbim sızlıyordu.

3. Oklahoma Eyaleti'nde yapılacak bir havalimanı için istimlaklara başlanmıştı ve benim babadan kalma evim de bu bölgenin tam ortasındaydı. Bana evin gerçek değerinin yalnızca onda birini ödeyeceklerini biliyordum. Altı kişilik ailemi barındırabilecek bir ev bulabilecek miydim? Çadırda yaşamak zorunda kalmaktan korkuyordum. Üstelik çadır alacak parayı bile bulamayabilirdik.

4. Evimizin yakınında kanalizasyon kanalı açıldığından bahçedeki kuyunun suyu kurumuştu. Yeni bir kuyu açmak beş yüz doları sokağa atmak olurdu, çünkü arazi istimlak edilecekti. Her sabah evime kovalarla su taşıdım. Savaş boyu da su taşımak zorunda kalmaktan korkuyordum.

5. İşletme kolejim evimden on mil uzaktı. Benim B sınıfı bir petrol kartım vardı. Bu da yeni lastikler alamayacağım anlamına geliyordu. Eski Ford'umun lastiklerini değiştiremezsem okula nasıl gideceğimi düşünüp endişeleniyordum.

6. En büyük kızım liseden normal süreden bir yıl erken mezun olmuştu. En büyük isteği üniversiteye gitmekti. Ne yazık ki onu gönderecek param yoktu. Kalbinin kırılacağını biliyordum.

Bir gün büromda oturmuş üzülüp dururken birden bütün bunları yazmaya karar verdim. Hiç kimse benden daha fazla üzüntü çekmiş olamazdı. Bunlar üstesinden gelebileceğim türden sorunlar olsa üzülmeyecektim; ama hepsi benim kontrolüm dışındaydı. Yapabileceğim hiçbir şey yoktu. Oturup bütün üzüntülerimi maddeledim; sonra da bunları yazdığımı unuttum. On sekiz ay sonra dosyalarımı karıştırırken birden bir zamanlar benim sağlığımı tehdit etmiş olan altı büyük sorunumu yazdığım kâğıt elime geçti. Bunları okudum ve düşündüm. Üzüntülerimin ve endişelerimin tümü gereksizdi, çünkü korktuğum hiçbir şey başıma gelmemişti. Olaylar şöyle sonuçlanmıştı:

1. İşletme okulumun kapanacağına dair endişelerim boşa çıktı; çünkü devlet askerlerin eğitilmesi için bu okullara para ödemeye başladı ve biz de kontenjanımızı doldurduk.

2. Oğlum savaştan sağ salim geri döndü.

3. Evimin istimlak edileceğini düşünerek boş yere üzüldüğümü gördüm; çünkü evimizin bir mil ilerisinde petrol çıkarıldı ve havaalanı projesi iptal oldu.

4. Kuyunun suyunun kuruduğunu düşünerek de boş yere endişelenmiştim; çünkü evimin istimlak edilmeyeceğini öğrenir öğrenmez yeni bir kuyu açtırdım ve bol bol suyumuz oldu.

5. Arabamı dikkatle kullandım ve lastiklerim bir süre daha idare etti.

6. Kızımın eğitimi ile ilgili olarak da boşu boşuna kendimi üzmüştüm. Okulların açılmasına altı hafta kala bir mucize oldu ve bana okul saatleri dışında yapabileceğim bir ek iş önerildi. Böylece kızımı koleje gönderebildim.

İnsanların üzüldüğü şeylerin yüzde doksanının asla gerçekleşmeyeceğini söylerler. Ben de böylece bunu anlamış oldum.

Bu benim için iyi bir ders oldu. Kendi kontrolümüzde olan ve asla gerçekleşmeyecek şeyler için üzülüp endişelenmenin ne büyük bir trajedi olduğunu gördüm.

Unutmayın, dün de bugün olacak şeyler için endişeleniyordunuz. Kendinize şu soruyu sorun: Üzülüp durduğum şeyin gerçekleşeceğini nereden biliyorum sanki?

BİR SAAT İÇİNDE GERÇEK BİR İYİMSER OLABİLİRİM

ÜNLÜ EKONOMİST ROGER W. BABSON ANLATIYOR

Mevcut koşullar altında sıkılıp bunaldığımı hissettiğimde, bir saat içinde üzüntümü yenebilir ve gerçek bir iyimser haline gelebilirim.

Size bunu nasıl yaptığımı anlatayım. Kütüphaneme girerim, gözlerimi kapatırım ve tarihle ilgili kitapların bulunduğu raflara yürürüm. Prescott'un kitaplarından birini alırım. Gözlerim hâlâ kapalı bir halde kitabın rasgele bir sayfasını açarım. Bir saat kadar okurum. Okudukça dünyanın hep acılar içinde olduğunu, uygarlığın uçurumun eşiğinde bulunduğunu daha iyi anlarım. Tarihin sayfaları savaş, açlık, yoksulluk, salgın hastalıklar ve insanın insana yaptığı zulmün öyküleriyle doludur. Tarihle ilgili şeyler okudukça bugünün koşullarının dünden çok daha iyi olduğunu fark ederim. Bu benim kendi mevcut sorunlarımı farklı bir bakış açısından görmemi ve dünyanın giderek daha iyiye gittiğini anlamamı sağlar.

İşte size bütün bir kitaba bedel bir öğüt:

Tarih okuyun! Olayları on bin yıl öncesinin penceresinden görmeye ve sonsuzluk söz konusu olduğunda sorunlarınızın ne kadar önemsiz olduğunu anlamaya çalışın!

AŞAĞILIK KOMPLEKSİNDEN NASIL KURTULABİLİRİM

BİRLEŞİK DEVLETLER ESKİ OKLAHOMA SENATÖRÜ ELMER THOMAS ANLATIYOR

On beş yaşındayken büyük bir korku ve üzüntü içindeydim. Çok uzun boylu ve dal gibi inceydim. Boyum 1.85, kilom ise 53'tü. Uzun boyuma karşın bir hayli güçsüzdüm; beysbolda ya da diğer spor dallarında öbür çocuklarla başa çıkamıyordum. Benimle alay ediyorlar ve bana "fasulye sırığı" diyorlardı. Öylesine mutsuzdum ki hiç kimseyle görüşmek istemiyordum; evimiz sapa bir yerde bulunduğundan ve senelerdir kesilememiş ağaçlarla çevrili olduğundan görüşmüyordum da. Çiftliğimiz anayola bir mil uzaklıktaydı. Bazen bir hafta boyunca annem, babam ve kardeşlerim dışında hiç kimseyi görmediğim oluyordu.

Eğer bu üzüntülere yenilseydim hayatım tam anlamıyla mahvolurdu. Bütün gün boyunca uzun, çelimsiz vücudumdan başka bir şey düşünemiyordum. Utancım ve üzüntüm öyle yoğundu ki anlatmam mümkün değil. Annem neler hissettiğimi biliyordu. Kendisi bir öğretmendi ve bana şöyle diyordu: "Oğlum, senin eğitim görmen gerekiyor. Hayatını kurtarmalısın. Bedenin senin için her zaman bir sorun olacağına göre aklınla yaşamayı öğrenmen gerekiyor."

Ailem beni koleje gönderemediğinden, kendi hayatımı kazanmam gerektiğini biliyordum. Kunduz, kokarca, samur avladım. Bunların kürklerini sattım ve kazandığım parayla iki tane domuz aldım. Domuzları besleyip büyüttüm ve sonbaharda kırk dolara sattım. Bu parayla Indiana'daki Central Normal Koleji'ne gittim. Haftada bir dolar kırk sent okul ücreti, on beş sent de oda kirası ödüyordum. Annemin dikmiş olduğu kahverengi bir gömlek giyiyordum. (Annem kir göstermeyeceği için kahverengi kumaşı tercih etmişti.) Giydiğim takım elbise de bir zamanlar babama aitti. Bu takım bana büyük geliyordu, yine babama ait olan ayakkabılar da öyle. Ayakkabıların yanında bağlanabilen lastik bantlar vardı, ama bunlar eskiyip gevşediğinden ayakkabılar ayağımdan çıkıyordu. Utancımdan diğer öğrencilerin arasına karışamıyordum; odamda tek başıma oturuyor ve ders çalışıyordum. Hayattaki en büyük amacım, yeni, güzel, bana büyük gelmeyen ve yakışan, giymekten utanmayacağım giysiler almaktı.

Bundan kısa bir süre sonra korkularımı ve aşağılık kompleksimi yenmemi sağlayan dört olay oldu. Bu olaylardan biri bana cesaret, umut ve güven verdi ve hayatımın akışını değiştirdi. Size bunları kısaca anlatayım.

Birincisi: Sekiz hafta normal bir okula devam ettikten sonra sınava girdim ve kasaba ilkokullarında öğretmenlik yapmamı sağlayacak üçüncü derece sertifika aldım. Aslında bu belge altı hafta için geçerliydi, ama yine de birilerinin bana inanıp güvendiğini göstermişti. O güne kadar annemden başka kimse bana güvenmemişti.

İkincisi: Happy Hallow diye bir yerde bir kasaba okulunda günde iki dolar karşılığı öğretmenlik yapmaya başladım. Artık daha fazla insan bana güveniyordu.

Üçüncüsü: İlk maaşımı alır almaz bir mağazaya gittim ve kendime giymekten utanmayacağım giysiler aldım. Bana bir milyon dolar verseler bu beni birkaç dolara aldığım giysiler kadar mutlu etmezdi.

Dördüncüsü: Hayatımın dönüm noktası bu olaydı. İlk kez aşağılık kompleksimi ve çekingenliğimi yenmeyi başarmıştım. Annem Puantum Kasaba Fuarı'ndaki hitabet yarışmasına girmem konusunda beni cesaretlendirmişti. Bunun düşüncesi bana garip geldi. Benim bırakın bir kalabalık önünde konuşmayı, tek bir kişiyle bile konuşacak cesaretim yoktu. Ancak annemin coşkusu ve hevesi beni de etkiledi. Annemin benimle ilgili güzel hayalleri olmuştu hep. Benden çok şey bekliyordu. Bu yüzden yarışmaya girmeye karar verdim. Konuşmak üzere de hiçbir bilgimin olmadığı bir konuyu seçtim: "Amerika'da Güzel Sanatlar ve Bağımsız Sanatlar". Dürüst olmam gerekirse konuşmaya hazırlanmaya başladığımda bağımsız sanatların ne olduğunu bile bilmiyordum. Ancak bu önemli değildi, çünkü dinleyiciler de bilmiyordu. Konuşmamı ezberledim ve ağaçların, ineklerin önünde provalar yaptım. Annemi hayal kırıklığına uğratmamalıydım, bu yüzden büyük bir coşkuyla konuşmam gerekiyordu. Birincilik ödülünü ben kazandım. Çok şaşırmıştım, ne olup bittiğini bile anlayamıyordum. Kalabalıktan alkışlar yükseldi. Benimle alay eden çocuklar sırtımı sıvazladılar ve "Başaracağını biliyorduk, Elmer," dediler. Annem bana sarılıp ağladı. Şimdi geriye dönüp baktığımda o gün yaptığım konuşma ve aldığım ödülün hayatımın dönüm noktası olduğunu düşünüyorum. Yerel gazeteler ilk sayfada bana yer vermişler ve geleceğimin çok parlak olduğunu söylemişlerdi. Bu yarışma sayesinde büyük bir prestij kazanmıştım. Bundan da önemlisi, kendime güvenim iki kat artmıştı. Bu yarışmayı kazanmasaydım Birleşik Devletler Senatosu'na kesinlikle giremezdim. Yarışma bakış açımı değiştirdi. Sahip olduğumun farkına bile varamadığım yeteneklerimi fark etmemi sağladı. Üstelik ödül olarak bir yıllık eğitim bursu kazanmıştım.

Artık eğitimimi sürdürmem gerektiğini düşünüyordum. Birkaç yıl boyunca hem öğretmenlik yaptım hem de okula gittim. Okul masraflarımı karşılayabilmek için her türlü işi yaptım; lokantalarda, tarlalarda ve yol yapımında çalıştım.

1896 yılında, henüz on dokuz yaşındayken insanların başkanlık seçimlerinde William Jennings Bryan'a oy vermelerini sağlamak için tam yirmi sekiz konuşma yaptım. Bu konuşmalar beni öylesine heyecanlandırıyordu ki kendim de politikaya atılmaya karar verdim. De Pauw Üniversitesi'nde hukuk ve hitabet dersleri aldım. 1899'da üniversitemi, Butler Üniversitesi'yle yapılan, "Senatör Seçimleri" konulu bir münazarada temsil ettim. Diğer bazı konuşma yarışmalarını da kazandım ve 1900 yılı Kolej Yıllığı Mirage'ın ve okul gazetesi The Palladium'un editörlüğünü yaptım.

Üniversiteden mezun olduktan sonra, Horace Greeley'in öğüdünü tuttum ve batıya değil güneybatıya gittim. Yeni bir yerde, Oklahoma'da yaşamaya başladım. Bir hukuk bürosu açtım. Oklahoma Eyalet Senatosu'na on üç yıl hizmet ettim. Elli yaşıma geldiğimde en büyük amacım gerçekleşti; Birleşik Devletler Senatosu'na seçildim.

Bu öyküyü size hiç kimseyi ilgilendirmeyecek kişisel başarılarımı göstermek için anlatmadım. Bunları benim hayatımı mahveden, babamın üzerimden dökülen giysilerini ve ayağımdan çıkan ayakkabılarını giymek zorunda olduğum günlerde yaşadığım üzüntüleri, utangaçlığı, çekingenliği ve kompleksleri yaşayan diğer çocuklara cesaret ve güven vermesi umuduyla anlattım.

Derleyenin notu: Gençliğinde babasının kendisine büyük gelen giysilerini giymek zorunda kalan Elmer Thomas'ın daha sonra Birleşik Devletler'in en iyi giyinen kişisi seçilmesi ilgi çekicidir.

ALLAH'IN BAHÇESİNDE YAŞADIM

Sir Thomas Bodley'in torunu, Bodleian Kütüphanesi Kurucusu, Sahara Rüzgârı adlı kitabın yazarı R. V. C. Bodley anlatıyor

1918 yılında, o zamana kadar yaşadığım yerlere sırt çevirdim ve Kuzeybatı Afrika'ya giderek Sahara'da Allah'ın bahçesinde Araplarla birlikte yaşamaya başladım. Yedi yıl orada yaşadım. Göçebelerin dilini öğrendim. Onlar gibi giyiniyor, yemeklerini yiyor ve yaşam biçimlerine uymaya çalışıyordum. Bu yaşam biçimi yirmi yüzyıldır pek az değişti. Bir koyun sürüsüne bakıyor, geceleri Arap çadırlarında uyuyordum. Onların dinini de araştırıyordum. Daha sonra Hazreti Muhammed'i anlatan "Haberci" adında bir kitap yazdım.

Çobanlarla geçirdiğim yedi yıl benim hayatımın en huzurlu ve en değerli yıllarıydı.

O zamana kadar hayatım oldukça renkli geçmişti. Paris'te doğmuştum ama annem ve babam İngiliz'di. Fransa'da dokuz yıl yaşadım. Kraliyet Askeri Koleji'nde eğitim gördüm. Altı yılımı Hindistan'daki İngiliz ordu bürosunda geçirdim. Burada polo oynuyor, avlanıyor, Himalayalar'ı keşfe çıkıyordum. Birinci Dünya Savaşı'na katıldım. Paris Barış Konferansı'nda askeri ataşe yardımcısı olarak gönderildim. Orada gördüğüm şeyler beni hayal kırıklığına uğrattı. Savaş süresince amacımızın uygarlığı korumak olduğunu düşünmüştüm. Ancak bu konferans sırasında İkinci Dünya Savaşı'nın zeminini hazırlayan bencil politikacıları gördüm. Her ülke kendi çıkarlarını korumaya çalışıyordu. Milliyetçi kışkırtmalar yapılıyor, diplomatik entrikalar dönüyordu.

Savaştan, ordudan, içinde yaşadığım toplumdan bunalmıştım. Uykusuz geceler geçiriyor, hayatımda nasıl bir değişiklik yapacağımı düşünüyordum. Lloyd George politikaya girmem konusunda beni teşvik etti. Onun bu teklifini değerlendirmeye çalışırken garip bir şey oldu; benim bütün kararımı değiştiren ve hayatımın geri kalan yedi yılını belirleyen bir şey. Her şey Ted Lawrence, yani Arabistanlı Lawrence ile yaptığım, iki yüz saniyeden az süren bir konuşmanın sonucunda oldu. Lawrence Birinci Dünya Savaşı'nın yarattığı en renkli ve romantik kişiydi. Bir çölde Araplarla birlikte yaşayan Lawrence bana da aynı şeyi yapmamı önermişti. Başlangıçta bu bana olanaksız gelmişti.

Ancak ordudan ayrılmaya kararlıydım ve bir şeyler yapmalıydım. Piyasada müthiş bir işsizlik vardı ve sivil işverenler benim gibi ordunun düzenli çalışanlarını işe almak istemiyorlardı. Ben de Lawrence'ın dediğini yaptım ve Araplarla yaşamaya başladım. Bunu yaptığım için çok memnunum. Onlar bana üzüntünün nasıl yenilebileceğini öğrettiler. Bütün inanan Müslümanlar gibi onlar da kaderciydiler. Hz. Muhammed'in Kuran'da yazdığı her sözün Allah'ın ilahi vahiyleri olduğuna inanıyorlardı. Bu yüzden Kuran'da "Sizi ve bütün hareketlerinizi Tanrı yarattı," sözünü okuduklarında bunu kayıtsız şartsız kabul ediyorlardı. Bu nedenle hayata soğukkanlı bakıyorlar, hiçbir şey için acele etmiyorlar, işler yolunda gitmediğinde gereksiz paniğe kapılmıyorlardı. Onlara göre her şey Allah'ın takdirine bağlıydı ve Allah istemediği sürece hiçbir şeyi değiştirmezlerdi. Bu onların felaketler halinde bile hiçbir şey yapmadan, boş boş oturdukları anlamına gelmiyor elbette. Örneğin size Sahara'da yaşanan Sirako fırtınasını anlatayım. Fırtına üç gün üç gece sürdü. Öylesine şiddetli bir fırtınaydı ki Sahara'nın kumlarını yüzlerce mil sürüklemiş, Akdeniz üzerinden Fransa'daki Ron Vadisi'ne savurmuştu. Rüzgâr öylesine sıcak esiyordu ki kafamdaki saçların kavrulduğunu hissediyordum. Boğazım kupkuru olmuştu. Gözlerim yanıyordu. Dişlerimin arası kum dolmuştu. Bir cam fabrikasındaki ocağın önünde duruyordum sanki. Çıldırma noktasına gelmiştim. Ancak Araplar hiç şikâyet etmiyorlardı. Omuzlarını silkiyorlar ve "Böyle yazılmış!" diyorlardı.

Fakat fırtına diner dinmez harekete geçtiler. Kuzuların hepsini kestiler, çünkü ne olursa olsun öleceklerini biliyorlardı. Bu arada anne koyunları kurtarmayı umuyorlardı. Kuzular kesildikten sonra sürüyü güneye, suya doğru sürdüler. Bütün bunları son derece sakin bir tavırla, hiç şikâyet etmeden veya homurdanmadan yapıyorlardı. Kabile başkanı, "Durum o kadar da kötü değil," dedi. "Her şeyimizi kaybedebilirdik. Ama Allah'a şükür, koyunlarımızın yüzde kırkını kurtardık. Her şeye yeniden başlayabiliriz."

Bir günde çölde giderken arabamızın lastiği patlamıştı. Şoför yedek lastiği onarmayı unuttuğu için üç lastikle kalakalmıştık. Ben heyecanlanmış, paniğe kapılmıştım. Araplara ne yapacağımızı sordum. Bana heyecanlanmanın hiçbir işe yaramayacağını, durumu daha da kötüleştireceğini söylediler. Onlara göre lastiğin patlaması Allah'ın işiydi ve yapılacak bir şey yoktu. Böylece üç tekerlekle bir jant üzerinde ilerlemeye başladık. Birden araba sarsılarak durdu. Şimdi de benzinimiz bitmişti! Başkan yine "Allah'ın yazgısı!" dedi. Şoföre yanına yeteri kadar benzin almadığı için bağırmadılar. Sakinliklerini korudular. Hep birlikte şarkı söyleyerek gideceğimiz yere doğru yürümeye başladık.

Araplarla yaşadığım yedi yıl sonunda gördüm ki Amerika'da ve Avrupa'da yaygın olarak yaşanan sinir hastalıkları, delilikler ve alkol bağımlılıkları hep sözde uygarlığımızda sürekli bir acele ve o panik içinde yaşamanın sonucu.

Sahara'da yaşarken hiçbir şey için üzülmüyordum. Orada, "Allah'ın Bahçesi"nde hepimizin büyük bir gerginlik içinde ve umutsuzca aradığı huzur ve fiziksel sağlığa kavuşmuştum.

Birçok insan kaderciliğe karşı çıkar. Belki de haklılar. Kim bilir? Ama hepimizi kaderimizin bizi nasıl etkilediğini görmeliyiz. Örneğin 1919 yılında, sıcak bir ağustos günü Arabistanlı Lawrence ile üç dakikalık bir konuşma yapmasaydım hayatım çok farklı olacaktı. Geri dönüp baktığımda hayatımı benim kontrolüm dışında şeylerin belirlediğini görüyorum. Araplar buna yazgı, kısmet ya da Allah'ın emri diyorlar. Ne derseniz deyin. Gerçekten tuhaf şeyler oluyor. Aradan on yedi yıl geçmesine karşın hâlâ Araplardan öğrendiğim şeyleri uyguluyorum ve mutluyum. Öğrendiğim felsefe beni binlerce yatıştırıcı ilacın yapamayacağı kadar çok yatıştırıyor.

Hayatımızda şiddetli, kavurucu rüzgârlar estiğinde, buna engel olamıyorsak, durup kaçınılmazı kabullenelim. Sonra da işe koyulup kumları temizleyelim.

ÜZÜNTÜDEN KURTULMAK İÇİN UYGULADIĞIM BEŞ YÖNTEM

PROFESÖR WILLIAM LYON PHELPS ANLATIYOR

"Ölümünden kısa bir süre önce Billy Phelps ile bir öğleden sonra görüşme şansına erişmiştim. Burada size onun üzüntüden kurtulmak için uyguladığı beş yönteme yer vereceğim."

DALE CARNEGIE

1. Yirmi dört yaşındayken birden gözlerim bozuldu. Üç dört dakika okuduğumda sanki gözlerime binlerce iğne batmaya başlıyordu. Okumadığım zamanlarda da gözlerim öylesine hassas oluyordu ki pencereye bile bakamıyordum. New York ve New Haven'daki en iyi doktorlara gittim. Hiçbiri bir şey yapamadı. Öğleden sonra saat dörtte odamda karanlık bir köşede oturuyor, yatma vaktimin gelmesini bekliyordum. Çok korkuyordum. Öğretmenliği bırakmak zorunda kalmaktan korkuyordum. Sonra birden zihnin fiziksel rahatsızlıkları tedavi etmedeki mucizevi gücünü gösteren tuhaf bir şey oldu. Gözlerimin giderek kötüleştiği sıkıntılı bir kış mevsiminde, bir grup öğrenciye bir konuşma yapmak için davet aldım. Salon tavana asılan büyük gaz lambalarıyla aydınlatılmıştı. Işık gözlerimi öylesine rahatsız ediyordu ki sürekli yere bakmak zorundaydım. Ancak konuşma süresince ışıklar beni hiç rahatsız etmedi ve gözümü bile kırpmadan ışığa baktım. Konuşmam biter bitmez de aynı acıları yeniden duymaya başladım.

Başka bir şeye konsantre olursam kendi kendimi tedavi edebileceğimi keşfetmiştim. Zihinsel heyecanların fiziksel rahatsızlıkları tedavi edebileceğini anlamıştım.

Daha sonra da buna benzer bir deneyim yaşadım. Okyanusu geçerken şiddetli bir lumbagoya yakalandım, yürüyemez hale gelmiştim. Ağrım çok şiddetli olduğundan dik duramıyordum. Böyle bir durumdayken benden bir konuşma yapmam istendi. Konuşmaya başlar başlamaz bütün ağrılarım dindi; dik durabiliyor, büyük bir esneklikle hareket edebiliyordum. Bir saat boyunca konuştum. Sonra da rahatça odama gittim. Artık iyileştiğimi düşünüyordum. Ancak bu iyileşme geçiciydi. Çok geçmeden ağrılarım yeniden başladı.

Bu deneyimlerim sonucunda zihinsel tutumun çok önemli olduğunu gördüm. Hayattan zevk almanın ne kadar önemli olduğunu anladım. Artık her günümü gördüğüm ilk, göreceğim son gün gibi yaşıyorum. Günlük serüvenler beni heyecanlandırıyor, bu heyecanı yaşayan hiç kimsenin üzüntülerin gölgesinde kalmayacağına inanıyorum. Bir öğretmen olarak işimi seviyorum. Öğretmenin Heyecanı adlı bir kitap yazdım. Öğretmek benim için her zaman bir sanattan ya da bir meslekten daha fazla şey ifade etti. Ben öğretmeyi bir ressamın resim yapmayı ya da bir şarkıcının şarkı söylemeyi sevdiği kadar seviyorum. Sabahları yataktan kalkmadan önce ilk olarak öğrencilerimi düşünüyorum. Hayatta başarının en büyük sırrının sevgi ve coşku olduğunu anladım.

2. Kitap okuyarak üzüntülerimi kafamdan atabildiğimi gördüm. Elli dokuz yaşındayken sinirsel bir rahatsızlık geçirdim. Bu dönemde David Alec Wilson'ın Life Of Carlyle (Carlyle'ın Hayatı) adlı kitabını okudum. Bu kitap benim iyileşmemi hızlandırdı; çünkü okumaya öylesine dalmıştım ki mutsuzluğumu unutmuştum.

3. Yine çok sıkıldığım bir başka zaman, gün boyu kendimi fiziksel olarak çok meşgul etmeye karar verdim. Günde beş altı saatlik iddialı tenis maçları yapıyor, sonra duş alıyor, öğle yemeği yiyor, golf oynamaya başlıyordum. Cuma geceleri saat bire kadar dans ediyordum. Terledikçe üzüntülerimin ve yaşadığım depresyonun da vücudumdan akıp gittiğine inanıyordum.

4. Uzun zaman önce telaş, panik ve gerilim içinde çalışmaktan kaçınmam gerektiğini öğrendim. Hep Wilbur Cross'un felsefesini uygulamaya çalıştım. Cross Connecticut valisiyken bana "Bazen bir anda yapmam gereken çok fazla şey olduğunda oturuyorum, gevşiyorum, pipomu tüttürüyorum ve hiçbir şey yapmıyorum," demişti.

5. Sabrın ve zamanın her türlü sorunu çözdüğünü öğrendim. Bir şey için üzüldüğümde sorunlarımı doğru bir perspektiften çözmeye çalışıyorum. Kendi kendime, "Bundan iki ay sonra bu kötü olayı unutmuş olacağım, o halde neden şimdi üzülüyorum? Neden iki ay sonra sergileyeceğim tavrı şimdi de sergilemiyorum?"

Özetlemek gerekirse, Profesör Phelps'in üzüntüyü yenmesini sağlayan beş yöntemini şöyle sıralayabiliriz:

1. Coşku içinde dolu dolu yaşamak: "Her günü gördüğüm ilk, göreceğim son günmüş gibi yaşıyorum!"

2. İlginç bir kitap okumak: "Bir sinir hastalığı geçirdiğim dönemde Carlyle'ın Hayatı'nı okudum. Okumaya öylesine daldım ki hastalığımı unuttum."

3. Oyun Oynamak: "Çok sıkıldığımda, beni bütün gün meşgul edecek fiziksel aktivitelere başvuruyorum."

4. Çalışırken Gevşemek: "Uzun süre önce telaş, panik ve gerilim içinde çalışmaktan uzak durmayı öğrendim."

5. Sorunları doğru bir bakış açısından görmeye çalışmak:

Kendi kendime, 'Bundan iki ay sonra bu kötü olay için üzülmeyeceğim. O halde neden şimdi üzülüyorum? Neden iki ay sonra sergileyeceğim tutumu şimdi de sergilemiyorum?' diyorum.

DÜN DAYANDIM, BUGÜN DE DAYANABİLİRİM

DOROTHY DIX ANLATIYOR

Yoksulluk ve hastalığın derinliklerinden kurtulmayı başardım. İnsanlar bütün sorunlarımın üstesinden nasıl geldiğimi sorduğunda şu yanıtı veriyorum: "Dün dayandım, bugün de dayanabilirim. Ayrıca yarın neler olabileceğini düşünmek için kendime izin vermiyorum."

İstemenin, mücadele etmenin, anksiyetenin ve umutsuzluğun ne olduğunu biliyorum. Her zaman gücümün üzerinde çalışmak zorunda kaldım. Geri dönüp hayatıma bir göz attığımda bu hayatın ölü düşler, kırılmış umutlar ve altüst olmuş görüntülerle dolu bir savaş alanı olduğunu görüyorum. Üzerime gelen şeylerle mücadele etmek zorunda olduğum, beni yaralayan, mahveden, zamanından önce yaşlanmama neden olan bir savaştı bu.

Yine de kendime acımıyorum, yaşadığım acılar ve üzüntüler için gözyaşı dökmüyorum. Yaşadıklarımın hiçbirini yaşamayan kadınlara imrenmiyorum. Çünkü ben yaşadım. Onlar ise sadece var oldular. Ben hayatı yudum yudum içtim. Onlarsa bir kahveye benzeyen bu hayatın sadece köpüğünü yudumladılar. Ben onların asla bilemeyecekleri şeyleri biliyorum. Onların asla göremeyecekleri şeyleri görebiliyorum. Ancak gözleri gözyaşlarıyla ıslanarak berraklaşan kadınlar, diğer hemcinslerinin sahip olamayacağı geniş bir görüşe sahip olabilirler.

Hard Knocks Üniversitesi'nde kolay yaşayan hiçbir kadının benimseyeceği bir felsefe geliştirdim. Günü yaşamayı ve yarın için endişelenmemeyi öğrendim. Bizi korkutan şey resmin karanlık tehdididir. Ben bu korkuyu yendim, çünkü deneyimlerim bana o gün geldiğinden benim bunun üstesinden gelmek için yeterince güç ve akla sahip olacağımı gösterdi. Artık küçük şeyler beni etkilemiyor. İnsanın tüm mutluluğunun altüst olacağını gördükten sonra uşağın masa örtülerini yıkamayı unutması ya da aşçının çorbayı dökmesi hiç önemli olmuyor.

İnsanlardan çok şey beklememeyi öğrendim. Bu yüzden tam anlamıyla dürüst olmayan ya da dedikodu yapan bir arkadaşımlayken de mutlu olabiliyorum. Bunun yanı sıra bir de mizah duygusu geliştirdim çünkü gülebileceğim ya da ağlayabileceğim çok şey oluyordu. Eğer bir kadın sorunları karşısında isteriye kapılmak yerine bunlarla dalga geçiyorsa hiçbir şey onu yıkamaz. Yaşadığım acılar ve zorluklar için üzgün değilim, çünkü onlar sayesinde hayatın her anının önemli olduğunu öğrendim. Bu da ödediğim bedele değdi doğrusu.

Dorothy Dix üzüntüyü "günlere kapalı bölmelerde" yaşayarak yendi.

BENİ YETİMHANEYE GÖNDERMEMESİ İÇİN TANRI'YA YALVARDIM

KATHLEEN HUNTER ANLATIYOR

Çocukluğum korku içinde geçti. Annemin kalp rahatsızlığı vardı. Onun günden güne solduğunu, eriyip bittiğini görüyordum. Hepimiz onun öleceğinden korkuyorduk. Ben de annesi ölen küçük kız çocuklarının yetimhaneye gönderileceğine inanıyordum. Yetimhane düşüncesi beni deliye döndürüyordu. Tanrı'ya dua ediyordum: "Tanrım, lütfen annem ben yetimhaneye gidemeyecek kadar büyüyene kadar yaşasın."

Yirmi yıl sonra erkek kardeşim Meiner hastalandı ve iki yıl sonra ölünceye dek korkunç ağrılar çekti. Kendi kendine yemek yiyemiyor, yatakta sağa sola dönemiyordu. Ağrıların kesilmesi için günde üç kez ona morfin iğnesi yapmak zorunda kalıyordum. O sıralar Missouri'de bir kolejde müzik dersleri veriyordum. Ağabeyimin çığlıklarını duyan komşular beni arıyorlardı. Ben de hemen eve koşup ona iğne yapıyordum. Her gece yatmadan önce saati üç saat sonrasına kuruyordum, böylece iğne yapmak için kalkabiliyordum. Soğuk kış gecelerinde camın önüne bir şişe süt koyduğumu ve donup dondurma haline gelen bu sütü büyük bir zevkle yediğimi hatırlıyorum. Saat çaldığında, camın önünde beni bekleyen dondurmanın düşüncesi kalkmam için beni motive ediyordu. Bütün bu sorunlar arasında beni hayata bağlayan ve üzüntülerimden biraz olsun uzaklaşmamı sağlayan iki şey yapıyordum. Birincisi, her gün on dört saat müzik dersi vererek kendimi meşgul ediyordum, böylece üzülecek veya kendime acıyacak zaman bulamıyordum. Kendi kendime sürekli, "Bak kızım, yürüyebiliyorsun, kendi kendine yemek yiyebiliyorsun, ağrın sızın yok. O halde dünyanın en mutlu insanı olmalısın. Ne olursa olsun bunu asla unutma! Asla! Asla!" diyordum.

Sahip olduğum her şey için şükretmeyi öğrenmiştim. Her sabah uyandığımda yataktan kalkabildiğim, yemek yiyebildiğim için Tanrı'ya teşekkür ediyordum. Bütün sorunlarıma karşın Warrenton'ın en şanslı kişisi olduğuma inanıyordum. Amaçlarıma ulaşamamıştım belki, ama kasabanın en mutlu kadını haline gelmeyi başarmıştım. Herhalde benden daha az üzülen pek az arkadaşım vardı.

Bu müzik öğretmeni, bu kitapta anlatılan iki temel ilkeyi uyguladı. Kendini üzülmeye vakit bulamayacak kadar meşgul etti ve sorunlarını değil, sahip olduğu şeyleri gördü. Aynı şeyi siz de yapabilirsiniz.

BENJAMIN FRANKLIN ÜZÜNTÜYÜ NASIL YENDİ

Aşağıda Benjamin Franklin'in Joseph Priestly'ye yazdığı mektubu okuyacaksınız. Franklin, Earl of Shelburne'de kütüphaneci olmak üzere davet edilen Priestly'ye kendi sorunlarını çözme yöntemlerini anlatmaktadır.

Londra, 19 Eylül, 1772

Sayın Bayım, sizin için bu kadar önemli bir konuda size ne yapacağınızı söyleyemem, ancak nasıl karar vereceğinizi söyleyebilirim. Bu tür güç durumların ortaya çıkmasının nedeni olumlu ve olumsuz yönleri aynı anda zihnimizde canlandıramamamız, bazen birini bazen de diğerini düşünmemiz ve hatta bazen birini tamamen göz ardı etmemizdir. Böylece farklı amaçlar ve eğilimler ortaya çıkar, belirsizlikler iyice kafa karıştırır.

Ben, bu durumun üstesinden gelebilmek için bir sayfa kâğıt alıyorum ve bir tarafına "olumlular", diğer tarafına "olumsuzlar" yazıyorum. Üç dört gün boyunca düşünüp aklıma gelen bütün olumlu ve olumsuz yönleri not ediyorum. Böylece hepsini aynı anda görüp tartıyorum. İki tarafta da bulunan aynı ağırlığa sahip olan şeylerin üstünü çiziyorum. Bunun sonucunda dengeyi buluyorum. Sonunda da bir karara varıyorum. Sağduyulu cebir adını verdiğim bu yöntem gerçekten çok işime yarıyor. Kendin için en iyi kararı vermen dileğiyle, sevgili dostum.

Ben Franklin

ÖYLE ÇOK ÜZÜLÜYORDUM Kİ TAM ON SEKİZ GÜNDÜR KATI HİÇBİR ŞEY YEMEMİŞTİM

KATHRYNE HOLCOMBE FARMER ANLATIYOR

Üç ay önce öyle üzgündüm ki dört gün dört gece uyuyamamıştım, on sekiz gün boyunca katı hiçbir şey yiyememiştim. Yemek kokusu bile midemi bulandırmaya yetiyordu. Yaşadığım zihinsel işkenceyi anlatamam. Cehennemin bile bundan daha kötü olamayacağını düşünüyordum. Ya delirecek ya da ölecektim. Bu şekilde yaşamaya devam edemeyeceğimi biliyordum.

Bu kitabın bir kopyasının bana verildiği gün hayatımın dönüm noktası oldu. Geçen üç ay boyunca bu kitapta anlatılanları uygulamaya çalıştım, her sayfayı dikkatle okudum ve yeni bir yaşam biçimi oluşturmaya çalıştım. Yaşadığım zihinsel ve duygusal değişim inanılmazdı. Artık günü yaşamaya başladım. Delirmek üzere olduğum günlerde o günün sorunları yüzünden değil, geçmişte olan ya da gelecekte olacağını düşünerek endişelendiğim kötü şeyler yüzünden o hale geldiğimi anlamıştım.

Şimdi bir şeye üzüldüğümü fark ettiğimde hemen durup bu kitapta anlatılan ilkelerden birini uygulamaya başlıyorum. Bugün yapılması gereken bir şey yüzünden gerginlik duyduğumda bunu hemen yapmaya ve zihnimden uzaklaştırmaya çalışıyorum.

Beni eskiden deliye döndüren sorunlarla karşılaştığımda bu kitabın İkinci Bölümü'nde anlatılan ilkeleri uyguluyorum. Önce kendime olabilecek en kötü şeyin ne olduğunu soruyorum. Sonra bunu kafamda kabulleniyorum. Son olarak da bu durumu nasıl düzeltebileceğimi düşünmeye başlıyorum.

Değiştiremeyeceğim ve kabul etmek istemediğim bir şey söz konusu olduğunda şu duayı okuyorum:

Tanrım!
Bana değiştiremeyeceğim şeyleri kabul etmek için
Sükûnet
Değiştirebileceğim şeyler için
Cesaret
Ve bunu ayırt edebilmem için
Akıl ver!

Bu kitabı okuduktan sonra hayatım değişti. Artık sağlığımı ve mutluluğumu, üzüntü ve anksiyeteyle tehlikeye atmıyorum. Günde dokuz saat uyuyabiliyorum. İştahım yerinde. Önümde yepyeni bir kapı açıldı. Artık çevremdeki güzelliklerin tadını çıkarabiliyorum. Tanrı'ya bu kadar güzel bir dünyada yaşadığım için şükrediyorum.

Siz de bu kitabı okudunuz. Lütfen kitabı başucunuzdan ayırmayın. Anlatanları uygulamaya çalışın. Kitabı sık sık okuyun ve bundan yararlanın. Bu, sıradan bir "okuma kitabı" değil, yaşamınızı tamamen değiştirecek rehber bir kitap!